盐城工学院学术著作基金资助
盐城市创业研究院重点资助项目

青年创业与大众传媒

韩雅丽　著

Youth Entrepreneurship

Mass media

中国社会科学出版社

图书在版编目(CIP)数据

青年创业与大众传媒/韩雅丽著.—北京：中国社会科学出版社，2015.12
ISBN 978-7-5161-7142-4

Ⅰ.①青… Ⅱ.①韩… Ⅲ.①青年—职业选择—关系—大众传播—传播媒介—研究—中国 Ⅳ.①D669.2 ②G219.2

中国版本图书馆CIP数据核字(2015)第283380号

出 版 人 赵剑英
责任编辑 杨晓芳
责任校对 张爱华
责任印制 王 超

出 版 中国社会科学出版社
社 址 北京鼓楼西大街甲158号
邮 编 100720
网 址 http://www.csspw.cn
发 行 部 010-84083685
门 市 部 010-84029450
经 销 新华书店及其他书店

印刷装订 三河市君旺印务有限公司
版 次 2015年12月第1版
印 次 2015年12月第1次印刷

开 本 710×1000 1/16
印 张 15.25
插 页 2
字 数 243千字
定 价 56.00元

大众创业：我们的处境（代序）

李克强总理最早是在2014年9月的夏季达沃斯论坛上，发出“大众创业、万众创新”的号召的。当时他提出，要在960万平方公里的土地上掀起“大众创业”、“草根创业”的新浪潮，形成“万众创新”、“人人创新”的新态势。此后，他在首届世界互联网大会、国务院常务会议和各种场合频频阐释这一关键词。每到一地考察，他几乎都要与当地的青年“创客”会面，他希望激发民族的创业精神和创新基因。2015年李克强总理在政府工作报告中又提出：“大众创业、万众创新。”政府工作报告中如此表述：推动大众创业、万众创新，既可以扩大就业、增加居民收入，又有利于促进社会纵向流动和公平正义。我特别发现了，总理在论及创业创新文化时，强调“让人们在创造财富的过程中，更好地实现精神追求和自身价值”。关注中国“大众创业、万众创新”的诺贝尔经济学奖得主埃德蒙德·菲尔普斯在受到李克强总理邀请参加座谈会时也提到，中国经济新引擎将带来的“非物质性好处”，他说：“如果大多数中国人，因为从事挑战性工作和创新事业获得成就感，而不是通过消费得到满足的话，结果一定会非常美好。”

李克强总理提出“大众创业、万众创新”，以简政放权的改革为市场主体释放更大空间，让国人在创造物质财富的过程中同时实现精神追求，这是本届政府一直努力的方向。由此可见，在当下中国大众创业已然是时代的潮流，几乎每一个青年都难逃脱开，可以这么说，我们的时代出现了以前任何一个时代都未曾出现过的全民共谋创业的崭新格局。

《青年创业与大众传媒》一书，从大众传媒的角度探讨青年创业问题，已经做到了几乎无所不包。首先，该书把研究对象定位为青年创业者，而非其他自然年龄阶段的创业群体，最主要的原因是目前国内青年群体中知识分子型、科技创业型群体密集，一方面，知识分子和研发人员需要拉近与公众之间的距离，实现科技转化，实现人生的意义；另一方面，大众也需要青年知识分子和研发者的知识、技术和技能的支撑实现致富，而快速发展的大众传媒刚好促成了两者的结合。其次，该书在第四章专章谈及青年知识分子型、科技创新型创业群与大众传媒的关系问题，就青年创业者与大众传媒的关系，该书明确提出“相融，但不能合谋”的观点，这在“大众创业、万众创新”口号提出之后，对青年群体而言，显得尤为智慧和具有现实性。该书大胆地预测并建议大力扶持大学生群体中的科技型、知识性创业项目，鼓励有技术、专长的大学生从象牙塔走向社会舞台，发挥他们作为社会公共生活领域的向导作用，同时，借由报纸、广播、电视和互联网等大众传媒，给予他们充分言说的空间和渠道，以传授技术的路径推动和达到开启民智、引导创新、推进整个社会在物质和精神上的前进，以及维护公共空间秩序的目的。再次，该书热烈呼吁青年创业者，特别是鼓励大学生群体成为李克强总理提出的“大众创业、万众创新”口号的积极响应者，并相信，目前，只有且唯有激活这类群体，才能在国内实现李克强总理的口号最大化、普及化，并在经济层面上根本性解决国内就业难题。从形而上层面而言，青年群体（特别是大学生）的特征，以及从五四开始传承下来的中国青年群体的公共性传统，决定了该书以上建设性路径的提议，具有很强的合理性，而且具有一种渐进改良的性质。这也是非常适合目前中国国情的，也就是从表面的经济问题、环境问题、社会问题、教育问题着手，解决宏达的政治发展问题。最后，该书借讨论“青年创业与大众传媒”问题提出了一个非常重要和前沿的问题，即“推动公民社会建设”的问题，显示了作者宏阔的视野和学术抱负。具体而言，作者的目的就是希望借助该书，助推国内青年创业领域朝向哈贝马斯言及的“公共领域”发展，在创富、创新、创培的创业交往实践中，鼓励青年参与社会、关怀社会，投身社会经济、文化的建设，促进“创业”向“公共性关怀”转型，促成国内真正公民社会的来临。换言之，就是一种在批判基础上的建设性提议，是要把青年创业的主客体真正统一起来，从人的全面发展和社会和谐的角度统一起来，而这个统一的共识和基础就是公民社会的建立。

以上，就是我从《青年创业与大众传媒》一书中概括出来的主要观点。该书给我带来对于创业文化认识新的维度和框架，并使我从来没有这么清晰地认识到大众传媒的飞速发展为更多青年“草根”创业者提供了一条进入社会中心的途径。该书把国内青年创业者与传媒关系概括为“布道场”、“名利场”和“公共领域”，形象而清晰，给人以茅塞顿开之感，并使我获得了更大的勇气，就更多的社会公共问题发言。

目　录

引　言

媒介幻象与当代青年创业

在大众传媒塑造的众多镜像中，青年创业成功者的形象是最具现代意义的形象之一。他们的出现有着政治、经济、文化多方面的原因，更表现了当代大众传媒的意识形态和特征。大众传媒已经从带有较为明显的宣传、训导和灌输色彩的传统意识形态阶段，发展至以迎合大众消费欲望、建构自我幻象等为目的的新意识形态阶段，并与其他社会商品一样经历了生产、分配、流通和消费四大环节，成为资本与社会意识之间寻求平衡的重要机制和新意识形态生成与渗透的平台，重构人们的生产与生活方式，构成了传媒的消费主义倾向，对传统的价值体系和传媒的社会责任意识发起了挑战，并严重蔓延至青年创业场域。

目前，有关青年的界定众多，较为权威的应是联合国教科文组织对青年的定义，即“年龄在 14 岁至 34 岁的人”。但结合本书研究的主体即“青年创业者”群体，由于其处于创业阶段，需要具备相对的民事行为能力，因此排除 14 岁至 16 岁的青年。本书将青年界定为 16 岁至 34 岁的人。西方学者熊彼特（Schumpeter）和德鲁克（Drucker）认为，创业人才类似于创新人才。在全球创业观察（GEM）的研究框架中，创业人才是指能够通过发现和识别商业机会、组织各种资源、提供产品和服务，以创造价值的过程的人员 。综上观点，本书将研究主体——“青年创业者”界定为年龄在 16 岁至 34 岁的，在各领域通过发现和识别商业机会、组织各种资源、提供产品和服务，以创造价值的过程的人员。

之所以要研究青年创业与大众传媒，主要是基于以下考虑：一是青年是最具活力、最具创新潜力的群体。创业群体要想在激烈的竞争环境中生存并取得长远发展，需要更多青年人加入。二是我国经济发展方式的转变及创新需要青年的广泛参与。改革开放以后，我国的经济发展虽势头强劲，但依靠人口红利的模式已陷入重重困境，经济发展方式遭遇到前所未有的转变压力。经济的转型主要是经济发展结构的优化，但转型的背后却需要强大自主创业精英和团队。自 2000 年以后，国家一直鼓励个人自主创业，尤其是对在校和毕业大学生创业予以大力支持，并且出台了一系列优惠政策。国家之所以鼓励创业，一方面是我国经济发展方式转变的大势所趋，另一方面则是出于以创业带动就业的考量。三是从青年群体和大众传媒发展的角度来看，需要对青年形象有更多的相关研究和探索。青年尚在人生的上升期，有着无限的潜能。但这一群体也会有很多迷惑，他们的发展需要青年榜样的激励和指引。大众传媒在信息传播过程中是处于职业传播者和大众之间的媒介体，具有宣传功能、新闻传播功能、舆论监督功能、实用功能和文化积累功能，通过报纸、广播、电视、网络等媒介可以对青年进行记录、宣传或报道。因而，大众传媒中的青年形象能够决定青年群体的榜样力量，也直接关系着我国青年群体的发展走向。塑造典型形象是我国媒体的重要职责，探讨青年创业者媒介形象，理清新闻报道的青年人物形象塑造的特质和脉络，对于新闻媒体的创业报道有着一定的指导意义。四是从青年研究视角来看，媒介形象的研究需要以青年创业者为对象的有益尝试和积极探索。在对已有的文献进行梳理之后，笔者认为，现有媒介形象实证研究大多集中在政府、女性、大学生、“80 后”、“90 后”等群体，甚至连城管形象也被列入研究对象，却没有人将研究视角聚焦在青年创业者身上。本书期望能够从创业的角度对青年媒介形象研究做有益的尝试，以弥补现有研究的缺憾。

青年没有束缚，敢于冲破传统思维的藩篱，能够在各领域做出创新之举。青年是社会中最重要的群体，他们是各时期变革的生力军，担负着推动人类社会进步的历史重任。“青年创业”是青年群体开创事业、达成梦想、实现自我价值的重要途径，更是我国缓解社会就业压力的重要措施。

有证据表明，至少15%以上的美国人边工作边创业，事实上每年数百万新创企业推动着各国的经济发展。我国已经慢慢成长为一个创业和创新大国，创业和创新必将是支撑我国未来经济高速发展的两个主要原因，也只有创业和创新才能解决我国经济和民生问题。近年来，互联网加速向传统产业渗透，随着“大众创业、万众创新”的提出，创业的浪潮席卷而来，全国新登记企业迎来井喷式增长。有资料称，2014年是我国的“创业元年”，2015年上半年全国新登记企业168万户，同比增长57%。其中新登记私营企业158万户，从业人员达1009万人，同比增长43%。可以说，中国正迎来一股创业的大潮，大批年龄和思想上的生力军——青年创业者——涌入商界。他们更多的是活跃在城市里。这类青年群体主要有两个大类：“一类是通过教育考试途径进入高等院校深造的大学生，另一类是进城务工的青年农民工”。[①] 如果说20世纪80年代以前，出生和成长在城市和乡村的青年在价值观、情感以及对世界理解方面的差异还非常明显，那么，伴随社会经济、教育的产业化进程和电子媒介的飞速发展，如果不去追究户籍出生地，我们事实上已经无法分辨某位青年来自于城市还是从小生活在农村。当然，在“地球村”时代，似乎也没有分辨的意义，本书只注重对青年创业者的媒介形象和社会意识进行分析。

一　犬儒化生存：青年创业群体感觉结构新变

大众媒介与市场结合程度的加深，促进了城乡青年群体的文化集中化，消弭了城乡青年的差异，同时，也使得消费主义意识形态以及诸多被动的经济和文化行为在青年群体盛行。表现在青年创业领域，就是传媒紧紧抓住国家就业形势日渐严峻的热点，大肆宣讲青年创业致富的神话，鼓吹发财是创业的全部内容，相当数量青年的财富追求意识空前高涨，事实上遮蔽了财富之外人类创业的意

---

① 张珺：《青年创业意愿、困境与对策》，《中国青年研究》2013年第3期。

义，加之收费教育和自主择业等一系列新问题层出不穷，加重了青年群体对未来的茫然感和就业焦虑感。或可这么认为，大众媒介事实上淡化甚至冷却了青年群体政治参与的热情，导致青年群体与主流文化的疏离，以及诉诸金钱原则。个人利益和普遍的非个人化的青年个体，表面看，扩大了公共领域的空间，青年们参与公共领域空间讨论的个体数量越来越多；但同时，大众媒介又以其单向传播和程序化的模式等形式隐蔽和缩减了潜在的批判空间，导致青年群体只关心自己，过小日子意识强烈，去政治化倾向明显，群体"感觉结构"[①] 发生变化，具有较为典型的现代犬儒主义的意识形态特征，严重阻碍了我们国家青年创业机制和创业文化，乃至公民社会和公民意识的发展。

所谓"现代犬儒主义"，著名学者陶东风教授认为是个体与社会之间的一种畸形关系。他认为："所谓政治的概念是广义的，它不是指参与党派或政府的政务活动，更不是指从政，而指一种广义的公共参与活动，是对重大的公共事件的参与和就重大公共问题发言。这个意义上的政治参与不是政治家的专利，而是一个公民的基本素质，也是一个公共世界是否健全的基本标准。任何一个真正意义上的公民都必然是这个意义上的'政治动物'（亚里士多德）。所以，在古希腊时代，参与城邦公共事务是一个人之所以成为公民的基本条件和基本标志。中国古代普遍流行的观念则是认为政治乃与自己无关，是'肉食者谋之'，恰好表明中国古代缺少公民社会传统和公民意识。"[②] 所以，目前，相当数量的青年创业个体并非真的不知道除了挣钱的权利，还有更多的权利有待争取，更多的存在意义有待实现，只是成为现代犬儒患者罢了，在清醒的状态下，他们对自己的所作所为一清二楚，但依然坦然为之。[③] 因而，可以这么认为，国家教育的产业化进程在增加城乡青年进入大学的机会的同时，也导致大学毕业生的精英身份彻底丢失，深刻转变了青年大

---

① "感觉结构"是英国文化学家雷蒙德·威廉斯在《文化分析》一文中提出的概念，表示一种对某种独特的生活方式的感知。

② 陶东风：《去精英化时代的大众娱乐文化》，《学术月刊》2009 年第 5 期。

③ 孔明安：《犬儒主义为什么是一种意识形态》，《现代哲学》2012 年第 4 期。

学生群体的精神世界。相当数量的大学生走出校园后，在精神上“放下了”姿态，混迹于市民社会，把公共政治空间当作与己无关的他人的世界，远离政治、放弃政治，专心营造自己的小圈子，只求发家致富，安稳度日，过好自己的小日子。正如希腊神话是古代社会人们权力欲望、人伦需求和意志幻觉的体现一样，[①] 富翁神话也是当代青年的物化欲望的明证。所以，从很大程度上讲，正是放弃了形而上追求的一大批财富追求者，选择了让“大学生富翁”这样的媒介幻象蹿红，而且，相当数量的青年从心理上需要大众传媒造出一尊尊财神供他们膜拜，需要大众媒介持续报道成功的创业神话，刺激他们“东山再起”。

具体而言，透过当下中国传媒，大众媒介把致富膨胀成了一个动力过程，几乎将每一个青年裹挟其中。每天，争相入目的是面孔虽不同但创业目标相同的青年创业成功的报道，其中不乏在校大学生，他们或种香菇，年产值达 1000 万元；或在网上卖烧烤、大饼、服饰，年收入几百万。尤其近几年，为解决就业难的问题，国家强力推进大学生自主创业工程的展开，媒体也跟进，到处寻找、挖掘和报道成功案例——“大学生富翁”这个非常奇怪的词汇组合被作为标题大量频繁出现，媒介主体形象由生产学习标兵向致富能手转变。

那么，大众传媒是如何让青年乃至更大范围的大众“自由地同意”致富就是创业的全部内容呢？大众传媒对于犬儒主义意识形态又是如何言说的呢？这也是中国传媒的意识形态叙事的隐秘逻辑——“新意识形态存在于召唤中，个体因此而‘自由地同意’成为主体，而这，也恰恰是传媒之为传媒的根本存在方式。却有别于传统的宣传，传媒之为传媒，它的根本的特征，就是‘真实’地想象某种关系，再将其在传媒中塑造出来，使得它通过传媒而成为某种被‘篡改’了的现实，进而重构着人们的生产和生活方式。”[②] 总之，在大众媒介持续不断的言说召唤下，不仅生产出了大众对于

① 周志强：《媒介生活批评与技术政治反思》，《读书》2015 年第 3 期。

② 张锦华：《传播批判理论》，台湾黎明文化事业公司 1994 年版，第 1 页。

这种富翁幻象的渴望，也生产出了“创业等于发财”这样一种必然关系。

事实上，青年创业有可能致富，但更多的首先是失败。不容否认，大众传媒报道中的每件事情、每个人物基本上都是真实可寻的，但为什么从整体上看完全不符合我们现在的青年创业的真实情况，而被指认为媒体幻象呢？具体而言，大学生富翁其实很少，只是国家这么大，如果把大学生富翁的例子都搜集起来，每天每个门户都报道也都登不完，因此，大众误以为当前的青年创业形势非常乐观。从大众媒介角度而言，大众媒介宣扬的关于青年创业的故事是神话，并非全是现实，不同的励志故事背后具有共同的叙述背景、欲望投射以及想象方式——富翁诞生奇观。媒体之所以关注，一是配合政府宣传的需要；二是看重他们身份特殊——大学生、进城务工的农村青年或返乡创业青年等；三是他们都发财了，具有一种构成奇观吸引眼球的功能。媒介就是要制造一种奇观，制造一种真实，这种“真实”是被事先“规定”的，这种“规定”很大程度上就是“搜奇猎异”原则。从大众媒介的本质以及宣传整体的真实、客观和全面的角度而言，媒体现在的这种“时尚”做派显然是不专业的。或可以说，“富翁”是一种特意被塑造出来的媒介素描形象，并非青年创业的真实而典型的形象，或者说更像是一个被消费的娱乐形象。

大众媒介使得发家致富变成我们当代青年日常生活的仪式和景观，是我们面临的现实的社会情境。出现这种现象并不奇怪，自1999年教育部《面向21世纪教育振兴行动计划》提出大学生自主创业的政策至今，虽然高校和政府一直在探索大学生高科技创业之路，社会更多部门参与改进创业环境，提供各种创业优惠政策，但在根本上都只是把大学生创业单纯当作工作或者政治任务去完成，甚至类似扶贫、慈善、投资的性质，并没有把大学生创业当作一项公共事务或者公共政策，相当部分的教师在大学讲授创业教育课程，但本身并没有创业经历，也很少有企业有员工志愿亲身参与大学生创业团队。麦可思研究院研究了近几年的数据后发现，包括本科毕业生和高职专科院校毕业生在内的中国大学生毕业后选择自主创业的比例基本呈逐年上升的趋势：2007 年 1.2%，2008 年 1%，2009 年 1.2%，2010 年 1.5%，2011 年 1.6%，2012 年 2%，2013 年 2.3%，2014 年 2.9%。可见，近年来我国大学生创业率逐年提高，但与欧美发达国家的 10%—20%整体比率相比，差距非常大。[①] 并且创业成功率也是不容乐观的，2015 年麦可思《中国大学生就业报告》数据显示，毕业半年后自主创业的应届本科毕业生，三年后有超过半数的人退出创业。其中，2007 年创业的应届毕业生三年后还有 36.4%的人还在继续，2008 年这一数字为 33.7%，2009 年为 29.6%，2010 年为 41.1%，2011 年为 44.8%。[②] 同时，碍于自身知识和技能资本以及人脉关系的局限，青年农民工和返乡青年的创业意愿虽然也很强烈，但实际创业率却非常低，进城务工人员数量依旧庞大。总之，青年创业教育及其研究领域，亟待解决的问题很多、很复杂，但最主要和最关键的问题是越来越多的青年把创业完全等同于挣钱，把赚钱的自由当作全部的自由，把挣钱的权利当作权利的全部，当作个体存在的全部意义，彻底陷入功利化的泥淖。

二　实用主义话语盛行：青年创业场域中的错位聚焦

如上文所述的去政治化的环境下滋生的犬儒主义意识形态，已经形成了我们这个时代的症候，同时，也持续催生了青年创业领域的实用主义话语。这种实用主义话语是对经济上的实用主义意识形态的回应，落实到包括大学生和进城务工人员等的青年群体身上，具体表现为挣钱被等同于创业，金钱能证明一切，也能带来一切，包括社会地位。麦可思研究院《大学生就业报告》显示，教育培训、中小学教育、零售、个体服务业等行业已经成为应届本科毕业生创业最集中的行业，甚至超过了互联网创业所占的比例。以 2014 年本科毕业生为例，教育业、零售商业、媒体信息及通信产业是创

① 张珺：《青年创业意愿、困境与对策》，《中国青年研究》2013 年第 3 期。

② 何林璘等：《越来越多的大学生刚毕业就创业》，《中国青年报》2015 年 8 月 13 日第 3 版。

业最集中的三大行业，分别占比13%、11.1%和8.7%。报告认为，“成本低是重要原因，互联网背景下很多传统行业也都借助了互联网的因素”。[①] 前几年有媒体报道北大毕业生卖猪肉引起很多人的讨论并让大多数人觉得惋惜，可是本质上，创业是没有贵贱之分的，殊不知哈佛大学毕业的本科生在北京卖果汁、搞礼仪培训，他们也不认为是个事，反而将这个工作做得更加有意思、有特色。所以尤其要特别指出的是，在大学生群体中，致富意识已经在大范围内取得与专业理论学习同等的地位，甚至更高地位的时候，传统的大学生的身份内涵就开始急剧变异，笼罩在传统的“大学生”三个字上面的神圣的带有形而上的精神超越性的面纱就被彻底撕破，大学生身份与普通市民身份、受教育水平还很低的部分进城务工青年无异，甚至表现出更为强烈的现实主义和机会主义色彩，具有更为迫切的抓住机遇发家致富的意识。因而，在创业层面上，也再次证明了现阶段城乡青年在文化和精神上的同质化，同时，也证明了本书没有特别把城市青年、大学生和进城务工青年分开来论述的合理性。下文将具体分析实用主义话语意识形态对青年创业群体的影响。

一位被炒得沸沸扬扬的“80后”大学生，通过在网上卖烧烤500元起家赚了400万元，随着新华网等各种传媒的介入，这位二度参加高考的大学生已然是一个浓缩了各路意识形态话语的“传媒幻象”。表面看，新闻报道大多强调作为“第三者”的客观立场，说明“大学生创业赚钱”的故事是真实可信的，然而，这里的所谓“事实”，只是传媒真实，是意义生成的一种方式，不同的立场对于事实存在不同的解读，或者说这些报道并非提供了全部的事实，而只是提供了部分的事实，一切都是“事先经过选择的”或“事后经过处理的”，由这些事实堆砌而成的整体效果是一种媒介景观和幻象，是犬儒主义、消费主义等各路意识形态的一次成功的关于富翁的想象。事实是，这位大学生创业历经坎坷，倾全家和全校之力，又适逢大学生创业体制变革，方才得以变身富翁。但无论如何，他

---

① 何林璘等：《越来越多的大学生刚毕业就创业》，《中国青年报》2015年8月13日第3版。

的富翁身份，或者说是成功经历是通过“丢失大学生身份”实现的——这种定论在现阶段是客观的，甚至具有普遍意义。具体而言，现阶段，大学生理论学习时间的保证与创业时间的矛盾、大学生追求形而上精神财富与物质财富的矛盾，以及创业项目与所读专业的矛盾等都被搁置了，或者说都被经济实用意识形态弥合了，神秘消失了，仿佛大学生创业除了挣钱，别无其他形而上的内容与意义。

进一步说，青年创业场域中实用主义话语的盛行，是去政治化环境下缺乏超越性的价值理念的表现，也在很大程度上，遮蔽了一个常识，即“自由市场只能产生消极自由，完全不能自动地导向政治民主化”①，或者，更确切地说是消极自由的一个庸俗化注解，因为，真正的消极自由的本质内涵在强调自由不可侵犯、自由是个人的自由而非社会群体的自由的同时，也强调这种自由不仅是指行动的自由，也是指精神的自由。然而，目前媒体报道的大学生富翁们或多或少都存在一些在学校、教师“协助”下破坏校规“非法逃离”体制的情况，换言之，他们只能在原有的规则之外形成一个自己的创业空间，才能取得创业成功。因而，在很大程度上可以这么认为，每一个大学生创业成功的案例都是一种带有乌托邦色彩的存在，在一定程度上催生了休学创业政策的出台，否则大学生就很难创业成功。

三　消费主义意识形态：被制造出来的青年创业意愿

与经济的实用主义话语一起侵入青年创业场域的是消费主义意识形态，消费主义不仅让媒介走向了大众化、世俗化和生活化，媒介“由政治意识形态话语主导转变为消费意识形态的话语主导”②，而且，越来越多的大学生和进城务工青年通过大众媒介的价值图景

---

① ［英］迈克·费瑟斯通：《消费文化与后现代主义》，译林出版社2000年版，第18页。

② 王岳川：《90年代大众传媒的审美透视：由政治意识形态到消费意识形态转型》，《求是学刊》1995年第4期。

来建构自己的创业视野，依靠传媒报道确证自己的创业意愿和实践等。同时，正是通过大众传媒这位“超级导师”的造神运动，不同区域、不同专业和不同年龄、性别、性格的大众产生了共同的导向性经验，暗合了政治犬儒主义意识形态、经济实用主义意识形态和文化消费主义意识形态，而不是突出青年群体创业真正的需要。

诸多低龄富翁这种被附加了意识形态身份的“想象的现实”，被大众作为一种合法性存在欣然接受，而且经由媒体的发酵，还在人们身上生产出对于这种“想象的现实”的强烈的渴望，渴望某种“想象的现实”降临在自己身上。消费主义就是要继续刺激这种渴望，使得创业与致富这个等式被接受得更自由。很明显，相当数量的青年创业意愿和行为是被制造出来的，因而只能被认为是被刺激起来的欲望的满足，那么，被消费主义主宰的大众传媒无疑就是造神者。比如，它们通过有计划地制造富翁大学生幻象，以及新的意识形态话语空间的开拓，培养更多的新的消费者，使大众在不知不觉中成为“消费机器”。①

必须要进一步阐明的是，大众媒介消费主义倾向最重要的伴生物是媒介娱乐化。事实上，过分强调年轻人的创业目的是成为富翁，很大程度上使得相当数量的青年创业新闻变成一部由全国人民共同参与的连续剧，每一集的主角都是来自全国各地不同层次的年轻人，这种娱乐化的创业新闻消费，淡化了创业本身的艰难性，使得以单纯追求成为富翁的青年创业新闻变得更加安全。有的报道为挖掘一些青年创业报道中的娱乐价值，还故意突出创业者是女性或者漂亮等，或者强调事件的戏剧性、故事性、情节性，从最初强调新闻报道中适度加入感性因素，增加可读性，变成了一味追求趣味性、刺激性和吸引力。事实上，目前，受新闻媒介消费主义影响，相关青年创业的报道或多或少都存在把发财的幻象包装起来再兜售给大众的情况，而且颇受欢迎，这也从一个侧面说明了，在消费主义意识形态的策反下，不少青年个体自身已经不会想象了，只好接受大众传媒这条隐形流水线给他提供的标准化想象，模仿偶像也去

① 叶晖：《论传媒诱导下的大众消费》，《理论观察》2004年第5期。

开淘宝店或者卖小吃，实在想不起来还有其他什么创业项目，仿佛他们在学校接受的各种不同层次的职业教育都是相关经济和贸易类的专业。

四　维护青年创业场域意识形态安全问题

伴随自媒体时代的强势袭来，表面看，青年创业的报道铺天盖地，各种声音此起彼伏，但事实上，青年创业成功比率非常低。这两个方面相互强化，最终导致事实上的理性意义上的青年创业意识形态公共空间的变异。我国学界当更加关注诸多异质意识形态对青年创业场域的影响，进一步深刻把握媒介的意识形态叙事的隐秘逻辑。

首先，包括高校在内的体制部门当牢牢抓住包括微博、微信在内的宣传报道阵地，突破传统形而上学的眼光和理性主义惯性思维，强调相关青年创业报道的新闻专业主义立场，在此基础上，提倡新闻故事性，既可以适当用讲故事的方式报道青年创业新闻，但在抓取细节、设置悬念以及揭示矛盾冲突的过程中，切不可为吸引眼球，以“年轻女孩”、“一夜暴富”等为噱头，或者过分挖掘个体的家庭和个人的隐私，过分突出新闻的情感性内容；也可以适当强化相关报道的连续性，但必须借助采访活动，对整个事件形成认识，形成基本判断，选择客观意义上的平衡点进行持续性报道。不过，无论是新闻的故事性还是连续性，为彻底认识事件，报道人必须首先悬置一些与青年创业相关的已经形成的观念、信仰和理论，从当下直接和直观的经验出发寻求事物的本质，这种现象学的“观察模式”是极为诚恳踏实的。这不仅在很大程度上有效回应了通行的新闻本质观，而且也符合这十多年来我国青年创业发展和研究的历程，毕竟十多年来，我国青年的创业环境、创业政策和创业模式等都发生了很大变化。

其次，我们必须意识到传媒是各种意识形态杂糅的最佳平台，犹如人是社会关系的总和，其本身绝对不是反映现实，而是重新书写现实。最关键的是，传媒与意义并非分离而是一体的，意义不是通过传播而传递的，而是在传播过程中产生的，意即意义传播的过程也就是意义产生的过程。因而，我们当追踪相关事件的报道，对青年群体创业新闻报道与新闻本质真实及时纠偏，使得青年群体创业报道不至于流于低俗故事化、恶俗娱乐化和庸俗的消费化境地，这既是对青年创业者本身负责，也是媒介社会责任感的体现。

最后，从媒介和新闻伦理的角度而言，记者虽然代表公众的知情权，但当人们粗暴批判的时候，要提醒大众理解；当大众过分理解的时候，又得及时发声提醒批判声音的出场或者替大众进行批判。因此，本书与其说是研究青年创业问题，毋宁说是反思大众媒介与青年创业互动的进程，有助于政府把握诸多创业事件的本质而不是现象，把握事件的总体而不是局部真实，制定出更有针对性、更体现青年群体创业需求的政策，提高青年参与创业的比率和成功率，提高我国青年群体创业的档次和高科技含量。

2008 年以来，国内青年创业的问题开始受到更多关注。我国政府鼓励、支持创业的政策开始增多。2008 年 9 月 26 日，国务院办公厅发布的《关于促进以创业带动就业工作的指导意见》指出，为贯彻落实党的十七大提出的“实施扩大就业的发展战略，促进以创业带动就业”的总体部署，全面实施《中华人民共和国就业促进法》的有关规定，就促进以创业带动就业工作提出指导意见。[①] 近年来，政府连出新招鼓励创业，特别是青年创业。比如，2014 年 6 月，人社部、教育部等九个部门联合实施新一轮“大学生创业引领计划”，将在 4 年内引领全国 80 万大学生创业作为目标之一，12 月教育部规定高校可允许学生休学创业。2015 年 3 月出台《国务院办公厅关于发展众创空间推进大众创新创业的指导意见》，5 月出台《关于进一步做好新形势下就业创业工作的意见》、《关于深化高等学校创新创业教育改革的实施意见》，6 月出台《关于大力推进大众创业万众创新若干政策措施的意见》、《关于支持农民工等人员返

① 国务院办公厅：《关于促进以创业带动就业工作的指导意见》，2008 年 10 月 30 日，中国网（http：//www.china.com.cn/policy/txt/2008-10/30/content_ 16687764.htm）。

乡创业的意见》。在2015年9月16日召开的国务院常务会议上还决定，建设大众创业万众创新支撑平台，利用“互联网+”，积极发展众创、众包、众扶、众筹等新模式。

政府的举措对引导青年创业、提高社会的关注度等方面起到了一定的催化作用。另外，媒体也开始大幅度地报道创业领域的相关动态和事迹，创业者的生存及发展状况也引起了更多的社会关注，并时常成为热点话题。比如，中国青年政治学院毕业的韩沁雯回到福建泉州老家，开了一家针对学龄前儿童到初中生的教育培训机构，以课后辅导和兴趣拓展为主；中国人民大学新闻学院2014届硕士毕业生王培在读研期间开了家网店，帮自己家卖小辣鱼等。部分名校毕业生回乡创业的事件曾轰动一时[①]，引发了各界的激烈讨论并带来新的创业的启示。可见大众媒介对塑造青年创业形象的引领作用是不可低估的。

展望未来，我们也欣慰地看到，政府已经对青年创业有了更多的关爱和方向上的指引，财富之外更多的创业意义和价值正在复苏，青年创业空间正能量的舆论场正在重新焕发活力，如年初“创客”刚见诸报端时，李克强总理就在深圳柴火创客视察肯定了创客的现实意义：“创客充分展示了大众创业、万众创新的活力。这种活力和创造，将会成为中国经济未来增长的不熄引擎。”值得关注的是——“创客”本意即指不以赢利为目标，而是把创意转变为现实的人。以此信号为新的起点，相信政府和社会各界把青年创业当作一项公共事务和民生问题来做的意识会很快复苏，青年创业特别是大学生创业的高专业化和创业事业的公益化也指日可待。

鉴于30多年来，国内青年创业者与大众传媒复杂的关系，本书有理由从两者合作互动、相互建构的视角，借以勾勒、梳理这段历史。主要着眼于报纸、无线电广播、电视和网络等传媒衍变的线索，对以大学生为主体的国内青年创业者如何经由传媒管道进入社会公共空间进行全面深入的考察，探讨两者的互动关系，分析传媒

① 何林璘等：《越来越多的大学生刚毕业就创业》，《中国青年报》2015年8月13日第3版。

制度等因素对国内青年创业者的实践方向和创业理论形成等方面的影响，进而勾勒出国内青年创业者的传媒图像。本书主要是探讨改革开放以来中国青年创业与大众传媒的关系，故基本按照时间脉络，采用内容分析研究方法，分析每个时期的标志性事件、人物和特点，并结合现存的资料以及之前学者的研究进行定性分析，以实现对青年创业者的媒介形象进行全面的阐释。本书还立足于具有技术哲学意义的观照视野，反思青年创业者在传媒中心时代面临的现实难题，探寻走出其创业身份尴尬的社会伦理困境的解决方案。

与一般创业问题的研究不同的是，对于研究涉及的社会记忆和想象等问题，本着“话要从头说”的精神，比起内容，我们首先当追问诸如媒介记忆与想象的主体的生存背景，以及记忆或想象在历史上是如何被压制、利用、扭曲、遮蔽等系列问题。本书既有具体媒介文本分析，又有理论阐释；既无法回避笔者自身的感性体验，包含一种无法摆脱的对于写作主体自身生存价值、意义等命题的迫切关注，又较为深刻地表达了对于社会文化发展情形的态度。所以，本书研究属于文化研究的范畴，研究对象实际是“青年创业文化”。这一“文化研究”范畴，也受陆扬等所总结的“文化研究的定义”的影响：“文化研究这一咄咄逼人的颠覆态势是同传统文化观念的研究大不相同的，它关注的不仅是文化的内在价值，更关注文化的外在社会关系。文化研究的社会学视野致力于社会语境中的文化分析，这个语境不可能是别的，它必然是现代性和后现代的语境。”①

本书与传统观念中的创业研究大不相同，偏重把“青年创业实践”放置在中国社会现代化进程这个大坐标上考察，既关注其富含的内在多元价值观，又揭示它与外在社会环境的互动关系，把“创业文化”这种交织着感性与理性、人生与社会、记忆与现实、技术与意识形态的非主导文化形式纳入中心视野考察，暗合了文化现代性理论，说明了“青年创业与大众媒介”论题提出的合理性和可证明性。

---

① 陆扬、王毅：《文化研究导论》，复旦大学出版社2009年版，第15—16页。

基于此，自2010年开始笔者便广罗材料，拟定框架，并事先拟定出了基本要求：一是体现专业性，要从大众传媒、新闻和文化传播角度研究青年创业问题，其他学科的有关创业问题的考察只作为背景材料出现；二是把握住各种传媒的特征和“传媒制度”的衍变，深入考察青年创业者与大众传媒的互动关系；三是把握住青年创业者的本质特征，同时要关注青年创业明星受大众文化等因素的影响出现的“异化”倾向，以及当今青年创业与传媒的亲密互动；四是把握住一个中心问题，即青年创业者（特别是大学生创业者）在现代传媒制度和社会文化的影响下，展现了怎样的媒体形象？本书具体的基本内容框架如下所示。

引言，媒介幻象与当代青年创业。本部分初步展现了国内青年创业者与大众传媒以及社会意识之间复杂的关系。这也是本书的主要观点之一，即青年创业者与大众传媒的关系是“相融，但不能合谋”。具体而言，大众媒介助推了青年创业进程的展开，但是，它将城市青年创业作为致富景观呈现给大众，创造了大众的意见环境和经验的同时，也客观上粉饰了当代中国城市青年的创业处境。本书的基本目的之一也在这一章节得以呈现，即解码城市青年创业场域中的政治犬儒主义、经济实用主义和文化消费主义等各色社会意识形态，有助于塑造我国青年群体关于自己和他者，以及对世界的新观念，有效扩大和提升青年群体公共空间的质量，重铸正能量舆论场。

第一章，初涉传媒：无线电广播等与早期青年创业的互动。本章从无线电与早期青年创业的互动过程、青年创业身份焦虑与变迁的描述与阐释切入，论及具体的大学生创业问题的理论研究现状，以及现阶段国内大学生与媒介交往的特点。前者具体的观点是，国内创业教育在适应文化经济社会的需要层面上，由于体制顶层设计等诸多因素的影响，尚未形成具有某种稳定结构的观念体系，对于围绕大学生生存和发展的一些基本问题、重要问题的认识颇为杂乱。建构主义为这方面的探索提供了一个很好的视角。后者主要依据马克思社会交往理论，认为现阶段国内大学生媒介交往行为具有实践性与社会性、物质性与历史性、价值原则与科学原则统一的特点，初步体现了本书的最终目的，即在批判基础上提议以创业主客体经由“公民性”意识的觉醒为基础，或者说从人的全面发展和社会和谐的角度统一起来。

第二章，空间转移：青年创业与电视的关系。电视产业的飞速发展，为更多青年“草根”创业者提供了一条进入社会中心的途径，从媒介的变迁史考察创业青年与传媒的关系，不可能忽略这个被波兹曼称为“元媒介”的电视。本章更加深入地呈现了国内青年创业者与传媒的关系：青年创业者与大众传媒应当相融，但不能唯利合谋。这个世界越来越需要有知识、有专长的知识性青年创业者参与，需要他们就公共问题发言，实现青年创业领域由“布道场”、“名利场”朝哈贝马斯言及的“公共领域”发展，在创富、创新、创培的创业交往实践中参与社会、关怀社会，投身社会经济、文化的建设，促进了从“创业”到“公共性”关怀的转向，促成国内真正公民社会的来临。

第三章，汇入网络：青年创业者的“虚拟乐园”。网络与大众媒介互相建构，形成了一个奇观化的魅惑乐园，催生了一大批国内青年创业明星，多以大学生为主，而且更多的青年创业者加入“网民”行列。本章就大学生进入网络空间创业的科技、启蒙和叫卖三种创业类型，论述了三个基本观点：推崇科技创新，但又不唯科技至上，应该承认当代的科学技术革命是推动社会迅速发展的主要原动力；启蒙，具体到创业领域，对应创业、创培能力，我们当推崇启蒙行为大张旗鼓地在青年创业领域的展开，有效地助推青年创业领域由“布道场”转为更具有实际意义的公共领域；叫卖，具体到青年创业领域，对应创富能力，当以财富获取为创业目的，但又不唯财富论。

第四章，问题化：青年创业者与传媒公共空间。本章节主要是理论阐释与观点的总结。本书之所以把研究对象定位为青年创业者，而非其他自然年龄阶段的创业群体，最主要的原因是目前国内青年群体中知识分子型、科技创新型群体密集。一方面，知识分子和研发人员需要拉近与公众之间的距离，实现科技转化，实现人生的意义；另一方面，大众也需要青年知识分子和研发者的知识、技术和技能实现致富。快速发展的大众传媒刚好促成了两者的结合，因而，本书定名为青年创业与大众传媒，并在本章专门谈及青年知识分子型、科技创新型创业群与大众传媒的关系问题。特别在2015年3月李克强总理在政府工作报告中提及“大众创业、万众创新”的口号之后，青年创业问题就显得尤为重要。本书大胆地预测并建议大力扶持大学生群体中的科技型、知识型创业项目，鼓励有技术、专长的大学生从象牙塔走向社会舞台，作为社会公共生活领域的向导，借由报纸、广播、电视和互联网等大众传媒放大他们知识、智慧和独立品格启蒙的身份，给予他们充分言说的空间和渠道，以技术和致富经验的传授路径推动公共性启蒙，开启民智，引导创新，推进整个社会在物质和精神上的前进，维护公共空间的秩序。

从将某一方法、路径应用于新的研究领域，可看作本书的创新点之一。另外，本书还综合运用结构主义、符号学等诸如此类的新方法，虽然这些都无法成为本书研究的统领性与全局性的有效手段，但在对某些具体的媒介文本和创业者的分析中，仍然可能吸取其有用的成分和成果，从而实现理论的升华。

总而言之，新的媒体日新月异地改造世界，青年创业与大众传媒注定将成为一个未竟的话题，有待深入探讨。

第一章

初涉传媒：无线电广播等与早期青年创业的互动

自中国改革开放，国内青年创业与传媒的合作和互动就从来没有停止过，甚至在某种程度上，青年创业群体的形成，便是和大众传媒紧密联系起来的。W. 施拉姆曾在《传播学概论》中提到，大众媒介传播有“开创经济行为”的功能。近年来，讲述成功人物创业故事的创富事迹成为新闻媒体报道的常见内容。目前，通过直观的电视、便捷的互联网我们每天都可以了解到创业的相关信息。其实，报纸和无线电广播在早期就为树立青年创业媒介形象奠定了很好的基础。以报纸为例，《中国青年报》设置的特色专刊《创业周刊》长期关注大学生等青年创业群体的创业故事，该报还配合全国性的创新创业赛事在其他板块进行深入报道 。《广州日报》在其理财版推出“小本”，重点推荐小本经营项目，为读者进行开店分析。《钱江晚报》自 2004 年起就创设栏目《浙商创富榜》，关注和报道浙商在海内外的创业和发展情况。2008 年 4 月 7 日《小老板》栏目在《楚天都市报》“投资理财”版第一次亮相，开栏语中写道：“武汉话里有个词叫‘扳命’，《小老板》栏目就是为爱扳命，想通过创业改变命运的读者而开设。有的人‘扳’成功了，我们分享他们的创业经验；有的人没有成功，我们来分析原因，帮他继续‘扳’。”《甘肃经济日报》推出《大学生创业的故事》专栏，对该省创业大学生的创业思路、做法、经验，创业过程中遇到的困难以及解决的办法和即将毕业大学生的创业想法做专题报道。《长江日报》推出《创业先锋》专栏，讲述一批青年创业者的奋斗故事，分享他们的成功和梦想，鼓励更多有志之士投身创业。《淮阴报》在报纸显著版面推出《创业之路》专栏，介绍全区各行各业中涌现出的创业典型。另外，富娃网为落实国家“以创业带动就业”战略而创办《创业者报》，是创业者的专属报纸，以“传播财富、报道创业”为办报理念，服务创业者，指导创业。可见，无论是印刷媒介时代，还是电子媒介时代，青年创业者与大众传媒的交往一直是深入而良好的。青年创业者形象就是借由报刊、电视等传媒建构，其富含的价值、立场和观点也才得以有效地进入公共空间，形成公共舆论，青年创业者也正是借助这些舆论参加了、营造出了对更多青年更具有召唤力的共通的想象，这在很大程度上成为青年创业者从改革开放初期的社会边缘人身份，走向社会中。

第一节 早期青年创业者的身份认同与建构

一 早期青年创业者的身份困惑：“倒爷”身份的建构

“身份就是一个个体所有的关于他这种人是其所是的意识。”[①]因此，身份自我认同首先要追问的就是我是谁、我是一个什么样的人。[②]

20世纪70年代末至80年代，从事商品倒买倒卖的人往往被认为是早期的创业者，这个群体多年轻人，官方多称之为待业青年，老百姓称他们“倒爷”。关于“倒爷”，民间有这样的“段子”，虽然夸张了些，但颇能说明当时这个群体的身份窘迫情形：“倒爷”们最初不过是从乡下收来几百颗鸡蛋、小心翼翼搬回城里换粮票，或从沿海论斤称来电子手表用军帽装了在各地大城市兜售，后来发展到缺什么倒什么、什么紧俏就倒什么。“国际倒爷”牟其中，用川东某城濒临倒闭的厂里的积压罐头换回了民航飞机，让双方受益

---

① Peter Straffon & Nicky Hayes, *A students' Dictionary of Psychology*, Edward Arnold, 1989. 转引自邱戈《媒介身份论：中国媒体的身份危机与重建》，中国传媒大学出版社2008年版，第16页。

② 李慧敏：《社会转型时期的自我认同与教育——以吉登斯自我认同理论为视角》，高等教育出版社2005年版，第48页。

而自己从中更是赚了一大笔。随后，大大小小的“倒爷”们开始琢磨着倒腾埃菲尔铁塔和巴黎圣母院。其中真有个外国“倒爷”将一段不常通车的国有铁路慷慨地倒给了一家公司，这家公司派了施工队前去拆除了一大半路轨时，这一大骗局才被发现。买卖是商品经济中最常见、最基础的行为，但在商品经济极不发达的时代，有买有卖、又买又卖、买了又卖、低价买来高价卖出的做法，在20世纪60年代叫“投机倒把”，要被绳之以法；在70年代叫“二道贩子”，也是见不得人的勾当；到80年代，就有“倒爷”这一毁誉参半的称号了。

“倒爷”是20世纪80年代出现的一种特殊群体，“倒爷”一词广泛流行于80年代中后期和90年代初期。内地在从计划经济转向市场经济的过程中，尤其是在价格双轨制时代，一些人利用计划内商品和计划外商品的价格差别，在市场上倒买倒卖有关商品进行牟利，被人们戏称为“倒爷”。“倒爷”一度盛行于全国各地，尤以北京地区最为流行。“倒爷”主要是利用商品价格差别进行倒买倒卖，有些属于合法捕捉市场商机，有助于推动社会经济发展、满足消费者需求、促进商品流通体制的完善；有些则是属于非法牟利，被人们称为“投机倒把”，从1987年起受到政府部门的严厉打击；更有一部分，则是利用不正当的人际关系，通过“走后门”、“批条子”，利用价格差行贿受贿、倒买倒卖，成为政府腐败的温床，被人们称为“官倒”。在不少情况下，上述三种行为难以完全分得清楚。

二　早期青年创业者身份建构的机制：广播电台—收音机—听众

中国改革开放30多年的历史，“倒爷”是值得书写的群体之一，就是这些数以百万计的个体户、“倒爷”、小作坊、集体工厂以“蚂蚁雄兵”的方式，推动了计划经济体制向社会主义市场经济的改革。20世纪80年代末，随着政府严厉打击“投机倒把”和“官倒”行为，再加上苏联解体和东欧剧变后当地严重缺乏轻工业消费品，“倒爷”开始转战国际市场（如把中国内地的纺织品卖到俄罗斯，然后将俄罗斯的皮革卖回中国内地等），并于90年代初形成了名噪一时的“国际倒爷”。20世纪90年代以后，随着市场经济的建立、商品流通体制的完善、价格双轨制的消失和商品市场的日益丰富，“倒爷”失去存在的土壤，已经掘得“第一桶金”的“倒爷”们纷纷采取规范的企业化经营形式，“倒爷”一词亦渐渐淡出人们的视野。改革开放初期，相关“倒爷”发展的历程，充分展示了这个群体的形象存在的不合理性、时代性，同时也彰显了建构“倒爷”这个早期青年创业身份的急切性。

身份认同的核心内容包括其特定权利、义务、责任、行事规则，以及身份合法化的理由。有意思的是，早期青年创业者的“倒爷”身份内涵并非全由当时象征国家意志的无线电广播、党报等建构，甚至在民间，在老百姓中，“倒爷”这个群体的身份特征，反而是由“倒爷”自己所倒卖的便携式收录机、走私过来的卡带等建构，即便携式收录机和走私过来的卡带等的媒介隐喻功能决定了“倒爷”身份的内涵，提供了其身份合法化的理由。

可以这么说，20 世纪 70 年代末，被“倒爷”从港台地区走私来的高科技日用消费品开始充斥中国的大街小巷，墨镜、爆炸头和喇叭裤构成的新生活方式，冲击着革命时代的生活信念和规则。在这些走私品中，便携式收录两用机和廉价的录音磁带对建构“倒爷”群体身份价值和意义作用最大。这些由现代科技支持的消费品，发动了现代史上最大规模的“声音走私”行动，它们携带着台湾歌星邓丽君喘息般的“气声”，席卷红色中国。当时的“不良青年”斜提着收录机传递着这样的声音，自己吹着不成调的口哨，招摇过市，一路惹来道德纯洁的市民的白眼，形成彼时中国城镇的文化奇观。这些“不良青年”中大部分是“待业青年”，在 70 年代末、80 年代初的大城市弄堂里，待业青年随处可见。他们一般都是 20 岁左右的小青年，有的是知青返城后没有按政策进入规定的单位，有的是高中毕业没考上大学暂时蜗居在家。出现这么一大批失业人群或许与大量知青返城造成整个社会就业压力增大有关，而总有那么一些人，要么运气差，要么挑剔，成了“边缘人”。那时候，大家都循规蹈矩，不提倡个性，无论是找不到工作还是不愿意工作的“刺头”，都会被看作异端。但凡某家有那么个“待业青年”，家里人谈起来就会闪烁其词，感觉脸上无光。待业青年没有工作，而且思想前卫、穿着打扮时髦另类。比如他们超前地穿上了喇叭裤、直筒裤、式样新颖的花衬衫，留了长发，嘴里哼上一些所谓的靡靡之音。但他们很有思想、很有主见，他们中不少人头脑灵活，喜爱新事物，藐视常规，敢于创新，用现在话来讲就是有创业意识，比如当时福建省长泰副县长一双儿女郭国建、郭国萍高中毕业待业在家，二人带头开了一家乐群电器维修店；胡乔木同志称赞创办北京前门茶点服务社的青年们“为解决就业问题做出了一个榜样”。

我们再来看看这些“倒爷”手中拎着的利器——“收录机”，收录机具有收音机和录音机功能，是一个革命性的声音装置，它们1975年在我国问世，仿佛是从国家广播电台脱落下来的、小型便携式的、自主的声音发生器。我们先看看收音机，它是通过一种从天线接收并解调无线电信号的电子设备，19世纪末、20世纪初，无线电广播的发明和使用在对外宣传史上打开了崭新的一页。1895年意大利的马可尼和俄国的波波夫几乎同时发明了无线电，但马可尼首先取得了国际专利。此后，发射和接收设备便应运而生，并在很短时间里不断改进，达到群众性使用的水平。世界各国一时竞相建设广播电台、生产收音机。随着发射功率的不断增大，特别是短波频率的使用，使得无线电波越传越远，甚至跨越国界，这样国际广播也就逐渐产生。在中国大地上出现的第一座广播电台是由外国人办的——1923年初美国商人奥斯邦在上海办了一个50瓦的广播电台，虽然只办了半年，但它却是在中国的第一座广播电台。此后不久，外国人相继在上海、天津、北平、哈尔滨等地开办了类似的电台，它们以广播商情、广告为主，辅以娱乐节目，新闻占的比重较小。中国人自己办的第一座电台是哈尔滨广播电台，用汉语、俄语和日语三种语言广播。到了1979年，我国半导体收音机销售额比1978年增长了34.9%。再来看看收录机，它不只是一个对中心声源发出的声波的接收器，同时还是自主的声音制作装置。便于携带而且可以自行播放录音带，甚至自行录制声音制品。由于它的出现和普及，声音生产的自主性获得了空前的解放。录音磁带便于携带，可以随时录放，打破了电台声音的神秘性。而其可以擦洗和重复录制的功能，则使得声音成为一种普通的、可以自由修改的事物，电台声音的永恒神圣性被打破。在此过程中，公众的角色也发生了重大转变，他们不只是声音的接收者和消费者，同时还是声音的生产者。于是，国家机构的声源垄断局面发生了根本性的改变。国家意识形态精心构建起来的革命的声音神殿开始出现裂痕，国家电台的声音神学中心主义地位受到了严重挑战。

具体而言，无线电广播，一个可以将声音放大、存储并迅速扩散的物理装置，其声音发生源可以由国家机构所控制，声音由国家广播电台编辑和发布，并将声波转化为电波，在传播的速度和距离方面均得到极度的强化。其终端为一个小型的接收器，即老百姓称为“话匣子”的收音机，将无线电波还原为声波。而在群众聚集的场所，则可以安置一个扩音装置——高音喇叭。电台可以无休止地反复播送声音，作用到受众的听觉器官，形成条件反射。我们可以在20世纪大半个世纪看到这样的情形：在乡间，在城市，在咖啡店、茶馆、广场、工地、教室……任何一个公共场所，收音机或高音喇叭发布着时事新闻、政府公告、主流音乐，乃至国家气象台的气象预报和标准整点时间。对资讯的标准化和统一管理等这一切都是典型的现代国家理性的必不可少的构件。公众聚集并倾听，他们接收这些信息，并产生程度不等的共鸣。这在广受大众欢迎的路遥的《平凡的世界》中多有描述，双水村的老百姓的生活是与村里的高音喇叭分不开的。是的，农村的高音喇叭、广播，曾给一代人留下了难忘的记忆，它繁荣于20世纪六七十年代，曾是农村主要的信息来源。那时，几乎是村村牵有高音喇叭，户户都装了有线广播。“一朵牵牛花，爬上大树杈”，说的就是这高音喇叭。那时，广播网四通八达，村部的屋脊上、各村头的树上都架有高音喇叭。1965年12月9日，毛主席关于“努力办好广播，为全中国人民和全世界人民服务”的题词发表，更加激发了人民办好广播的积极性。高音喇叭也叫扩音器，是上细下粗、最下端的口部向四周张开的圆筒形结构，通过广播设备发出声来。高音喇叭就是村里的广播站，上级有了新精神要传达，就在喇叭上读一读；村里各小队干部要到村里去开会，就在喇叭上下通知；就连村民谁家有个要紧事，也赶到广播室来，求村里的通讯员在喇叭里喊上几遍。农村广播“村村响”播出富农好声音（其实质就是在营造创业的氛围），成为农村经济发展的“助推器”、“吹鼓手”和“信息库”。让党的各项方针、政策在第一时间传达到农村，让农民朋友每天都能听到“自己的声音”，让文化民生更好地去丰富农民精神生活，让人们在悠扬的广播声中，获得更多的“三农”信息。另外，家家户户还牵入有线广播，在家里也能收听。彼时县里有有线广播台，公社有广播站，各村有广播专管人员。直至今日，很多农民还收音机不离手，而调频台播放的节目更是城市里驾驶汽车或乘坐汽车的居民的最爱。

公众仿佛是无数个有机的“共鸣箱”。“广播电台—收音机—听众”，构成了一个“三位一体”的声音装置，将国家理性与公众牢牢地结合在一起。“倒爷”走私来的收录机和卡带借由娇喘咻咻的情歌，软化、改造了国家的意识形态化的意志的声音模式，显示了老百姓对“倒爷”身份群体复杂的情感；无线电广播则在很大程度上，增加了当时老百姓的纠结。因为，相比便携式收录机的自主选择性，绝大部分无线电广播，因其国家所属的性质，在当时，是非常有效的维持国家意识形态对受众的灌输和支配的机器。

同时，前文中提及的“倒爷”群体被收录机这一媒介隐喻为创业示范者是受到无线电广播的冲击的，因为当时无所不至、无孔不入的无线电广播否定了“倒爷”身份的合法性，甚至可以说有污名化倾向。比较形象的例子便是《平凡的世界》里对靠偷盗赚钱发财的金富的描述：“他大摇大摆（理大鬓角飞机头发型，戴着墨镜，着喇叭裤、格子衬衫、三节头皮鞋，拎着一只四喇叭收录机）地回村来了。他不仅带了很多新鲜玩意，还当着全村人吹牛自己见过多大的场面；唯独金俊武看出了些许门道。”同样，还有对本质并不坏的“二流子”王满银也有类似的描述。但是，对于同样是在高音喇叭下成长的“非倒爷”孙少安来说，则完全是一个正面的创业青年形象，而且一直都是个勇于开拓创新的人物。从之前私分猪饲料地，再到力排众议办起了烧砖厂，孙少安一直琢磨着如何带领全村富起来。就在他踌躇满志准备大干一场之时，这个承载着全村人希望的砖窑再次出了问题，使少安的心血付诸东流。当然最终孙少安的创业之路逐渐顺畅起来，家中光景也渐渐好转，这是改革开放后得到政府鼓励和宣传的正面的发财致富的青年创业典型，与“倒爷”是完全不同的形象。但是即便如此，我们还是无法否认“倒爷”作为早期青年创业者身份的建构。

三　早期青年创业者身份认同与建构的意义：拓荒者形象

可见，早期青年创业拓荒者主要是城市个体户和农村专业户，而“倒爷”则是其中引人注目的创业代表。这一点我们也可以从学者钟岳睿发表在《现代商贸工业》中的《我国改革开放以来的五次创业潮评析》一文中提出的中国自改革开放以来创业五个阶段的论述中得到论证。

第一阶段（1978—1986 年）：城市个体户和农村专业户创业爆发期，特点是城乡个体户和农户开始自主经营，自负盈亏。以党的十二大和 1982 年《宪法》为标志，当时中国刚刚改革开放，城里大部分人追求的还只是考大学，进国家机关、国营企业，而个体户除了还未找到工作的返乡知青外大都是些生活在社会底层、文化素质较低的人，他们开始个体经营，建立独立的经营单位。个体户就是当时城镇创业的一种主要形态。这些个体户抢占了机会，慢慢成长，有些成了中国社会的第一批富翁。从 1982 年到 1985 年这四年中，个体创业迅速发展，1980 年只有 80 万户，但 1985 年就高达 1171 万户，从业人员 1766 万户。在农村，包干到户实质就是农民们开始独自创业，上文提到的孙少安就是代表。农村取消了生产队等组织以后，实行家庭联产承包责任制，改变了农村收入分配方式和财产占有关系，原来由生产队集体所有的生产资料大部分归农户自己支配，从而实质上使单个农民家庭走向自我创业、自我发展、自负盈亏的道路。他们有的凭借自己掌握的技能尝试多种经营，把盈亏放在首要位置，商品意识逐渐加强。一些农户随着自我积累的增强走上规模专业经营的道路，成为专业户。走上专业经营的道路并经营有方的农户不断扩大规模，慢慢走向企业化经营的道路，在农村产生了早期的私营经济和挂上集体企业牌子的乡镇企业。典型代表有：在 1968 年就开始创业的现美的创始人何享健；1981 年，安徽芜湖年广久经营傻子瓜子成为百万富翁；1982年，中央号召农村发展养殖专业户，刘永行四兄弟看到了农村改革中的致富机会，干起了养殖，刘家产业从1000元成长到1000万元，成为当时中国的首富；1984年，海尔创立，经过30年的艰苦创业，海尔从亏空147万元的小作坊发展成年销售额逾千亿的国际化集团，从一个濒临倒闭的小厂成长为中国家电第一品牌、世界第四大白色家电制造商。可见，此阶段是人们创业意识的初现阶段。

第二阶段（1986—1991年）：随着改革开放政策的实施，乡镇企业和国营企业承包租赁经营兴起（产品经济时代），城乡中部分个体户或专业户成长为私营企业，私营企业开始发力，创业者们各显神通，创造了空前的神话。1987年是我国私营经济发展的一个重要转折点，把私营经济当成是公有经济的必要和有益的补充，从此私营经济获得合法的地位。由于当时国内物资匮乏，物资供应跟不上需求，物资供应还未摆脱凭票购买的局面，与老百姓日常生活息息相关的轻工业品特别是生活消费品缺口很大。国内市场成为名副其实的卖方市场，只要厂家生产出来，就很容易卖出去。现在的家电巨头就是在当时开始崭露头角，服装鞋帽类民营企业也开始一显身手。此时期人们创业的激情终于得到爆发，除个体户或专业户成长为私营企业外，在国营企业里的技术人员或有管理经营经验的人也开始开办私营企业，1988年底注册登记的私营企业有23.5万多户，以承包亏损服装厂为主业的步鑫生、“一包就灵”神话的创造者马胜利为代表的国营企业原管理者开始创业，锐意创新，带领企业走出困境。以联想集团的柳传志、玉溪烟草的褚时健等为代表的国营企业负责人也不甘寂寞，带领所在的企业开始内部创业，取得空前的成功，树立起振兴民族品牌的大旗。还有以华为的任正非、用友的王文京、香港美洲贸易和深圳海滨制药的叶澄海等为代表的早期官员辞职下海创业的典型。以三一集团的梁稳根为代表的民营企业家开始创业，以万向的鲁冠球为代表的国营企业领导买断企业开始二次创业。此阶段我们可以总结为创业意识觉醒阶段。

第三阶段（20世纪90年代初）：全国上下刮起下海狂潮，全民经商。此阶段初期，全国的经济放缓了发展的步伐，创业大潮暂时下落。以 1992 年春邓小平视察南方并发表社会主义也可发展市场经济和党的十四大为转折点，全国上下掀起下海经商的狂潮，国人渴望经商致富的激情得到空前的释放。这次创业的人群，不少是素质相对比较高的机关干部、教师、科研人员、国营企业骨干，他们在很多领域，比如在家电、皮具、鞋、食品、服装、小商品、电器金属、五金、服务等领域创业。1992 年登记注册的私营企业比 1991 年增加 3 万户，1993 年登记注册的私营企业比 1992 年增加 9 万户，以后 1994—1997 年四年又分别比前一年增加 19.4 万户、14.09 万户、22.25 万户、16.5 万户。这波浪潮奠定中国廉价工业品走向世界、中国成为世界加工厂的地位，那时是生产致富阶段，还属于卖方市场，这是短缺经济状况下的产物，只要有产品就卖得出去，生产出来已经致富。很多行业产品供不应求，企业的规模超常规发展，造就了很多富翁。当中的佼佼者有汇源的朱新礼、新东方的俞敏洪、复星的郭广昌、爱国者的冯军、太平洋的严介和、广东欧神诺的鲍杰军、比亚迪的王传福等。可见，此阶段大多数人的创业意识显著增加。

第四个阶段（20 世纪 90 年代中后期—21 世纪初）：青年创业尤其是青年知识分子创业在此阶段达到高潮，他们捷足先登互联网，带来财富增长的乘数效应。20 世纪 90 年代中后期以来，我们走进互联网时代，世界已进入了一个新时代，财富的概念已经发生了深刻的变化。财富不再以占有土地、矿产、工厂、劳力等有形资产的多少来衡量；而是以拥有信息、知识、智慧、比特币等无形资源的多少来衡量了。索罗斯在三个月内赚 12 亿美金，比尔·盖茨在短短几年内成为世界首富，杨致远、张朝阳、丁磊从一无所有到亿万富翁只用了两年时间，英国的阿塔拉从穷学生到亿万富翁的历程只有五个月，而李泽楷一夜之间赚了他父亲李嘉诚一辈子的钱……这些奇迹，用传统思维是无法想象的。2008 年全国互联网搜索引擎运营商不计算渠道收入就已经达到 51.5 亿元；互联网广告收入 180.6 亿元；网络游戏收入 183.8 亿元；电子商务 B2B 交易规模达到 29600 亿元，C2C 交易规模达到 1280 亿元。网游企业盛大公布的 2008 年全年的营业收入达到 35.69 亿元人民币（5.22 亿美元），净利润为13亿元人民币。北京仅41家大型网游企业的收入就已经成为仅次于金融业的第二大服务业。在生产制造方面，这一阶段是推销致富，这是生产能力过剩、竞争过度经济条件的企业生存手段和财富积累手段。这一阶段的富豪群体，与中国经济和产业结构的联系更为紧密。丁磊成为2003年的首富，与互联网业经一轮低潮后重新勃发息息相关，类似的财富神话还有陈天桥的故事，他于1999年以50万元创立盛大网络，5年后以88亿元财富成为中国“第二富”。同样，黄光裕蝉联2004年和2005年中国首富，也得益于此间国美借壳上市及中国零售业的飞速发展。2002年前“中国首富”在荣氏家族和“饲料大王”刘永好间的更替，反映的是中国的体制特征和农业大国的国情，之后“IT新贵”丁磊（2003）、“零售巨子”黄光裕（2006）、百度李彦宏（2011）登顶富豪榜，契合世界经济的潮流和产业特征——网易对应的是微软，国美对应的是沃尔玛，百度对应的是谷歌。造纸的张茵、造药的李锂、造电子和汽车的王传福和造矿山机械的梁稳根的登顶验证了中国是一个工业制造大国。像碧桂园的李慧妍、龙湖的吴亚军、万达的王健林等常在十大富豪之列也证明了中国当前经济的另一个特色——房地产是支柱产业。

而且，这个阶段的创业者很多是受过高等教育的专业技术精英或经营管理精英。马化腾1993年毕业于深圳大学，他成就自己的QQ传奇，引领出了一种新的赢利模式。陈天桥毕业于复旦大学经济系，1999年创办上海盛大网络发展有限公司。周鸿祎毕业于西安交大管理学院系统工程系，获硕士学位，1998年10月创建3721公司。丁磊1993年毕业于中国电子科技大学，1997年创办网易公司。此阶段，甚至还有很多在校大学生创业或刚走出校门的学生创业成功的案例，如2004年毕业于浙江理工大学服装设计专业的吴立杰，创造财富达1000万元。大三时就成功进军IT行业且创业三年后就拥有千万资产的“80后”青年王威，曾制作了青岛首个三维地图、奥帆赛3D导航系统、奥帆委目标预演系统，并与上海世博会开展合作。

还有留洋归国的创业青年，熟悉西方的先进管理思想，熟悉西方成熟的市场经济商业模式，受西方创新思想、方式和手段的影响，回国后在新的商业环境下更能脱颖而出。汪延毕业于法国巴黎大学，1999 年出任新浪网中国地区总经理，2003 年 5 月任新浪首席执行长、董事兼总裁。李彦宏 1991 年北京大学信息管理专业毕业后赴美国布法罗纽约州立大学完成计算机科学硕士学位。1999 年底，携风险投资回国与好友徐勇共同创建百度网络技术有限公司。张朝阳 1986 年毕业于北京清华大学物理系，1993 年底，在美国麻省理工学院（MIT）获得博士学位，1996 年在 MIT 媒体实验室主任尼葛洛庞帝教授和 MIT 斯隆商学院罗伯特教授的风险投资支持下创建了爱特信公司，成为中国第一家以风险投资资金建立的互联网公司。1998 年 2 月 25 日，爱特信正式推出“搜狐”产品，并更名为搜狐公司。沈南鹏毕业于耶鲁大学，1999 年与梁建章合资创办了携程网。俞渝 1992 年获得纽约大学工商管理学院金融及国际商务 MBA 学位，1992—1997 年在英国纽约创办 TRIPOD 国际公司（企业兼并财务顾问公司），1996 年与李国庆共同创办当当网上书店并任联合总裁。

据估算，包括大学教授、作家、学者、艺术家、自由职业者在内，我国目前共有 3800 万专业知识分子，其中有 1000 万人在民营企业工作或兼职，或者自己开公司，积累了大量的个人财富。继早期的个体户、乡镇企业家、中间商、民营企业家、国企高管之后，中国正迎来了第六代富裕阶层——学有专长的各类知识分子。他们中的大部分人都是拥有研究生学历的青年人，出生于 20 世纪六七十年代，他们在青少年时代已经历了市场经济的洗礼，在改革开放的黄金时期迎来了人生最美好的时光，具有非凡的理财意识和创业精神。这个阶层中在高校和科研院所里的专家学者尤为令人瞩目，利用各种方式参与到商业活动中，年收入十分可观。1994—2000 年，我国经济从单纯的数量型向数量与质量效益相结合转变，从劳动密集型向劳动密集与资金技术密集型相结合转变，以 IT 产业为代表的现代制造业和高新技术产业迅猛发展，如深圳市，其高新技术产业产值领跑全国。2000 年至今，与创业型科技类的中小型企业成长息息相关的风险投资逐步成熟，中国资本市场渐渐成长，随着中小板和创业板的成立，为更多的创业型企业提供了资金支持。民营经济在与外资企业的协作配套中逐步成长，如汽车零部件产业、电子产业等。这一阶段的青年知识分子成功创业或高科技创业为本书的观点提供了有力的支撑。

第五个阶段（21 世纪初至今）：电子商务和创意创业潮。2000 年至今，是一个号称技术无极限的网络时代，同时也是一个消费时代。迎来了真正的消费者时代，消费就是投资，消费者才能创造世界上最大的利益。消费引导人们创造高质量生活、享受生活，即致富于消费之中。21 世纪的今天，财富的竞争是一场以电子商务为服务平台的消费终端之战。因而信息时代的财富必然掌握在电子商务人的手里，财富的金矿就在身边的人群里，消费者就是取之不尽、用之不竭的财富之源，每个人都可以把身边的人群转化为财富。

互联网改变消费的观念和习惯，做一个分享型消费者就可以轻松创业了。网上开店潮就此兴起，出现了如 B2B/B2C/C2C 等商业模式。数字显示，2010 年仅 B2B 电子商务成交额就达 3.8 万亿元，2011 年和 2012 年成交额分别为 4.8 万亿元和 6 万亿元人民币。为此，比尔·盖茨一语道破这场电子商务争夺战的背后逻辑："要么电子商务，要么无商可务。"

此处就不能不说马云与阿里巴巴。1999 年 3 月阿里巴巴正式推出，直至成为全球最大网上贸易市场、全球电子商务第一品牌，并逐步发展壮大为阿里巴巴集团，成就了阿里巴巴帝国。马云，这个考了三回大学、找工作时被拒绝过多次的杭州年轻人，却矢志"打造一家让世界瞩目、让中国人骄傲的公司"，并为此不懈努力，由此，给世界带来了一个又一个惊喜："淘宝网"、"支付宝"、"余额宝"、"阿里云"……2014 年 9 月，阿里巴巴在美国纽约证券交易所上市。现今阿里巴巴的中国零售平台，每天有 1.2 亿人购物，为社会直接、间接提供 1200 万个就业机会。不仅如此，蚂蚁金服旗下的支付宝服务了超过 5 亿实名用户，成为全球最大的第三方支付平台。现在，互联网与传统产业的界限正在抹平，许多创业成功的例子都是"互联网 + 传统产业"。今天创业标配的方式就是：第一步，一个行业经验丰富的人找准一个消费市场；第二步，找有互联网思维的人来帮他实现这个梦想；第三步，做地推，把线上线下的生意运转起来；第四步，一定会有人给你投钱。所以，所有最传统的产业都要学习互联网的思维和工具，要知道 O2O，要想方设法把你的用户聚集起来，想方设法让你的交易在线上进行，因为大众创业时代已经没有传统和互联网之分。2015 年 8 月 10 日，阿里巴巴将 283 亿元人民币战略投资苏宁，而苏宁则花 140 亿元认购阿里的股份，真正实现了线上线下的融合发展。这次合作，苏宁遍布全国的物流、门店、售后服务资源将会为阿里平台的商户带来丰富的展示、服务、线上线下融合的创新体验；而苏宁将通过阿里的平台，服务更广泛的用户，凭借自身商品经营的优势，促进品牌消费，在扩大线上的同时也升级了线下，并借助阿里的大数据推动 C2B 定制时代的到来，推动中国制造向中国创造的升级发展。可见，创意创造生意。在竞争白热化阶段，只有依靠创意独辟蹊径才能获得成功，创意可以创出新的产业，创造出新的消费需求，创造出新的顾客群体，创造出新的产品或服务，从而获取高额的利润。只要你创造了新市场、新需求，在新开市场上，你就是当然的大哥大。

与创意相关联的创意创业有蓬勃的生命力，成功的还有分众传媒、美邦服饰、真功夫等。即使在 2009 年那样严峻的形势下，创意产业也能逆势而上，如网络游戏增长超过了 70%，其中出口也有大幅的增长；动漫产业的增长超过了 40%。北京、上海、深圳等地创意产业增长率也远高于同期 GDP 的增幅。影视、音像、艺术、设计、出版、演出、动漫等创意产业，它们强调创意和创新，还可以与其他产业融合发展，促进产业创新和结构优化，有效地推动我国经济发展方式的转变，增强国家的软实力。一直以质取胜、注重塑造动漫明星的美国动漫产业历经 80 多年的发展，始终处于世界领先地位，整个产业的出口仅次于计算机产业，产值达 2000 多亿美元，为传播美式的价值和生活方式立下了汗马功劳，充分体现了美国文化产业和软实力。我国地方政府有不少已把创意作为产业，制定各种优惠措施鼓励创意产业的发展。佛山市在产业升级中，把 200 多家传统陶瓷行业迁出去，通过腾笼换鸟，吸收对环境污染小的绿色产业，其中包括创办创意产业园，吸引创新型企业进驻。该市创意产业在政府的推动下开始迅猛发展，一个相当于一家陶瓷厂面积的创意产业园区的产出比一家陶瓷厂的产出高出数倍。我国的设计产业比较落后，涌现出来的小型创业型的服装、包装、工艺、广告、建筑设计公司很多，可能目前还未有惹人注目的设计品牌，但是我国的设计产业、动漫产业方兴未艾。因为只有设计产业，才能使其他产业的产业创意化、创意产业化；只有设计产业才能使我国的其他产业有机会赶超世界先进水平，大大提升这些产业的价值。

从企业数量看，2000—2005 年全国登记的私营企业户数平均增长率为 19.6%。截至 2007 年底，全国登记注册的私营企业达到 551.3 万户，个体工商户达到 2714.5 万户。从注册资金看，2000—2005 年，私营企业注册资本由 13308 亿元上升到 61331 亿元，年均增长率为 35.7%。

由上可以看出，中国的创业潮在 21 世纪初继续保持强劲的势头，新创的企业数量持续增长、规模不断扩大，投资增长尤为强劲。中国创业的又一个三十年，不能再靠大投资带动的大项目，而是靠千千万万的中小型创业型企业。同时还要考虑未来的创业的新领域，比如新经济领域包含智能经济、虚拟经济、创意经济、健康经济、美丽经济、设计、动漫、文化休闲、老龄消费等。新服务领域的焦点在创新的第三产业，如旅游、咨询策划等。新农业领域农副产品的深加工、高附加值的生态农业、育种、农副产品大物流、农村融资服务。新商业模式包括特许经营、经济型酒店及基于互联网和物联网的商业模式等。其他的还有新能源、新材料、生物制药等。而且，21 世纪的创业革命最突出的特点是，创意创业的主体绝大多数是青年创业者，即千千万万的平凡人成为主角。从开办小餐馆到小加工厂，到各种身份的人包括大学生、青年科技人员和普通企业员工，一跃成为创业者，再到提供各种产品和服务以满足顾客的要求。很多平凡人在此次浪潮中成为富翁但也不全是为利益所驱动。

从以上对创业五个阶段的翔实记录和分析，我们可以看出，伴随中国社会的巨变和发展改革进程，从印刷媒介时代到现在的电子媒介时代，青年创业者身份逐步被建构，只是青年创业者的媒介形象并非一成不变。而且我们可以看出不同创业浪潮中的青年创业者分别具有不同的身份特征：第一波浪潮的主要青年创业者形象多为“倒爷”这样一些社会“边缘人”或农民，第二波是从体制内“下海”的青年创业者，第三波创业者中则“草根”居多，第四波不但拥有技术，而且往往是IT精英。

早期青年创业者“倒爷”身份认同的形成既是一个历史运动过程，也是一种社会文化心理现象。“倒爷”就是以地方差价赚钱的人，他们从一个城市到另外一个城市，以低价买进、高价卖出商品的人。这些“倒爷”可以说是引领了当时的中国创业第一次浪潮。这话今天听起来，让人觉得振奋。但是，在当时，他们是社会的“边缘”群体。那个时候，大部分的人都在政府机关或国企这样一些体制内的单位任职，只有找不到工作的，甚至是无法生存的青年人，才考虑以“倒爷”作为职业。在这批“倒爷”中，只有少数人得到成功，慢慢地成为企业家，他们在20世纪80年代，也许放弃了优厚的机会，也许因为找不到更好的机会，在社会边缘挣扎努力，直到今天才得到社会的尊重。这就是当时中国的创业情况，“倒爷”扮演着开拓者的角色。把事实和想象对照起来看，凸显了“倒爷”的特殊心路历程，也反映出其身份落差造成的内心冲突和焦虑。“社会转型期的身份认同，原本就是一种焦虑与希冀、痛苦与欣悦并存的主体体验。”①

“身份就是一个个体所有的关于他这种人是其所是的意识。”②从个体来看，认同一种身份，即意味着要承担起这种身份所赋予的权利、责任和义务，以及与其相关的一整套行为规范。从群体来看，身份认同以其特有整合方式能将分散的个体凝聚成统一整体。③

身份认同是个多学科交汇的论域。哲学追问身份认同的终极价

① 陶家俊：《身份认同导论》，《外国文学》2004年第2期。

② Peter Straffon & Nicky Hayes, *A students' Dictionary of Psychology*, Edward Arnold, 1989. 转引自邱戈《媒介身份论：中国媒体的身份危机与重建》，中国传媒大学出版社2008年版，第16页。

③ 张静主编：《身份认同研究：观念、态度、理据》，上海人民出版社2006年版，第4页。

值和根本意义，宣称身份认同即“一个个体所有的关于他这种人是其所是的意识”。社会学研究影响身份认同的社会因素及身份认同产生的社会功能，指出身份认同是“对社会成员所处的位置和角色进行类别区分，通过赋予不同类别及角色以不同的权利、责任和义务，以在群体的公共生活中形成‘支配—服从’的社会秩序”①。心理学则探索身份认同的内在动机和动力机制，认为身份认同“即把自己看成是所期望的对象，并表现出与对象类似的态度和行为。这是一种将对象内投的心理机制”②。哲学和社会学构成身份认同研究形而上与形而下的两极，心理学则成为沟通两极的桥梁。本书试图借多学科纵横交错的立体视角来观照和展示改革开放初期早期青年创业者身份认同的演进过程和途径，凭借这种多学科融会贯通的分析合力来探索和揭示改革开放初期早期青年创业者身份认同的历史价值与意义。

身份认同的产生过程有建构性和被建构性的双重特征。身份既是由地位、财富、权力、声望等外部的客观实体因素所决定，同时也取决于对自我身份构成的主观认识。③ 如哈贝马斯指出，身份“不是给定的，同时也是我们自己的设计”④。卡斯特甚至说“所有的认同都是建构”，即强调了人的主观能动性在身份建构中的重要作用。⑤ 当下学者认为20世纪80年代到90年代初期早期青年创业者身份认同依赖于国内从计划经济转向市场经济过程，尤其价格双轨制时代的来临、无线电广播、便携式收录机、译制片配音影响力

---

① 张静主编：《身份认同研究：观念、态度、理据》，上海人民出版社2006年版，第3页。

② 荆其诚主编：《简明心理百科全书》，湖南教育出版社1991年版，第397页。

③ 邱戈：《媒介身份论：中国媒体的身份危机与重建》，中国传媒大学出版社2008年版，第16页。

④ ［德］哈贝马斯：《新历史主义的局限》之“与J. M. 费里的对话”，参见［德］哈贝马斯《自治与团结》，伦敦：弗叟，1992年，第243页。转引自邱戈《媒介身份论：中国媒体的身份危机与重建》，中国传媒大学出版社2008年版，第19页。

⑤ ［美］曼纽尔·卡斯特：《认同的力量》第2版，夏铸九等译，社会科学文献出版社2003年版，第4页。持相关论点的思想家还有克尔凯郭尔、马克思、尼采、海德格尔、萨特，相关讨论参见［美］道格拉斯·凯尔纳：《媒体文化——介于现代与后现代之间的文化研究、认同性与政治》，丁宁译，商务印书馆2004年版，第394页。

（西方想象）等客观实体性因素，但这种观点忽略了早期青年创业者的主观能动性因素，即他们自己如何界定、设计、想象他们的身份，如何定位理想中的自己，特别是这种主观能动性在早期创业者身份建构与认同中的功用与意义。

尽管纵览改革开放30多年，青年创业者的身份认同的困境始终不太明确，但时至今日，李克强总理在2015年明确提出“大众创业、万众创新”的号召、现代化转型在社会各个层面全面展开为创业者身份认同创造出越来越有利的社会文化心理环境。而改革开放早期创业者要在思想依旧非常禁锢、意识形态控制依旧非常严格的社会形势下去建构身份认同，其所付出的艰辛和努力，其所遭遇的思想震荡和身心磨难，远非后来青年创业者所能比拟。更为重要的是，他们中的柳传志、张瑞敏等极富有勇气和智慧建构出的开拓者身份奠定了国内创业者身份认同的起点和框架。

需要指出的是，认同的心理过程具有群体性，其特点是一群人同时产生这样的心理认知并相互影响。[①] 因此，本书所分析的青年创业者身份认同与建构，即改革开放初期早期青年创业群体的身份认同与建构。并且，这里所说的早期青年创业群体的身份认同，指的是一种典型认同。即萧功秦先生所说的，这种典型既不是每个青年创业者个体身份认同的总和，也不是这些个体认同的平均值。换言之，由于每个创业者的人生际遇、生平抱负、个性气质各不相同，各人身份认同的程度是不同的。尽管如此，这种认同既然是从大多数青年创业者的认同活动中抽象出来的，它当然为大多数人所共有。[②]

第二节　中国国内青年创业理论的形成

国内创业理论及其教育在适应文化经济社会的需要层面上，由

① 孙频捷：《身份认同研究浅析》，《前沿》2010年第2期。

② 萧功秦：《儒家文化的困境：近代士大夫与中西文化碰撞》，广西师范大学出版社2006年版，第33页。

于体制顶层设计等诸多因素，自改革开放初期至今，尚未形成具有某种稳定结构的意识流和观念体系，对于围绕青年创业和发展的一些基本问题、重要问题的认识颇为杂乱。建构主义为这方面的探索提供了一个很好的视角。在批判性回顾本质主义思维研究理论的基础上，总结了我国青年创业问题研究的进展与不足，结合时代背景分析了建构主义思想在青年创业问题研究中的重要价值，并对未来发展趋势进行了展望，以期给转型期青年创业问题研究者提供新的反思。

自1999年中国实行大学扩招，国内高等教育进入迅速发展阶段，本科毕业生激增，大学毕业生就业形势日趋严峻，整个青年群体的创业条件也随之发生变化。创业问题（自我雇用）在新千年以后逐渐成为社会以及学界关注的一个新热点，既引人注目又纷繁复杂。青年群体中的大学生创业属于高质量就业，尤其是大学生利用所学专业进行创业，促进产学研的进一步合作，有利于自主知识产权的形成，在此基础上还可以提高国家创新能力和创业水平。

一　国内青年创业研究的危机及其本质主义思维方式

青年创业群体伴随国内高等教育场域，伴随转型期中国市场化、商业化和产业化进程的推进，发生了结构性变化。数百所原本具有显著职业技术特色的大中专院校，纷纷升格为综合性本科院校，在其学科性增强的同时，应用技能性逐渐弱化，直接导致中国劳动力结构发生动荡和变化：本科毕业生激增，而技术工人数量下降，应届毕业生的失业率一度高达16%，为劳动力市场整体失业率的4倍，而工资溢价却降低了近1/5，半熟练工人的薪酬在不少城市已超过大学毕业生。[①] 构建以就业、创业为导向的中国青年创业理论体系势在必行。

2007年教育部出台了《大学生职业发展与就业指导课程教学要求》，不少大学相继开设了就业教育和创业教育课程，且在不断探

① 汪仲启：《中国的本科教育“过剩”了吗》，《中国社会科学报》2014年6月1日第10版。

索协调和整合这两种教育实践的可能与方案，本书主要探究创业问题。“狭义的创业专指创办企业，可以基于创新，也可以基于模仿，而广义的创业则无所不包，泛指开创事业或包含创新的行为等，小到生产线上的一项具体改进，大到航天计划的实施。”[①] 改革发展至今，全社会当鼓励包括大学生在内的青年创新创业——“创新”最初是经济学概念，被熊彼特提出，用来描述企业家在创业活动中通过“建立一种新的生产函数”改善经济绩效的行为，包括技术创新和制度创新。

由于高校学生本就是青年的最主要组成部分，其有一定学识，本身创业激情高。同时，国内高校本身也有一些扶植创业的政策，并且已经成为最为普遍的青年创新创业教育以及理论研究的基地，加之目前国家大力鼓励大学生群体创新创业，也为策应本书在第四章提出的鼓励科技型、知识性创业观点，所以，以下论述偏重以大学生群体为对象，论述相关青年创业创新的理论问题。

目前大学生创新创业教育存在着不足，表现在：高校未能形成比较系统的创新创业学科体系等的教育主体认知僵化问题，大学生等教育受体对创业认识的肤浅和选择创业的无奈，教育目的、内容、组织及方法等教育介体的缺失，等等。尤其是大学创业类课程的教学本应该成为大学生创业理论生产、传播以及创业人才培养的最主要渠道，然而，目前国内发行的各种教科书和各色教育观念、模式作为这个渠道的中心环节，总是简单地把创业类课程视作一门已经具有“普遍规律”和“固有本质”的学科，甚至同其他一些理论课程一样实行统一命题，殊不知统一命题的前提条件是命题对象作为一门学科已经产生出了普遍有效的“绝对真理”，并相信受众只要掌握了命题中的正确、科学的方法，就可以一劳永逸地把握“普遍规律”和“固有本质”。这种机械教条的考试方式与评估方式在貌似客观公正和管理科学的外表下，不仅难以回答学生在实践中出现的各种问题，也不能解释学生已经获得的知识和实践经验，

① 曹扬，邹云龙：《创业教育与就业教育、创新教育的关系辨析》，《东北师范大学学报》2014 年第 2 期。

严重束缚了大学生的创业积极性——“创业”和“创业教育”的概念内涵越来越模糊，创业教育陷入盲目追求课程学科化的泥淖中，集中反映了本质主义的弊端，学生们背地里称这样的课程为“水课”。这种局面又直接影响了理论研究参与的积极性，因为理论创新的最根本动力是能对现实中提出的问题做出及时回应。动力没有了，教、学和研三者之间的关系还谈何良性循环和可持续发展。

然而，一个有意思的现象是，虽然相当数量的学者认为创业教育无学可言，但相关大学生创业的研究可谓汗牛充栋。以“大学生创业”为篇名关键词，截至2014年6月22日在中知网收集到7289篇文献，其中期刊4772篇，硕、博论文275篇，这些既有研究长期以来集中在探究具有普遍性的创业模式和评价体系，对于围绕大学生生存和发展的一些基本问题、重要问题的认识还颇为杂乱，也未见能引起广泛讨论和争议的著述，各色观念各执一词并没有产生被广为推广的本土经验和均衡认识。有鉴于此，笔者以为，针对大学生创业问题，当下有意义的发问不是“什么样的假设模型是正确的、本质的”，这种提问方式本身就与大学生创业理论的开放性相悖，是本质主义思维方式的反映。当下，针对变动不居的大学生创业实践，有意义的问题应当是“什么时期，什么具体情况下，什么样的理论被认为是对于大学生创业本质的正确的揭示”，以及“各种对大学生创业的理论话语是如何被建构出来的，它们被什么人出于何种需要建构出来，为什么在这个时候这种关于大学生创业的话语成为主流”，等等。换言之，现阶段，揭示大学生创业知识、理论生产的社会历史条件，承认这个问题的历史性、地方性非常重要，而不是抱着本质主义的立场，迷恋去寻找一个一劳永逸绝对正确的定义、模型或者指标评价体系。本质主义立场和思维方式，忽略了社会现象的复杂性、不确定性以及社会活动的具体性，束缚了大学生创业问题研究的自我反思能力与知识创新能力，致使大学生创业问题的研究与公共领域、社会现实的互动性减弱，社会关注度降低，对于教育行政手段的依赖性增强，这势必又反过来强化大学生创业问题研究中的本质主义倾向。具体而言，研究者们反思大学生创业问题研究中采取的本质主义立场，至少基于以下两个基本理由。

首先，本质主义常常把某些特定群体在特定时期出于特定的目的和利益而生产的对于某些问题的理解，普遍化为一般本质或者永恒本质，如果它得到某种权力的支持，就会成为霸权性的知识并强加于其他的社会群体。在中国大学扩招的头几年，国家从生存型向发展型急剧转型，经济急速增长的背后是“实用主义”盛行，全国的大学纷纷开设金融、财会和计算机等实用专业——从某种意义上讲，这就是特定时期权力集团把自己对大学功能的理解“强加”给其他社会成员的典型例子。十几年过去了，特别是2007年以来，为适应国家全面改革的战略部署以及社会需求的变化，以人的发展为目标，改革及时、主动地从经济领域拓展到政治、社会和文化等各个领域，但依然陆续有人被邀请到大学演讲，打着励志的旗号，赤裸裸地鼓吹发财淘金的神话，颇有市场。“实用主义”、“个人主义”和“消费主义”依旧肆无忌惮地在中国大学校园蔓延，相当数量的大学生把“实惠”作为人生信条，把“发财”作为人生的全部意义，忽略专业基础知识和技能的培养，文化素养以及大学人文精神日渐坠落。因此，表面看，在校大学生创业已经作为一种可接受的思维方式和行为模式，渗透到人们生活的各个领域，其实，“创业”的概念内涵并没有逐步得到澄清，创业在很大程度上还是简单地等同于挣钱，还停留在20世纪80年代末90年代初的经商风盛行时的认识阶段，物质主义、消费主义甚嚣尘上，不少大学生从刚进大学校门的第一天开始，就把专业学习摆在业余位置，得过且过，把主要精力放在倒买倒卖、摆摊位做小生意上，满脑子想着怎么发财，这显然与21世纪知识经济大潮相逆，与当前国家全面改革的战略部署背道而驰。与此同时，大学生创业问题研究不能够对以上的“不合时宜”做出及时而有力的回应，大量的论文和著述还迷恋在数据的收集或者所谓模型的建构，不仅不及时引导大学生认清实用主义蕴含的强烈的个人主义价值取向，反而为图方便，依赖媒体反智主义倾向的报道，在个案研究中，直接借用类似案例为我所用，客观上表现为一种本质主义思维，不负责任地把某些特定群体在特定时期出于特定的目的、为了特定的利益而产生的对于某些问题的理解，普遍化为一般本质或者永恒本质。

其次，正因为本质主义常常把在特定时期中建构的大学生创业的特征，普遍化为一般的或者典型的规律，所以它必然存在过分概括的倾向，忽略了内部差异，把创业过程机械地划分为固定的“阶段”和“过程”，某一时期的“普遍特征”常常被理所当然地上升为“普遍规范和目的”，没有考虑到问题本身的历史性、多元性特征，以至于成了阻碍和束缚研究进一步发展的教条。笔者通过对新时期以来引用率比较高的、产生影响较大的关于大学生创业的论述加以分析得知，相当数量的著述在论述大学生创业问题时，表面看分别从整合能力、创新能力、协调能力等诸多能力培养方面架构文章，还配以图形或者模型，显得比较多元化，但其实质还是本质主义的思维的基本特征——内在和外在、实体与现象、中心与边缘的二元论。[①] 这样做学问写文章的方式固然有一定的价值，看起来很气派，比一般的人文社科类的文章看起来更具有科学性，但概括性有余，对问题的历史性、差异性、变动性和开放性等关注不足，毕竟万古不变的原理、规律和模型是不存在的，对于理论问题的研究当基于大学生创业理论问题的实践性品格，同具体的历史经验联系起来加以考察，不能用模型模式化大学生创业问题，否定大学生创业问题研究的多元性，这种固守本质主义思维方式生产出的理论、规律、模型、体系等对大学生创业而言，实际上只是一个虚构的神话。

改革开放30多年来，中国内地媒体在报道大学生创业成功案例的时候，依旧带有陈旧的反专业性、唯财富论的色彩，特别是“反智主义”日渐盛行——新闻生产层面的反智主义报道表现在大学生问题上就是悬置专业，弱化大学生的知识分子身份，强化金钱意识，热衷宣传一些具有极端性、偶发性的大学生发财案例，比如大肆鼓吹北京某高校法律专业研究生放弃专业卖牛肉粉创业得以在京立足。媒体宣传大学生完全脱离自己专业，做一些可替代性非常强、技术含量非常低的生意，其目的就是刺激在校大学生，获取新

---

① ［美］罗蒂：《后哲学文化》，上海译文出版社1992年版，第140页。

闻关注度，客观上使得在校大学生误以为人人都适合创业，创业门槛低，是否能利用所学专业造福社会、致富人生不重要，只要能发财而且立即就能赚到钱就是正确的。其实，即便那些被媒体报道的成功的创业典型，并没有多少是经过理性、系统的构想然后一步步地实现这个构想，有的甚至就是一个巧合，碰巧收获了人生的第一桶金。

综上，以金钱为中心的创业教育和创业实践与大学精神显然是背道而驰的，真正的创业教育可以借鉴美国大学的教育创新的理念，坚持一个“中心”、三个“结合”，即以学生为中心，课内与课外相结合，科学与人文相结合，教学与研究相结合，逐步培养能够探究知识，然后能在工业、商业、政府和自身中起领导作用的一流学生。①

二　关于青年创业理论研究的建构主义观点

在其他学科研究领域，诸多学者认为，取代本质主义最好的方法是社会建构主义的观点，在本体论上，建构主义认为世界固然是客观存在的，但对世界的理解和赋予的意义却是由每个人自己决定的。因此，在不同的社会阶段可以得出不同的现实结果——这个过程是行为主体通过语言、沟通，在对社会关系的诠释和解构中实现的，建构主义研究的目标不在于特定的结构或结果，而在于过程本身。②

就青年创业问题研究者而言，建构主义理论否定青年创业是有一劳永逸的模型、路线存在的，强调相关的理论均是一种语言文化的建构，强调这种建构是一个具体的文化事件而不是抽象的理论演绎。作为一个具体的文化事件，必然要受到建构者个体因素、社会、文化和历史因素的制约，因此，建构主义视角下的“青年创业”不同于“创业”，它是一个内涵逐步稳定起来的概念。也就是说，使得“青年创业”内涵逐步取得共识的前提条件是转型期的中

① 张晓鹏：《美国大学创新人才培养模式探析》，《中国大学教育》2006 年第 3 期。

② 杜晶晶等：《建构主义视角下的创业机会研究前沿探析与未来展望》，《科技进步与对策》2014 年第 1 期。

国逐步趋于稳定的文化规范和社会制度。具体而言，笔者对建构主义视域下的青年创业问题研究有如下几点建议。

首先，以过程论成败。这位青年如果是在校大学生，即便没有自己的公司、实体，但是他可以利用自己的专业特长为相关企业设计模具、为相关单位开发网站设计软件；或者只要在学有余力的情况下，利用业余时间去一个真正的创业公司实习，参与他们的日常运营，并成功帮助这个企业进行发展预测分析，对其商业发展模式创新做出战略规划；又或者一个学生利用课余时间点点滴滴地接触用户，设身处地和用户（如果他的创业项目主要是面向同学）做一对一的交流，带着问题去和他们交流；又或者利用暑期社会实践时间面向校外用户，倾听用户的想法，日积月累，融入了各种不同的圈子，受益于各种圈子及时修正、梳理自己的商业模式，或借助圈子帮自己在融资方面找到助力和吸引到更多的注意力，那么他就是成功的。

为了更加凸显大学生群体在青年创业中的作用，笔者在此单独给“大学生创业”下个颇为冗长，且具有描述性、务虚性的“非典型性”定义：“大学生创业”简单地说就是在校创业，区别于大学毕业生创业，区别于单纯以谋生致富为目的的商业行为，同其他人类社会文化现象一样随着时代的变化而变化，不存在万古不变的本质（特征），因而也不存在万古不变的理论，只是在一定的时代与社会中，“大学生创业”内涵可能呈现出相对稳定的特征，意即各种言说也可能出现大体上的一致性，同时，在知识界、学术界和理论界获得相当程度的支配性，得到广泛的认同。现阶段大学生创业的主要特征就是强调不以结果论成败，讲求阶段性成功，追求金钱但不唯金钱，以能逐步提升“调和有潜在冲突的东西”的能力为成功的最高标准（比如大学生创业的核心矛盾如专业课程和创业，以及在有利益的项目和有意义的项目之间获取平衡），其最终目的是在创业过程中建立自己的思维方式，提升思考力、表达力，能最大限度控制自己的人生。

对照以上定义，大学生放弃学业，或者敷衍学业去创业不是真正的创业，因为调和专业课程和创业之间的各种冲突本身就是创业的重要内容，或者说是重要过程。如果这个过程缺失了，还能叫大学生创业吗？如果再导致专业课程的全面崩溃，那就只能叫不务正业了。

其次，因为受本质主义思维方式影响，以及中国历来的理论知识生产与体系的惯性使然，学者习惯把包括大学生创业这个短语在内的诸多知识、理论和主张甚至现象视作一种具有固定本质性、普遍规律性的实体，不习惯在特定的语境中提出并讨论其他领域的理论的具体问题，而是先验地假定了“问题”及其“答案”，并相信只要掌握了正确的、科学的方法——这种正确科学的方法往往被认为只有一种——就可以一劳永逸地把握这种普遍规律和固有本质，从而生产出普遍有效的绝对真理。当然，这种先验假定“问题”及其“答案”的做学问的方法，也是当下中国人文社会科学研究中普遍存在的问题。大学生创业问题研究需要学者，特别是那些根本就没有自主创业经历的学者，抛弃教师的优越感，抛弃自己是外来人的旁观感，“用脚做学问”——注重田野调查，不蜗居在研究室构造模型，而应完全融入学生创业的真实场景或持续跟踪创业学生成长经历，唯其如此，才能获得丰富而多元的田野体验，在理论研究中更多了一份学术直觉与敏感性。

对大学生创业理论的建构不仅有赖于成功的田野调查，有赖于学者对问题的梳理，也应当重视正确处理已有理论与大学生实践之间的关系。如果发现已有理论已经不能解释、指导或者解决真实境况存在的矛盾、隔阂与疏离，就有必要对现有理论进行反思式梳理了，同时相信这也许是新的理论创新的开端。不要一味怀疑现实逻辑错了，现实自有一套自治的逻辑，我们作为研究这个问题的学者应该反省既有的理论，不断突破惯例，在把大学生创业理解为一种活动、实践的基础上，从文化、制度多角度界定大学生创业及其性质，体现问题本身的开放性。

三　建构主义创业理论研究的未来展望

建构主义范式在青年创业研究中的应用，实质上也是对创业环境深刻变化的回应，有利于在动态、多变的社会情境下展开理论研究，具有显而易见的应用价值。

首先，从创业者个体而言，建构式引导更符合创业认知规律。既往的研究更注重在曾经发生过的事件、经历基础上收集数据、引导信息加工、提出假设模型以及解释和应对正在发生的案例。但影响大学生创业的因素非常多，在极其复杂的影响因素面前，针对过往经历的数据分析就显得静止、抽象或者说空洞。相对而言，建构主义经常采用的案例分析、叙事分析、民族志等定性方法就显得较为主观，能灵活地反映出创业者个体与变动不居的社会情境的互动关系，更适合锻炼、释放创业个体的信息加工能力，以及把个人想法与外部环境良好融合的能力，即在复杂环境中调动创业个体认知的灵活性、动态性和自我调节机制，符合创业认知领域未来的发展方向。

其次，建构式引导更有利于创业者身份的构建。不少创业个体非常年轻，一般不可能一下子就脱离学生身份，伴随创业进程的推进，在与环境的互动中才能逐步实现个人身份角色的转变。建构主义创业观认为：身份不是一个相对静止的概念，而是在持续探索中，在实践与社会情境互动的基础上反复修订、提高的，即创业个体在与文化、体制和各种社会关系逐步融洽的过程中实现身份的品质化提高。建构主义视域下的青年创业问题研究对青年创业者身份的期待，反映了建构主义观本身的社会合法性——建构主义期待青年创业者可以慢慢摆脱利益追逐，而逐步进入意义追求的过程，其个体的身份特征是具有高感性力和高体会力。高感性力的内涵是有创造力、具同理心、能观察趋势，以及为事物赋予意义；高体会力的内涵是体察他人情感，熟悉人与人之间微妙的互动，懂得为自己与他人寻找喜乐，以及在烦琐俗务间发掘意义与目的的能力。

再次，因为建构主义比本质主义更偏重意义的建构。意义的建构最主要的实现渠道就是叙述，就是要善于“讲故事”，要将有意义的事情通过有意思的故事讲出来，一方面便于团队内部成员的沟通，从而传达企业的愿景；另一方面向利益相关者传达产品信息或者服务理念，以便于更好地协调社会关系。

最后，建构主义比本质主义更充分考虑与社会情境的互动，其中既包括利益相关者的重要地位，也包括与所在集体、组织的互动与融合关系，注重如何把个人的直觉创意，上升到团队层面的分享整合，进而内化为组织机制。这个过程，不仅提升了个人身份品质，组织集体的身份也不断被重塑和建构，这意味着有更多利于创业者个人、组织和集体的变量被引入，获得更多的创业机会。

总之，建构主义思维、范式被利用在青年创业问题的研究中，有利于在不确定环境下较为客观地指出理论与现实的矛盾之处，为研究提供新的方向。当然，它提出的思想性指导还需要借助田野调查等实证研究的传统，以及更多样化的组织管理视角才能被具体化，毕竟建构视角下的青年创业问题研究还处在概念研究阶段，还有大量的理论梳理和实证验证过程等待完成。

第三节　青年媒介交往与创业意识觉醒：以大学生群体为例

广义的媒介，是指使双方（人或事物）发生关系的人或事物。在英语中，媒介“media”是“medium”的复数形式，它出现于19世纪末20世纪初，其义是指使事物之间发生关系的介质或工具。传播学大师麦克卢汉认为，媒介即万物，万物皆媒介，而所有媒介都可以与人体发生某种联系，如石斧是手的延伸，车轮是脚的延伸，书籍是眼的延伸，广播是耳的延伸，衣服是皮肤的延伸等。媒介无时不有，无处不在。本书中多指狭义的媒介，意即传递大规模信息的载体，是报纸、杂志、广播、电视、电影、网络等的总称，是笔者前面所论及的大众媒介，媒介交往就是主体基于大众媒介而开展的互动和交流活动。

媒介交往对青年尤其是大学生的学习生活会有什么影响？在“大众创业、万众创新”时代媒介交往对青年大学生的创业意识的形成有何作用？对此，笔者认为可依据马克思社会交往理论来分析，从而得出现阶段国内大学生媒介交往行为具有实践性与社会性、物质性与历史性、价值原则与科学原则统一的特点。其中，高质量的大学生媒介交往行为具有实践性原则与社会性原则相统一的特点，具有一定的概括性，另外两个特点分别是深入化和具体化。

人类社会的历史是生产的历史，也是交往的历史，马克思、恩格斯把“交往”看作民族、国家和地区间的历史向世界历史转变的重要发展动力：“它使每一个文明国家以及这个国家中的每一个人的需要的满足都依赖于整个世界，因为它消灭了以往自然形成的孤立状态。”[①] 正是这种发展动力使得相对落后的区域、民族和国家得以更快速地发展。与此同时，马克思主义的社会交往理论把物质交往看作第一性和本质性的交往，其他一切形式的交往均以物质交往为基础和前提。同时，美国马里兰大学“无设备世界”（world unplugged）的研究项目显示，媒介化生存已经成为这个时代最逼真的一种生存方式，人们对媒介的依赖成瘾，一旦离开常用媒体就会出现焦躁、困惑、易怒、抑郁、孤独等情绪。2013 年一项对“90 后”大学生手机使用情况的调查研究显示，55.87%的学生手机不在身边会感觉焦虑，27.61%的学生产生幻听，64.64%的学生经常查看是否有未接来电或未读短信，32.75%的学生手机 24 小时不离身、晚上睡觉时也开机，25.38%的学生认为手机削弱面对面交流的欲望，56.06%的学生上课也会经常玩手机。由此可见，部分大学生已经过度依赖和消费手机这种媒介。以上，均为我们进一步认识当前国内大学生媒介交往行为、积极有效开展媒介素养和创业教育提供了重要的理论视角。大学生媒介交往空间的发展有助于激发大学生创业内力的觉醒，助推科技文化的传播，从而迎接与推进创业新浪潮的来临。

一　实践性与社会性统一：激发大学生创业创新能力的觉醒

马克思主义交往理论认为，“交往”虽然主要针对各种主体之间的关系，但因为主体之间的交往是以各种实践对象为中介的实践活动，所以“交往”也反映了主体和客体的关系。同时，也说明交往行为不可避免地带有实践性，以及更进一步说明没有具体的物质生产实践，交往就失去了其存在的基础。进一步而言，因为“客

① 《马克思恩格斯全集》第 1 卷，人民出版社 2002 年版，第 113 页。

体”种类不同，“交往”又有不同的分类，比如，我们从对实践对象的分类入手，定义“大学生媒介交往行为”：大学生媒介交往首先指媒介技术消费（报刊、电视、手机和网络技术等），具有物质交往的属性；其次才指媒介文化消费（大众文艺、宗教、宣传、新闻等），具有精神交往的特征。其中，物质交往是根源，精神交往则是其直接的产物，两者共同冲破了传统的时空藩篱，构成大学生媒介交往的活动系统，扩大了高校校园与外部社会乃至全世界的物质和精神交往范围，凸显了大学生媒介活动行为的社会性，有助于提升大学生精神交往的质量，同时也日益成为大学生开展创新实践活动重要的物质基础和精神保障。表面看，大学生媒介交往的实践行为是大学生以媒介、媒介技术为实践对象的主体与客体之间的交往，其实，从本质上而言，与人类其他交往活动相似，大学生媒介交往的活动也主要针对的是主体之间的关系，大学生身份的各种内涵（知识性、创新性）依旧只有在大学生之间（比如实验小组、学术团队）、师生之间、大学生与社会之间的交往和协作关系中才能得以彰显和完善。从这个层面而言，大学生媒介交往又不可避免地带有社会性，展示出非凡的社会价值。

高质量的大学生媒介交往的实践激发大学生创新能力的觉醒。具体而言，大学生媒介交往的行为既能满足大学生群体向他人展示自己的需要，又能在满足他人需要的活动中获取自己的需要以弥补自身欠缺，并强烈地意识到自身相对于社会乃至整个外部世界的主体意识，自发地产生改造外部世界的需要。因而，媒介交往行为有助于激发大学生创新能力的觉醒，凸显实践性与社会性密切融合的特征。

从媒介交往的实践性视角来看，现阶段与其大张旗鼓反对、遏制大学生媒介消费行为的发生，不如引导他们肯定科学美、技术美，拥抱科学和技术，投入其中深度感知外部未知的世界以及媒介交往带来的自由感，真正体会到自己和外部世界的联系，使他们有信心在实现自己本质的过程中生产和创造人的社会联系以及社会本质，逐步具备创业创新的敏感性和自信力，产生更多“创新需要”和具备创造性思维。这个引导过程是对现阶段涌现出来的大批量高质量大学生媒介行为实践性与社会性相融合特点的总结，更指向未来，表达了对现阶段国内大学生媒介交往的行为的殷切期待。不过，令人遗憾的是，现阶段国内媒介技术存在的积极意义和大学生群体相对互联网而存在的特别优势均没有得到完全的呈现，甚至饱受诟病。毋庸置疑，无论是从技术平台的支持还是互联网意识觉醒方面，无论是当年的“60末”、“70后”大学生，还是现在的“90后”大学生群体都有得天独厚的优势，相比他们的家长、社会其他行业的领导干部和职工、各大小企业主甚至任课教师，他们一直是人群中最先具有网民身份并且人数最多的群体。然而，现阶段社会各界普遍认为现代媒介技术和媒介文化在满足国内大学生精神生活、促进文化产业发展的同时，消解了民族、国家文化本身的意识形态特征和美的属性，事实上导致娱乐的过度化、低俗化和感官化倾向。

与以上论调相似，西方社会频频就“技术工业的悲剧性否定了社会性”等发声，认为工业文明的进程早就证明了悲剧重生于技术精神，抛开这些言论的科学性不谈，事实上，更加助长了国内对各种媒介技术发展和革新的抵制情绪。比如德国著名哲学家和社会学家西美尔认为，当人类把技术产品的无限进步看作永不停歇的创造物的时候，劳动分工随之发达起来，劳动分工带来的对象化过程最终侵入人们的日常生活领域，客观文化领域逐步扩大，即便是最日常的生活用品也变得如艺术品一般美丽，并且经久耐用，人与人之间的合作与接触似乎变得越来越没有必要，一切似乎都可以足不出户完成，这客观上埋下了技术文化异化以及与外界社会、自然冲突的种子，在很大程度上否定了人类自身存在社会性，致使更多人的创造力越来越无用武之地，大部分人不再享受创造的乐趣，生活单调得只需要在少部分人创造的“完美的”客观技术世界里享受即可。对此，韦伯称之为“未来的牢笼”。

那么，以上种种否定媒介技术，持媒介文化低劣观和否定大学生媒介交往质量的论说是否真的适用中国目前的国情？笔者以为，鉴于马克思的社会交往观，我们当意识到以上论调是把媒介交往的发展看作静态的社会关系的总和的一种错误的认识表现，不符合现阶段国内大学生媒介交往的现实。马克思指出："要研究精神生产和物质生产之间的联系，首先必须把这种物质生产本身不当作一般范畴来考察，而是从一定的历史的形式来考察。例如，与资本主义生产方式相适应的精神生产，就和与中世纪生产方式相适应的精神生产不同。如果物质生产本身不是从它的特殊的历史形式来看，那就不可能理解与它相适应的精神生产的特征以及这两种生产的相互作用。"① 换言之，观念、范畴都不是永恒的，是历史的暂时的产物，一定的精神生产与一定的物质关系相适应。那么，与媒介信息时代相适应的精神文化产品必然带有这个时代的精神交往的特征。当然，也不是简单的媒介技术决定精神交往形式和内容，媒介时代精神生产与物质技术发展的关系更多地表现在相互作用之中。因此，笔者的观点是，在物质技术实践活动过程中，动态地呈现出来的主体间的协同活动及其结果才是科学的，意即在不同的历史时期，在交往领域会产生不同的矛盾冲突的表现形式和内容。目前，中国的绝大部分地区，事实上科技还没有发展到西方国家这么高端和普及的程度（在相当多的中国村庄，电视机和手机都还是稀罕物，何谈网络），那种认为国内媒介交往行为与西方同步，已然陷入技术悲剧的泥淖是没有实际针对性的，只能说，目前，国内媒介交往行为普遍带有西方后现代的症候（具有与传统迥异的瞬间性、流动性和眩惑性特征）。我们相信，即便有一天国内科技文明普遍发展到西方发达国家的程度，鉴于西方前车之鉴，中国有能力既拥抱世界性的交往实践，又超越世界性的大工业化的发展基础，在保持已创造出来的生产力的基础上，获得文化大发展与人的全面发展，实现高效益与高情感的完美统一，建构中国特色的社会主义文化发展模式。总之，鉴于媒介技术无与伦比的更替速度，我们更应该在变化和相互作用中去考察媒介交往行为，历史性地看待和科学认识科技发展与文化发展的关系，既不能一味斥责已经暴露出来的媒介技术疯狂发展的恶的一面，也不能对此视而不见。

从媒介交往的社会性角度，应当承认，现阶段大学生媒介交往

① 《马克思恩格斯全集》第26卷第1册，人民出版社1972年版，第296页。

行为在缓解国内大学生目前的学业和就业压力方面具有重要的社会价值。当然，过度地依赖媒介交往的娱乐功能去缓解就业和学业压力，势必是饮鸩止渴的短期行为，容易导致大学生养成疏远社会和他人以及放弃读书和阅世的习惯，这就从根本上与人的社会本质（与人交往的需要）相冲突，取消了媒介交往的社会性原则。从长远的角度看，我们宁可认为这是现代性社会和文化发展过程中的一个阶段，或者说是另一面，这种冲突正如马克思所说的“根源于生产力与交往形式之间的矛盾”，而且，可以这么认为，也正是这种自主活动和其交往形式的矛盾运动导致了人类历史的进步。现阶段，这种因为媒介交往而带来的进步性显而易见。比如，就网络写作活动而言，大学生网络写作的形式多样（聊 QQ，发电子邮件，在网络上写博客，上微信、论坛发表意见，参与网络社区讨论等），在一定意义上使大学生群体实现了“我写故我在”的人生价值，释放了多种多样的物质和精神消费需求，增强了大学生与外部世界沟通的能力和自信力，有助于大学生了解和掌握更多他人的信息，调整自己的实践行为。更进一步而言，高质量的媒介交往实践，既能满足大学生群体向他人展示自己的需要，又能在满足他人需要的活动中获取自己的需要以弥补自身欠缺，并强烈地意识到自身相对于社会乃至整个外部世界的主体意识，自发地产生改造外部世界的需要，有助于创业创新能力的觉醒，既体现了媒介交往的社会性原则，又与人的社会本质（与人交往的需要）相统一。

二　物质性与历史性统一：助推科技文化的传播和进步

科技创业是社会现代化进程的重要内容与体现，也是笔者竭力推荐的青年创业的方式。在马克思的交往理论中，物质交往是基础性的、本原性的，它决定了其他一切交往活动及其形式。所以在具体的大学生媒介交往研究中，笔者也偏向把媒介技术的发展和消费（物质生产活动性质）作为考察媒介交往现象的出发点。

媒介交往的物质性原则，在现阶段主要体现在对媒介技术或者技术理性精神的重视而非否定。目前我们国家科技发展水平还十分不平衡，并没有普遍遭遇到西方国家所谓“科技—人文”或者“理性—感性”纠葛的困境，这个时候，在国内高校呼吁冲破科技异化的阴霾，走向精神制高点等论调未免会因为针对性弱而流于空谈。现阶段，国内大学生媒介文化消费的对象主要是网络文化、电视文化和电影文化等大众文化类型，其文化力量和社会影响来源于文化、审美和媒介技术等诸多领域的交织，具有文化的传承性、导引性和整合性等综合功能。其中导引作用是媒介文化最突出的社会功能，体现了媒介文化的重要特点、目标和方向，即促使消费行为发生。消费行为的发生在很大程度上可以看作媒介交往乃至媒介生产力得以存续的重要物质基础。对此，《共产党宣言》这样概括：“资产阶级既然把一切生产工具迅速改进，并且使交通工具极其便利，于是就把一切民族甚至最野蛮的都卷到文明的旋涡里了。”① 鉴于此，我们把马克思哲学意义上的物质性以及大学生群体对媒介技术的物质性占有作为考察大学生媒介交往行为的出发点，相比上文实践性与社会性统一的原则，物质性与历史性统一原则的归纳一方面主要强调带有物质属性的媒介技术本身的历史性传承与创新（上文提及的物质性还指物质属性的媒介消费行为），另一方面强调这种物质性技术的传承和创新推动媒介精神文化产品的形式和内容的继承和阐发。

在不同的历史发展阶段，大众媒介交往具有不同的特性。从媒介交往的历史性角度来看，人类社会的发展大致经历了农业社会、工业社会和信息社会。农业社会是指17世纪工业革命前的社会历史时期，涵盖了媒介发展中口语传播和文字传播两大阶段。在农业社会中，语言和文字是最重要的传播媒介，语言标志着真正意义上的人类的产生，文字则使人类文明有了飞跃式的发展。工业社会是指自17世纪工业革命开始至20世纪90年代中期，此阶段社会信息系统的复杂性大大增加，媒介也在孕育重大的变革。特别是印刷术的发展与电子技术的诞生与发展，使得信息流通在规模和速度上都有了质的突破，信息的成批复制和远距离传输变为现实。此阶段新闻业的发展，更标志着组织意义上的媒介的产生，使媒介的内容更

① 《马克思恩格斯全集》第4卷，人民出版社1958年版，第470页。

为丰富。信息社会是指20世纪90年代中期以后，随着电子传播技术的突破，人类进入了一个全新的、前所未有的社会。信息社会中整个社会的政治、经济和文化均以信息为核心价值，信息成为与物质和能源同等重要甚至比之更加重要的资源。由于信息与媒介的唇齿关系，媒介在社会中的地位比起过去的时代来更为突出。尤其是近年来随着科学技术的进一步发展，"新媒介"的主导地位日渐提升。总之，随着媒介的变迁和媒介形态的更替，基于媒介的交往也呈现出了不同特征。传统媒体时代，媒介渠道单一，受到信息传播范围和速度的限制，社会交往基本维持一种稳定的状态。新媒体时代，媒介交往正在围绕社会化媒体平台重新聚合和重构，在不同的平台上，交往的类型和维系是不同的。这不是简单的转化，而是技术变革带来媒介变革后所引起的社会形态变化的一种体现。

可见，媒介交往的历史是与其物质性共生发展的，不同历史阶段的媒介表现形式是不一样的，交往的方式也是有区别的。高质量的大学生媒介交往的实践助推了科技文化的传播，国内已经启动"互联网+"的发展模式，也出现了青年学生利用"互联网+"的模式进行创业，如江苏省盐城工学院基于"互联网+"思维的创新创业文化族群已经颇具规模，全校有近200个大学生创新创业团队，充分发挥了工科院校的计算机以及网络技术的优势，努力以"产品开发型"和"技术服务型"为创新和创业发展的方向和特色，涌现出一批创新创业典型，广泛涉及网络经济中的电商、广告和游戏领域，成绩斐然，见诸报端，其中，《光明日报》和《科技日报》还在相关版面的头条报道了该校多筹并举引导学生创新创业的工作实绩。但是，笔者仍然觉得有些缺憾，即在校大学生网民虽然在电子商务领域取得突破和进展，也为国内工业和实业的发展做出了一些贡献，但是在传统企业向智能制造企业转型升级的历史阶段中，还有潜力可以挖掘，应该可以发挥更大的作用。

因此，作为媒介技术重要策源地的高校，为了不致失去已有的成果并有利于继承和调整新技术生产力，一直在积极发展媒介交往，这势必有利于推助媒介科技的进步。同时，随着历史的发展，媒介交往空间本身会逐步从单一个体的经验走向经验的共同体，乃至更高层次。特别需要强调的是，在网络时代不能因为新媒体会造成人对机械的依赖、会使人变得疏离冷淡，就要求大学生抗拒新技术，逃离网络空间；应该引导他们在新媒体的静默中反思技术与人文的关系，找到适合自己的科技使用方式，让科技为人所用，要运用互联网思维，将这些新技术变成自己创业的资本或利器。这点可以从前文中提及的创业的第四、第五两个阶段的创业者的特征看出，他们中很多人都是受过高等教育的专业技术精英，并且能够很好地沿着科学技术的不断发展进步来创新创业，此时真正实现了媒介交往的物质性与历史性的统一。

三　价值性与科学性统一：迎接与推进创业新浪潮的来临

马克思、恩格斯认为："审美领域可以是开阔相关的社会经济发展领域的前提，而一些特殊的美学价值则可以渗透入社会生活其他领域。"[①] 笔者对此深以为然，大学生媒介交往的价值性，首先体现在推进了科学美、技术美的意识以及日常生活审美化意识的觉醒。具体而言，就是鼓励学生在大工业的时代条件下的各种专业实践中肯定科学美的存在，这对发展学生初步的科研能力和意识非常重要，可以说，追求科学美是大学生未来投入到科学研究的重要动力也是科技创业的根本。理由主要是：第一，美的东西必定是真，由美可以引真。第二，科学创新必须依赖知觉和想象。比如杨振宁就肯定在科学中存在着美，认为理论物理学存在着三种美：一是现象之美，比如彩虹美和元素周期表之美；二是理论描述之美，比如热力学定律就是对自然界的某些基本性质的很美的理论描述；三是理论架构之美，比如牛顿的运动方程、爱因斯坦的狭义相对论等物理学理论架构的骨干，达到了科学研究的最美的境界，是造物者的诗篇，在它们面前会感受到哥特式教堂想要体现的那种崇高美、灵魂美、宗教美、最终极的美。

与偏重具体理论和理性精神的科学美不同的是，偏重具体制作

① ［英］李·巴克森德尔、［波兰］斯蒂芬·莫拉夫斯基：《历史语境、审美经验与人的创造力——〈马克思主义美学文档〉第1卷前言及绪论》，安宁译，《马克思主义美学研究》第18卷第1期。

工艺的技术美意识的觉醒同样体现了大学生媒介交往的社会价值，即借由媒介技术赋予更多工业产品更多审美的价值，使得人们在日常生活中能享受到一些真正的美观而又实用的产品，这也是大审美经济时代的要求。在大审美时代里，审美体验的要求越来越广泛渗透到日常生活的各个方面。进一步说，虽然媒介消费产品的商品性属性决定了任何媒介产品都是文化工业的产物，是一种制作技艺，但并非全部都是伪艺术，反而使得更多作品因为技术美意识的渗透成为融合了功能美、生理快感、美感和某种精神快感的复合体，给人愉悦。这在很大程度上显示了与大机器生产的对抗价值，因为机械化的大工业时代带来了更加精细的分工，提高了劳动生产率，但是产品变得粗糙了，手工业时期手工制品各部门之间的有机和谐美与田园牧歌式的情趣被破坏了。黑格尔也认为精良的制作工艺对于任何产品来说都不是坏事："一个艺术家必须具有这种熟练的技巧，才可以驾驭外在的材料，不至因为它们不听命而受到妨碍。"[①] 所以，笔者有理由得出如下结论，现阶段大学生媒介交往空间是科学技术文化与审美文化、消费主义与审美主义激烈角逐的场域。其中，媒介交往的主体——大学生表现出来的与传统价值观背离的对于世俗性、商业性文化、技术文化，甚至感官性文化的接受与认同本身，更应当被看作大学生媒介交往的现代性价值的重要体现，显示了媒介文化的启蒙性价值及其作为现代性文化的复杂性。

高质量的大学生媒介交往的实践行为推进创业新浪潮的来临。现阶段国内高校媒介交往的社会价值，主要体现在其与大机器生产以及西方后现代症候的对抗中，这种认识应该是科学的，不仅概括了当下国内高校媒介交往的生态境遇，也从一个侧面反映了当前国内媒介交往实践行为的"导引"作用和"凝聚力"。而消费性和商品性并不影响其媒介交往实践的社会价值显现，甚至可以这么说，唯有基于消费性和商品性，科学美、技术美的意识以及日常生活审美化意识等才得以觉醒和普及。比如，大学生在网络媒介交往中的"消费"其实质是一种创造性活动，因为他们在阅读转发的同时，

---

① ［德］黑格尔：《美学》第1卷，朱光潜译，商务印书馆1979年版，第35页。

也会添加自己的观点、思想等作为“评论”，不仅在“消费”别人创造或分享的知识，也在“创造”带有自身烙印的知识。“评论”有时要比原帖本身的内容更出彩，能使人导向不同的思维向度，指向更深入的思考。这种网络媒体交往打破了传统的消费与创造的区分，使两者趋于融合，消费的过程同时也是创造的过程，自身的创造同时也为他人的消费提供了新鲜的内容。现阶段的青年大学生熟谙网络媒介交往，更应该利用好网络媒介使之为创新创业所用。

可见，价值原则是建立在科学性之上的，以上大学生媒介交往的社会价值显示了马克思交往理论的科学性。事实上，国内在校大学生创业群体已经借助媒介技术活跃在官方、大众和市场之间，活跃在文化、经济和食品医药健康等各领域，日益显示出强大的生命力和实践价值，这在很大程度上助推了高校校园文化和人的全面发展。然而，这个过程并非一蹴而就，必须经历长期的媒介交往主体与主体、主体与客体之间相互制约、相互影响以及相互渗透才得以实现，这个过程充分展现了大学生个体价值的发生和变化过程，是从人的价值的实际发生的阶段性状态来把握未来的人的价值的应然状态，体现了高质量的大学生媒介交往行为的科学性原则。

需要指出的是，以上所述较之前的研究提出了不同的看法，偏重把现阶段国内大学生媒介消费的困境描述为历史性、阶段性呈现出来的后现代症候，并在否认“国内工业文化与西方发达国家已同步发展为后现代文化”论调的基础上，依据马克思社会交往理论，把现阶段国内大学生媒介交往的行为归纳为具有实践性与社会性、物质性与历史性、价值原则与科学原则统一的特点。这是特点的归纳和价值的发掘，更是一种期待和引导，以期廓清大学生与媒介的关系，激发大学生创新能力的觉醒，助推科技文化的传播和迎接与推进创业新浪潮的来临，促进人的全面发展。本书属于媒介素养教育研究的基本问题，有利于增强相关研究与媒介交往公共空间、社会现实之间的联系，有效提升大学生的媒介解码能力，为青年创业与大众传媒提供更多的理论支撑。

第二章

空间转移：青年创业与电视的关系

电视产业的飞速发展，为更多青年“草根”创业者提供了一条进入社会中心的途径，从媒介的变迁史考察创业青年与传媒的关系，我们不可能忽略被波兹曼称为“元媒介”[①] 的电视。自纸质媒介后，电视是怎样在传媒中心时代的逐步形成中扮演着自己无可替代的角色的？在青年创业与传媒关系的演进中，电视又是怎样打破了原有的秩序与传统，变革形成了一种与青年创业者前所未有的合作形式？这是本章关注的重点。

随着青年创业群体的崛起，考察青年创业者与传媒的关系吸引了大批研究者的注意，同时，引发了人们的众多思考：以电视为代表的强势媒体对于创业者传统发声立言方式、参与社会公共生活究竟有何影响？它们的关系仅是一种策略或合作形式上的共谋，抑或这种“合作”关系的背后还隐藏着一种无形的制度力量所带给青年创业者不可抗拒的形塑作用？从传媒制度入手，能为我们观察当代青年创业者与传媒的关系找到一种全新的视角。国内青年创业者与传媒关系可以概括为：“布道场”、“名利场”和“公共领域”。青年创业者与大众传媒应当相融，但不能唯利合谋。这个世界越来越需要有知识、有专长的知识性青年创业者参与，需要他们就公共问题发言。

---

① 元媒介在波兹曼的书中指一种不仅决定我们对世界的认识，而且决定我们怎样认识世界的工具。参见［美］尼尔·波兹曼《娱乐至死》，章艳译，广西师范大学出版社 2004 年版，第 104 页。

第一节　国内电视发展与青年创业的互动

中国在十一届三中全会后就开始尝试试行社会主义市场经济体制，但一直到1992年初邓小平南巡讲话后才正式开始建立社会主义市场经济体制。以我国的经济体制改革为分水岭，我国的就业体制及就业政策发生了显著变化。在计划经济体制下，我国城镇施行“统包统分”的就业模式，执行的是“统筹安排、集中使用、保证重点、照顾一般”的大政方针，由此造成的城乡二元结构，把农民束缚在了土地上，使他们丧失了自主择业的机会。我国的经济体制转轨到市场经济体制的过程中，就业政策发生了显著的变化，主要是从统包统分到市场就业，从而激发越来越多的人自主择业和自主创业，尤其是青年。

梳理近年来青年创业者与电视传媒“亲密接触”的步步足迹，三个标志性事件大致可以作为记录我国青年创业者“触电”经历的关键节点，从中可以为我们提供一些青年创业者与传媒关系嬗变的线索与脉络。

一　2000年以前央视报道青年创业的情况

以1994年《国家八七扶贫攻坚计划》的公布实施为标志，中国的扶贫开发进入了攻坚阶段。该计划明确提出，集中人力、物力、财力，动员社会各界力量，力争用七年左右的时间，基本解决农村贫困人口的温饱问题。这是新中国历史上第一个有明确目标、明确对象、明确措施和明确期限的扶贫开发行动纲领。经过多方努力，到2000年底，国家“八七”扶贫攻坚目标基本实现，中国的扶贫开发取得了巨大成就。

也是在1994年，广播电影电视部正式开通数据广播业务，把面向全国特别是农村开展信息服务确定为数据广播的工作方向。因此，广电部的数据广播工作就很自然地与“八七”扶贫攻坚计划有机地联系了起来，提出了信息扶贫的计划。1995年1月10日，我国在河北省涉县开通了全国第一个县级数据广播接收站，后来每天有上百万字节的各种分类信息流向农村，对各种经济和社会工作提供了实时的信息支持。县里的干部和群众都说，信息扶贫真是扶到了根本上。在国务院领导同志的重视下，在国务院扶贫办的指导下，在电子工业部和经济日报的支持下，信息扶贫工作被正式定名为“信息扶贫致富工程”，从而纳入了正式轨道。以下（见表2—1至表2—7）是1994—2000年的央视主要频道的收视率排行榜（以下中央电视台收视率排行榜均来自《电视研究》）。

表2—1 **1994年1、2月中央电视台一、二套节目全国收视率**

中央一套（收视率%）					
排名	月份	电视（连续）剧		综艺节目	
1	1	情满珠江（22）	17.6	综艺大观	18.7
	2	情满珠江（27）	19.3	’94春节联欢晚会	67
2	1	大上海出租车	14.0	’93“春兰杯”中国MTV大赛	17.5
	2	康熙大帝（4）	17.3	’94元宵文艺晚会	21.2
3	1			节日的笑声——中国相声节	9.1
	2	针眼警官（2）	16.7	’94文化部春节晚会	13.9
排名	月份	专题节目（19：45—20：10）		专题节目（21：10—22：00）	
1	1	今日世界	17.4	大三峡（11）	7.2
	2	人民子弟兵	19.8	体育大世界	10.6
2	1	观察思考	16.1	电视你我他	6.6
	2	观察思考	18.7	电视你我他	8
3	1	动物世界	15.5	体育大世界	6.2
	2	今日世界	18.6	12演播室	7.1

续表

中央二套（收视率%）					
排名	月份	电视（连续）剧		综艺节目	
1	1	周恩来（1、6）	11.7	正大综艺	15.6
	2	隐蔽战线一代号 4991	11.4	正大综艺	13.2
2	1	颖河故事（16）	11.1	三优大家庭晚会	9.1
	2	包青天	10.2	公安部春节晚会	12.6
3	1	武士敏（3）	9.6	跨世纪的钟声	9.1
	2	矿山小英雄	9.9	警民同心曲	10

表 2—2 **1995 年 12 月中央电视台一、二套节目全国收视率**

中央一套全国平均收视率

排名	新闻节目	万人	收视率%	电视（连续）剧	万人	收视率%	综艺节目	万人	收视率%
1	新闻联播	36188	42.5	趟过男人河的女人（43）	19534	22.19	综艺大观（118）	21157	24.9
2	世界报道	8191	9.6	邓颖超和她的妈妈（3）	15520	18.2	东西南北中（41）	19629	23.0
3	晚间新闻	5483	6.4				一切为了你	19447	22.8

排名	专题节目（19：30—20：10）	万人	收视率%	专题节目（21：30—22：10）	万人	收视率%
1	焦点访谈	25345	29.7	电视你我他（166）	11949	14.0
2	全国电视节目主持人大赛展播（5）	24361	28.6	十二演播室（193）	10513	12.3
3	大京九（19—21）	16441	19.3	体育大世界（47）	9200	10.8

中央二套全国平均收视率

排名	电视（连续）剧	万人	收视率%	综艺节目	万人	收视率%
1	错在重逢（1—2）	2492	2.9	正大综艺	3934	4.6
2	黑脸汉子（2、3）	2433	2.9	从森林飞向蓝天——接厚芳独唱音乐会	2697	3.2

表 2—3 1996 年 2—3 月中央电视台一、二套节目全国收视率

中央一套全国平均收视率

排名	新闻节目	万人	收视率%	电视（连续）剧	万人	收视率%	综艺节目	万人	收视率%
1	新闻联播	42708	56.3	梦醒五棵柳（13）	15197	17.9	旋转舞台特别节目	11835	13.9
2	世界报道	4983	5.6	乡下人城里人外国人（6）	13644	16.0	'96 元宵晚会	11562	13.6
3	晚间新闻	4013	4.7	家在三峡（2）	13393	15.8	我国拥有权益——“3·15”特别制作	9301	10.9

排名	专题节目（19：30—20：10）	万人	收视率%	专题节目（21：30—22：10）	万人	收视率%
1	焦点访谈	20276	23.9	电视你我他（179）	8018	9.4
2	“两会”专题报道	19735	23.1	十二演播室（204）	6913	8.1
3	神州风采	19125	22.5	'96 体育大世界（9）	6281	7.4

中央二套全国平均收视率

排名	电视（连续）剧	万人	收视率%	综艺节目	万人	收视率%
1	夹缝（5）	1890	2.2	正大综艺（302）	3140	3.7
2	好梦成真	1606	1.9	'96 中国金唱片奖颁奖晚会	2421	2.8

表 2—4 1997 年 11—12 月中央电视台一、二套节目全国收视率

中央一套全国平均收视率

排名	新闻节目	万人	收视率%	电视（连续）剧	万人	收视率%	综艺节目	万人	收视率%
1	新闻联播	40351	47.36	潘汉年（19）	10132	11.89	综艺大观（156）	14138	16.59
2	晚间新闻	2920	3.43	司马迁（18）	7781	9.13	曲苑杂坛（71）	11803	13.85
3	世界报道	2336	2.74				东西南北中（59）	10218	11.99

续表

中央一套全国平均收视率

排名	专题节目（19：30—20：10）	万人	收视率%	专题节目（21：30—22：10）	万人	收视率%
1	焦点访谈	24813	29.12	电视你我他（272）	5354	6.28
2	科技博览·中国航空史话（1）	20498	24.06	军事天地（189）	4229	4.96
3	专题片：共和国之魂（1、2）	2801	3.29	人与自然（166）	2965	3.48

中央二套全国平均收视率

排名	电视（连续）剧	万人	收视率%	综艺节目	万人	收视率%
1	孙子兵法（6）	853	1.00	正大综艺（386）	3501	4.11
2	情感的守望（下）	803	0.94	音乐桥（97—37）	370	0.43

表 2—5　**1998 年 10—11 月中央电视台一、二套节目全国收视率**

中央一套全国平均收视率

排名	新闻节目	万人	收视率%	电视（连续）剧	万人	收视率%	综艺节目	万人	收视率%
1	新闻联播	49733	45.46	风生水起——股市篇	7023	6.42	综艺大观（169）	11618	10.62
2	晚间新闻	3840	3.51	电视剧场：众志成城	4124	3.77	曲苑杂坛（82）	11399	10.42
3	世界报道	2921	2.67				东西南北中（67）	7866	7.19

排名	专题节目（19：30—20：10）	万人	收视率%	专题节目（21：30—22：10）	万人	收视率%
1	焦点访谈	30873	28.22	新闻调查	4299	3.93
2	健康之路：抗洪灾防疫情	25425	23.24	电视你我他（321）	4092	3.74
3	专题片：彭德怀（1）	7975	7.29	专题片：塞上江南再放异彩	3337	3.05

续表

中央二套全国平均收视率						
排名	电视（连续）剧	万人	收视率%	综艺节目	万人	收视率%
1	爱情是什么（60）	2560	2.34	正大综艺（435）	4168	3.81
2	深圳情缘（12）	1400	1.28	音乐桥（98—20）	295	0.27

表2—6 1999年10—11月中央电视台一、二套节目全国收视率

中央一套全国平均收视率						
排名	新闻节目	万人	收视率%	综艺节目	万人	收视率%
1	新闻联播	47130	43.08	综艺大观（183）	10338	9.45
2	现在播报	5645	5.16	音乐家舞台晚会	9715	8.88
3	新闻30分	5382	4.92	曲苑杂坛（90）	9365	8.56
排名	专题节目	万人	收视率%	电视连续剧	万人	收视率%
1	焦点访谈	28575	26.12	电视剧 西藏风云（4）	8894	8.13
2	科技博览 （99—302）	20808	19.02	电视剧 五原峰火（1）	733	0.67
3	国务院新闻 记者招待会	10513	9.61	电视剧 呼唤（3）	722	0.66

中央二套全国平均收视率					
排名	节目名称	收视率%	排名	节目名称	收视率%
1	'99世界杯 女子排球赛	3.54	4	正大综艺 （480）	2.07
2	每周一歌 中国我属于你	2.84	5	夕阳红	1.70
3	直播 奥运会足球预选赛	2.74	6	中国财经报道 （4）	1.59

表 2—7　2000 年 3—4 月中央电视台一、六套节目全国收视率

中央一套全国平均收视率

排名	新闻节目	万人	收视率%	综艺节目	万人	收视率%
1	新闻联播	47127	43.16	综艺大观（2000—2）	10874	9.94
2	现在播报	6146	5.62	曲苑杂坛（2000—4）	10603	9.69
3	新闻 30 分	5962	5.45	全国迎春电视文艺节目荟萃（下）	8777	8.02
排名	专题节目	万人	收视率%	电视连续剧	万人	收视率%
1	焦点访谈	27211	24.87	钢铁是怎样炼成的	10258	9.38
2	科技博览（2000—80）	20855	19.09	电视剧嫂娘（5）	9925	9.07
3	今日说法（2000—78）	4609	4.21	电视剧光荣街十号（5）	8254	7.54

中央六套全国平均收视率

排名	节目名称	收视率%	排名	节目名称	收视率%
1	译制片：虎！虎！虎！	2.99	4	故事片：冒险王	2.57
2	故事片：赤子威龙	2.85	5	译制片：巴顿将军（下）	2.44
3	故事片：新少林五祖	2.84	6	译制片：巴顿将军（上）	2.43

除以上提及的上榜节目外，1995 年国庆期间央视推出过 20 集系列报道《收获——中国农村小康纪实》，超越经济学范畴，将农村问题、农民问题、农业问题作为一个发展战略问题去思索、反映。节目通过 15 个村庄的一连串的故事，展示了农村变化的历程，再现了农村生动的现实生活，反映农民在致富路上勇于探索、勤劳质朴、

永不退缩的整体形象和现实的喜与忧，揭示农村发展的方向；揭示出小康之路不仅是中国农民走向富裕的奋斗史，更是中国农民从传统农业走向现代大农业、从封闭走向开放的历史性转变这一重大的意义。

鉴于当时卫星电视尚未普及、央视的“权威”地位和普及性，由表2—1到表2—7可见，自1978年到2000年，“创业”事业并未在主流媒体被正式倡导，而且以亿计数的电视观众也没有这方面的诉求。其时，如上文提及的，按照学者钟岳睿的观点，自1978年到2000年这一阶段，中国已经经历了五次创业潮，尤其是2000年左右，青年知识分子因为对网络技术的优先掌握优势，也开始借助互联网创业。不过，笔者翻阅了大量资料，发现中央电视台在1994年邀请劳动部人员播出了青年职业指导与培训的专题节目，这是笔者在研究中所能发现的最早的中央电视台相关青年职业培训的节目，或可看作青年创业与电视媒介接触的前奏。从这个角度看，或许对本书的展开有意义，有助于研究的继续展开。在这次节目中，相关人员的发言，给了我们一些启发。就业司张小健司长指出：“就业是当前经济生活中的重大问题。很多企业、行业需要高素质的劳动力，但是社会却无法提供相应素质的劳动者。一方面是一部分人失业；另一方面是一些岗位找不到合适的人员，特别是熟练的技术人员。这就是所谓结构性失业，这是一个国际性的难题。我国的这个问题也在逐步突出出来。这就需要加强青年职业指导和职业训练。”① 职业技能开发司李亨业司长总结了我国职业训练的现状，他指出：“我国技工学校发展很快，从过去1000多所已经发展到现在4000多所。我国传统的学徒制度开始改革，增加了系统学习和训练。我国普通教育特别是中等教育开始加入职业训练的内容，许多学校在小学后、或者初中后进行分流，从而形成了职业中学。此外，随着劳动力市场的建立，短期的有效的就业训练也得到了很

---

① 《加强青年职业指导与培训——中央电视台邀请劳动部人员播出专题节目》，《中国培训》1994年第8期。

大发展。一个完整的就业前职业训练体系正在建立起来。"[①] 就业司柏莉处长全面介绍了我国职业指导和就业训练工作状况。她强调："政府为青年人的职业指导和就业训练做了巨大努力。"[②] 中国培训杂志社胡绍祥副社长说，李鹏总理提出优秀技术工人是人才的观点非常重要，应当很好地宣传，使之深入人心。他强调，许多企业家最感头疼的是企业技术人才后继乏人。青年人应当重视自身素质的提高，重视自己的培训。一些人在择业问题上认识不正确，以为可以靠外表、靠年轻来取得高收入。这是靠不住的。只有在年轻的时候重视知识和技能，重视培训才靠得住。国外许多大企业的职工把获得培训机会看作是非常荣耀的事情。我们也要有这种意识。[③] 职业技术教育中心研究所陈宇副所长指出："青年人是社会生活中最活跃、最能接受我国经济体制变革的力量。他们并不留恋过去的'铁饭碗'和'大锅饭'。他们认为新的体制给了他们发挥自身才干，寻求自身发展的机会。但是，另一方面他们在寻找工作和职业的道路上也遇到很多困难。每一个人都面临重新认识自己，同时重新认识社会的问题。因此政府和社会各方面要向他们提供帮助。"[④]

现在看来，在当时，创业并没有成为时代主题，也没有成为当时大众媒介关注的主要和重要的内容。职业训练和职业证书的社会化在这一阶段显得非常重要，当然，这也是创业时代发展的基础。过去的计划体制决定了训练和证书的封闭性，而现代市场经济新体制要求劳动力资源通过流动实现合理配置，这就要求训练和证书都要社会化。至此，培训就放开了，社会各界开始一起搞培训，催生了国家职业证书制度，使职业证书和学历文凭处于同等地位，成为社会上公认的重要证书，为创业时代的来临做好了技术层面上的准备。另外，无论是这一阶段对于个人职业证书和职业精神培养的提倡和鼓励，还是今天"大众创业、万众创新"时代的来临，其本质

---

① 《加强青年职业指导与培训——中央电视台邀请劳动部人员播出专题节目》，《中国培训》1994 年第 8 期。

② 同上。

③ 同上。

④ 同上。

都是鼓励青年人发挥自身才干，最大化挖掘个体的潜力，唯其如此，中国经济才能真正发展。这在中国是最可行的，毕竟中国最丰富的资源是人力资源，中国经济发展最终取决于人力资源开发是否能够成功。其实，2000 年左右，中央电视台曾经拍摄了一个九集的大型企业经营管理电视专题片《海尔经验》，但只是以 380 元一套的价格函购，主要内容就是跟随央视的镜头深入海尔，探究其基础管理的重要环节，解析张瑞敏的创新思路。图 2—1 是刊登在 2001 年《机电新产品导报》上的一则报道（广告）。

国家指定的教材　中央电视台拍摄

海尔经验

企业在科技、生产、服务、营销等方面的核心竞争能力怎样形成？优秀的管理人才从哪来？

怎样经营、如何管理才能使企业由小到大、由弱变强？海尔的经验向我们昭示：一个企业在外部市场上的竞争力，其重要因素取决于内部基础管理是否到位；而全面创新能力，则是企业发展的动力和源泉。在海尔，经营与管理不再是冷冰冰的概念，而是智慧、情感和个体生命的升华。

跟随央视的镜头深入海尔，探究其基础管理的重要环节，解析张瑞敏的创新思路，请看大型企业经营管理电视专题片——《海尔经验》

内容提要：斜坡球体论·OEC管理·目标控制系统·日清系统·有效激励机制·名牌战略·80/20原则·管理的金字塔·人才从哪来·赛马机制·海尔基因·吃·“休克鱼”·三工并存·动态动换·红白票制度·市场链机制·与客户的零距离·计效连酬·星级服务·消费者主权意识·营销谋略·只有淡季的思想没有淡季的市场·排队意识与吃苦精神·资本运营·多元化经营·国际化战略·全面创新·核心竞争力·我们害怕的是自己！

VCD光盘九集　380元/套

另加邮寄费　10%

邮购：北京通鉴商务有限公司

订购热线：（010）68527633　68596023

传真：（010）68527633

联系人：孙力　郭壮

图 2—1　专题片《海尔经验》广告

其实，“创业”之于央视不陌生，也不遥远。早在 21 世纪初央视内部的创业氛围就已经很浓郁了，有一种创业的火热和对社会的冷静凝视所交织而成的魅力。但是这份热情却没有用在创办专门的创业类栏目上，只是因为彼时国家的创业氛围不浓、人们的创业意识相对薄弱。2000 年左右中央电视台，即便是专门的经济栏目，也几乎没有专门的以创业为主题的栏目，更没有专门提及青年创业。比如《经济信息联播》，这是专门传播经济信息的专栏节目，以传播各类经济技术信息为主，汇集国内、国际信息之精华，旨在形成全国电视经济信息的传播风格，沟通产销渠道，为繁荣社会主义商品牵线搭桥。这个节目的产生背景是：1992 年，邓小平同志视察南方，并发表了南方讲话，在小平同志南方讲话精神的鼓舞下，全国改革、开放的步子进一步加大、加快，经济节目又面临着新的任务、新的挑战，为此，经济部又开辟了 30 分钟的《经济信息联播》。《经济信息联播》注重权威性、实用性、知识性、国际性、服务性，直接为生产、经营、消费各领域服务。《经济信息联播》栏目由《市场指南》、《信息国道》、《供求热线》、《产品大世界》、《企业之星》、《国际大市场》、《国际经济信息》、《股市行情》等若干定期或不定期的小栏目组成，创办初期，全国各地方台纷纷竞相效仿。《经济信息联播》开办以来的实践证明，电视作为新兴的现代化信息产业，对经济建设影响是不可低估的，邓小平同志称赞它开办得及时，内容丰富、信息量大，对社会主义市场经济有积极作用。

饶有趣味的是，《经济信息联播》这样的电视栏目本身的发展过程，类似现在我们所言及的创业创新的内涵。当时，在整个大形势下，并不是不高喊创业；恰好相反，相当多的报道中会用到一个词——艰苦创业。但很明显，那一时期的创业的内涵与现在有一些不同，似乎更在于“艰苦”二字，提倡办一切事业都要勤俭节约、精打细算，要讲求经济效果，要有不怕艰难困苦的奋斗精神，当然，并不是说只要建设，不要改善人民的生活，毕竟生产建设的目的就是要“最大限度地满足整个社会经常增长的物质和文化生活的需要”。可见，此处的艰苦创业不简单指通常说的“创办企业”，而是“干事业”，核心是要真抓实干，这其实为李克强总理提出“大众创业、万众创新”做了很好的铺垫。创业其实质就是要脚踏实地、真抓实干；敢于担当责任，勇于直面矛盾，善于解决问题；努力创造经得起实践、人民、历史检验的实绩。孔子说，“事思敬”，“敬事而信”。可见中华传统中，以恭敬、敬业、严肃、认真的态度去做事，是为人的基本规范。总结中国改革开放成功的原因，总设计师邓小平同志认为，“不是靠本本，而是靠实践，靠实事求是”。他说：“世界上的事情都是干出来的，不干，半点马克思主义也没有。”在干事创业的过程中，要舍得付出，舍得吃苦，舍得自我牺牲，要敢作敢为、善作善成，在实干中破解难题，在实干中抢抓机遇，在实干中促进事业发展。比如，马云可以说是当代创业者心中的偶像，很多人在创业之初都会抱怨没钱、没经验。马云有过三次创业经历，在创业开始时也没什么钱，但最终他成功了。马云认为："在创业之初创业者需要的不是指导，而是实干。"很多人总是有想法却很少会有行动，但是马云一有想法马上就会行动，所以马云成功了。他的成功告诉我们，创业需要的是实干的精神、一颗敢于挑战的心和永不放弃的信念。

二　早期青年创业者传媒形象缺失的原因分析

待业青年，一个历史性的词汇，上文也提及过，这个群体聚集也就那么几年，不久他们都有了工作，而后来的中学毕业生（2000年以后更多的是大学毕业生）也有了更多的选择，所以"待业青年"也就慢慢被人遗忘了。不过，虽然国家在20世纪80年代就提倡待业青年自谋职业，但是"待业"意识依旧持续了很多年，这或者可以看作2000年前后早期青年创业者（包括相当数量下岗青年）传媒形象缺失的重要原因。社会舆论总认为年轻人还是等候组织安排进入体制才是"正道"。

为后面行文方便，有必要在此把2000年左右大学生毕业生的就业误区做一个梳理。1997年的统计数据，当时国内城镇的隐性失业率为18.8%，绝对人数为3161万人；在农村，农民的隐性失业率为31%，绝对人数为1.38亿人。可以断定，就业难的问题还将长期困扰着我国。就业问题，涉及千家万户，既是经济问题，又是社会问题，同时，也是政治问题。可以说，牵一发而动全身，是多种矛盾的聚焦点。这一问题解决得如何，其影响是极其巨大的。因而，我们必须高度重视并努力解决好中国现实的劳动就业问题，树立新的适应社会主义市场经济要求的就业新观念。

具体来说，当时较大的影响年轻人就业的误区首先是认为"企业不破产，职工有单位，社会就稳定"，导致不少青年学生在中学、大学毕业后，以及一些下岗青年宁愿在家"等、靠、要"进国企或者事业单位，也不愿意自谋出路，不敢正视现实，苦苦地靠着微薄的救济金勉强度日。他们中不少人，从父母以及周围人身上深深体会到国有企业的稳定、保险。住房一般不大，但熬几年终能分到。医疗费也有限，但不用担心大病没钱治。所以，他们即使有机会也不到合资或独资企业去，更怕到私营企业去。他们认为，非国营企业不仅待遇没有保证，而且还十分不稳定，弄不好就会被炒了鱿鱼。时代发展到今天，形势更清楚了，事实上计划经济条件下的“铁饭碗”越来越少，我们必须适应潮流，走自立、自强的再就业之路，靠自己的双手、智慧和才能去换取应得的一份报酬，绝不能盼着老天爷给你分几片馅儿饼，这是不会有出路的。

其次，影响2000年左右青年就业的另一个严重的误区是“比起提高自己的职业技能，更依赖托人找关系”。相当数量的青年，一毕业或者一下岗就忙着找关系，托熟人寻找新的工作岗位，对职业培训没有兴趣，对学习新的知识和技能没有兴趣，也没有这个意识。受“大锅饭”时期“人人有活儿干，人人有饭吃”和“干好干坏一个样”的影响太深，对当时中国日益向集约化发展的生产方式和必然带来的对现有企业人员的结构进行调整，以及对职工素质的要求知道得太少。其实，时代的发展告诉我们，新的生产方式要求青年人掌握更多、更新、更高的“生存技能”。正如当时一位厂长说的，他心目中的理想职工首先要有技术，这技术当然不是原始的和古老的，必须是能够适应当前科学技术日新月异的时代的。上海在1992年做过一次调查，当地的失业工人平均的失业时间为32个月，其中，受过培训而又掌握了一门新技术的人员，其失业时间为15个月。由此可见，提高技能不仅是企业发展的需要，更是职工自身发展的需要。每一个下岗职工，都必须面对现实，丢掉幻想，提高技能，迎接挑战，迎接生命新的辉煌。

再次，影响2000年左右青年就业的第三个误区是“就城不就乡”的就业、创业观念。在当今中国，就业矛盾最尖锐、最易引发社会问题的焦点集中在城市，特别是集中在那些大中城市。原因是农村隐性失业率虽高，但农民择业没有等级观念，能上能下、能曲能直、能城能乡、能东能西，因而总能找出“自救”的办法。再加上人均数量虽少但足以维持温饱的耕地保障以及农民居住的分散性等因素，就使得农村相对不易酿发社会问题。而在城市，居民的

“饭碗”就是“职业”，一旦失去职业，生活就会很快陷入困境，再加上城镇人口居住集中性的群体效应，就极易酿发以就业不足为诱因的社会问题。因而，解决城镇就业问题必须下大力气扭转职工的就业观念，特别要扭转传统形成的城市人“能城不能乡”，全民职工“能全民不能集体、个体”，干部“能官不能民”以及靠政府安排就业的传统观念误区。这个思想认识上的误区至今影响了青年群体的，特别是大学生的创业观念，阻碍了大学生创业事业的发展。

事实上，中国的就业、创业领域是极其宽广的——正像城市中存在大量的苦脏累活而为农村人创造了无数个就业机会一样，我国广大农村地区缺人才、缺技术、缺信息、缺管理的现状也为城市人准备了无数个就业机会。只要城市人放下“能城不能乡”、“能东不能西”的就业观念，其自身的就业问题并不难解决。此时，如果大众传媒及时跟上并做出相应宣传报道是可以发挥示范引领作用的。比如，十七大以来党中央做出过一项重大战略决策——选派优秀大学生到村任职担任村官，其主要目的是培养一大批社会主义新农村建设骨干人才、党政干部队伍后备人才、各行各业优秀人才。中共中央组织部提议创办并委托江苏主管、主办了《大学生村官报》，这是全国唯一面向大学生村官的报纸，其宗旨是宣传党的路线方针政策，反映大学生村官的工作动态，宣传大学生村官的先进典型，激励大学生村官扎根基层、干事创业，成为大学生村官工作的宣传阵地、帮助大学生村官锻炼成长的良师益友。该报经国家新闻出版总署正式批准，每周五出版，面向全国发行。另外，大学生村官网（www.54cunguan.cn）在中组部的指导下以及各地组织部门的支持下创办于2006年12月并于2007年4月正式上线，该网站主要宗旨是关注、关心、关爱大学生村官。大学生村官网的着眼点在于关注大学生村官工程的政策、措施和成就，是大学生村官交流日常生活和工作的综合性平台。这些媒体为大学生村官创业树立了表率，起到了积极作用。比如《大学生村官报》就曾报道过，2015年4月10日，江苏盐城工学院举办首届创业大赛，部分校友也应邀参加，无锡市西铭公益文化发展有限公司总干事华耀倩就是其中之一。华耀倩是2011届大学生村官，最初担任无锡市滨湖区河埒街道月秀社区主任助理。在社区工作的过程中，他发现很多残疾人是需要关注和关爱的，促使他萌生创业念头，于是他在民政局注册创业成立公益企业。他回校参赛的项目是“互联网助残平台”，就是利用互联网，整合企业用工需求，为残疾人提供培训、就业等服务，该项目获得该校创业大赛二等奖。作为毕业后投身基层的创业典型，华耀倩曾多次应邀到母校为学弟学妹们讲述自己的成长经历，仅 2014 年就有两次。“毕业快四年了，与学校的联系从未间断。”华耀倩告诉记者，基层创业的经历让不少校友找到了感觉，一位正在读大三的董微校友希望暑假去他的企业实习，还有三位校友表达了毕业后到他公司工作的意向。①

因此，大众传媒应当配合政府，多制定和宣传一些优惠政策和扶持措施，积极引导青年到基层、到农村创业，这样既能增加收入，又能促进社会稳定。

还有一些影响当时城乡青年人就业的误区，但是这三条影响最大，而且影响持久，甚至已经成为现在创业时代潮流中阻碍青年创业的重要负面因素。其实，青年的待业状态，或多或少是存在的，特别是中国高考扩招后。高校扩招也称为大学扩招或大学生扩招，是指中华人民共和国境内（即中国内地）自 1999 年开始的，基于解决经济和就业问题的扩大普通高校本专科院校招生人数的教育改革政策，简单来说即是自 1999 年开始的高等教育（包括大学本科、研究生）不断扩大招生人数的教育改革政策。扩招源于 1999 年教育部出台的《面向 21 世纪教育振兴行动计划》。文件提出到 2010 年，高等教育毛入学率将达到适龄青年的 15%。进入 2008 年后，教育部表示 1999 年开始的扩招过于急躁并逐渐控制扩招比例。但是，直到最近两年，就业问题还是变得越来越敏感，甚至大学生毕业就意味着有可能失业，于是又出现了这么一群留守在家或流浪在外的青年，或称“新待业青年”。他们一样因为运气不好或者挑剔而找不到工作，但他们不像前辈那样抬不起头来，他们中有很多是

① 王书明等：《把基层导向嵌入学子青春图谱》，《大学生村官报》2015 年 5 月 15 日第 1 版。

自己选择"自由职业"。比如笔者就碰到过一个整天抱着DV的女孩，充满理想又自信。这样一群新新人类，他们的心态完全不同，即使失业，也更主动，不是保守地等待，而是锐意进取。他们可能会选择创业，但是他们并不是因为经济所迫，也不是担心毕业找不到工作，而是因为担当的责任、改变社会的信念和创造价值的梦想，走上创新创业的道路。看来我们确实不能用"待业青年"来称呼他们了，"待业青年"的概念已经老去，不再适合他们。

总之，与时俱进，市场经济要求不断树立、调整新的青年就业、创业观念，只有摒弃传统不合时宜的就业观念，树立适应市场经济要求的就业观念，才有助于走出一条现实的解决中国劳动就业问题的新路子。大众传媒对此责无旁贷，有责任和义务向大众推介更多的创业明星。

三 《创业行》起落的启示

《创业行》节目是北京电视台1998—1999年早夭的一档经济、谈话类节目，这档节目作为较早的专门谈创业的电视节目失败了，但其在创业主题上的开拓性具有较为重要的意义，有助于我们了解2000年以前电视媒介与青年创业的关系。同时，该栏目本身富含的较为先锋的创业创新并行的意识，更是难能可贵。

据制片人胡紫微介绍："《创业行》栏目名是吴敬琏先生一本关于中国宏观经济走势的著作的名称，当时借用，是因为这题目确实说出了我们目前的处境：靠小聪明、小点子、小策划玩儿电视的时代已经过去，何处找寻'大智慧'？这是所有电视人必须直面的问题。"①

2000年以前，电视经济类栏目大多集中在以下三大门类里。

一是宏观经济新闻和深度经济报道。以中央电视台的《经济半小时》、《财经报道》和北京电视台的《首都经济报道》为代表，节目形态要求高屋建瓴，自上而下。节目亲民性不强，很难聚集到更多普通老百姓来看和学"如何创业"。

---

① 胡紫微：《电视：何处寻找大智慧》，《中国记者》2000年第1期。

二是微观经济服务和新闻类栏目。以中央电视台的《生活》和北京电视台的《北京特快》为代表的这类经济节目，都是消费类栏目。换句话说，都是教人怎么花钱的栏目，而不是教人如何创业赚钱。

三是专业性很强的财经类栏目。像中央电视台《商务电视》和各地方台的证券分析，房地产服务等“窄播”化经济节目，它所要求的强专业性和“小众化”收视特点，栏目风格显然也不适合向更多老百姓通俗讲述如何创业。

难怪很长一段时间内，电视栏目创业主题几乎不出现，甚至已经成为一个无人区，没有一个具有深层服务性的、大众都感兴趣的、教人怎么挣钱的节目。很遗憾，《创业行》早夭了。开播的时候，包括样片都是非常成功的，但是随着栏目时间从 30 分钟延长到 50 分钟，进入批量生产后，隐患纷纷发作：栏目机制没建立、能胜任的编导人手少、质量控制无法实现、栏目宣传推广等后期包装跟不上等，最关键的是出现了“题荒”。栏目制作“题荒”的首要原因是栏目组对于创业领域不熟悉，拍出来的东西不接地气，普遍性不强，观众不感兴趣，特别是都市社会活跃阶层和第一批网民并不买账，而他们应该是重要的收视人群。

在《创业行》从主频道黄金时段退出后，制片人胡紫微提出了节目创新的明确要求，提出了九问，颇有启发意义，分别是：栏目组对题材了解多少？强调要么主创人员自己有创业经历，要么与创业者有深入接触。对栏目采用的脱口秀样式了解多少？如何制造话题，又事先掌握了多少人才资源做后备？创新类型是否具备批量生产（可持续发展）的条件？包括技术、论证以及主创团队的核心思想和理性光辉。有多独特的招数？在众多频道、栏目中，如何迅速吸引观众的视线。机制如何保障？策划部门、运作部门、保障部门、媒介推广和宣传及研发部门如何良性运作，包括技术创新机制。如何实现质量控制？抑制编导层质量衰减及每期策划水平的内部学习制度。经营了一个什么概念？这其实也是当时《创业行》栏目本身之所以中标的根本原因，而后来的失败，也就是没有再坚持把“创业”继续做成一个概念。有没有对人性的真正的体谅与尊重，包括对我们不怎么愿意正视的贪婪、自私、偷窥、隔岸观火和幸灾乐祸等因素的表达。有没有大企业运作的意识和能力，而不是就靠些所谓的灵感、小聪明和小点子。胡紫微在文章中基于国内民营中小企业已逾1000万的数据事实，明确提出："越来越多的创业者和创业行为本身应该蕴含巨大的戏剧性和人文价值。21世纪，中国最大的话题就是创业，各种创业版面开始从诸媒体越来越频繁地跃入人们的眼帘。"①

随着社会网络市场的兴起，当代媒体工作逐渐转向液态、弹性生产的模式。媒体从业者的职业图像受到"创业精神"和"追求卓越"的影响，更为重视"事业性自我"（enterpriseself）的实践。②对于大众媒介从业人员来说，也许不一定都要创业，但都有能从创业者经历中得到人生启迪的能力，才有可能使他们做出来的创业节目最终能让电视观众感到：你让我想改善自己，这就是最大的创新。这恐怕就是《创业行》节目给我们的最大启示——创业与创新意识并行。

第二节　个案分析：创业者形象的电视呈现

改革开放初期发展起来的企业家（创业者）一般十分低调，他们很少主动出现在大众传媒上，大多都是企业成功之后被报道，才受到受众的关注，被受众熟知。随着改革步伐的迈进，经济的进一步发展，企业家开始关注自己的形象。从探索的树立企业家形象，到系统化的设计和策划如何建构企业家形象，随着社会进步，不同的企业家留给受众不同的印象，主动呈现和被动再现的企业家形象有着诸多的不同。不同的企业家形象有什么区别、特点？究竟是什么样的内因和外因造成了企业家媒体形象建构的差异？企业家媒体形象建构的发展有什么样的趋势？企业家形象建构反映出什么样的

① 胡紫微：《电视：何处寻找大智慧》，《中国记者》2000年第1期。

② Du Gay, P.,"Organizing identity: entrepreneurial governanceand public management", In S. Hall & P. Du Gay (Ed.), *Questions of cultural identity*, London; Thousand Oaks, Calif.: Sage, pp. 151-169.

问题？是否有可以应对的策略？这些促成了需要研究的课题。

媒介具有赋予价值和地位的作用。“大众媒介使个人和集体的地位合法化，从而给他们以声望并提高他们的权威性。”当媒体对创业者进行关注和好评时，创业者在受众心目中提升了美誉度。传奇化的叙事方式、赞美式的报道，使创业者获得公众膜拜的同时，也提升了其所在企业的品牌形象，并且进一步促进了经济行为的转化。这样的媒介性质使媒介在深化改革、社会意识形态多元的状况下，以追求利润作为自身的经济诉求。在网络媒体对传统媒体影响巨大的情况下，为了增加媒介本身的经济效益，希望在资本市场中获得主流受众的认可，媒体会在最大限度上贴合受众的阅读习惯和阅读心理。我国市场经济体制仍然不成熟，受众媒介素养不完善，致使媒介易忽略社会责任。同时，企业认识到媒介的影响力，希望通过媒介为企业和企业家带来更高的关注度，以此获得更多转化的消费力。利益的结合也导致“企业软文”、“形象新闻”大量产生。由于大众媒介的选择性报道，造成了选择性呈现的结果。因此，大众媒介的报道倾向一定程度上影响了企业家的形象建构。

具体而言，青年创业者与电视的关系，是一种主动呈现，主要指创业者自身主动出现在媒体上，通过自身的言论和行为塑造企业家形象。本节主要以在青年时期创业成功的张瑞敏、王石和陈欧为对象，来研究青年创业者形象的电视呈现。张瑞敏主要参与财经类节目，王石主要参与财经与访谈节目，陈欧主要参与娱乐节目，不同的选择方式造就了不同的青年创业者风格，从传统严谨到高调精英化再到娱乐化的不同，反映出企业家不同的性格和背景等。

一　张瑞敏的电视呈现：专业布道者形象

张瑞敏（1949 年 1 月出生），全球著名企业家，创建了全球白电第一品牌海尔，现任海尔集团董事局主席兼首席执行官，因其对管理模式的不断创新而受到国内外管理界的关注和赞誉。张瑞敏系蓝领家庭出身，继承父亲的职业，在青岛家电公司从工人当到组长、主任、厂长、经理。1984 年，他 35 岁时接任青岛电冰箱总厂厂长。脚踏实地、善于学习、低调严谨的张瑞敏，高度重视企业管理理念的创新和应用，因此海尔留给消费者的印象就是专业化，不管是技术还是服务都被认为是行业的顶尖水平。无论在中国，还是在世界，海尔都是一个无法被忽略的品牌。从单一的电冰箱产品，到拥有白色家电、黑色家电、米色家电等各个门类、各种规格并出口世界各地的产品集群，海尔创造了响当当的中国名牌，创造了全球家电领域的东方神话。海尔今天的成功，正得益于其对产品质量、技术创新以及品牌建设的不懈追求和努力，更得益于张瑞敏从青年时期开始创业而逐步被大众媒介塑造为“管理之父”的影响力。

1984 年，张瑞敏临危受命，接任当时已经资不抵债、濒临倒闭的青岛电冰箱总厂厂长。1995 年获中国科技大学工商管理硕士学位，并连续当选第十六届、十七届、十八届中央委员会候补委员。2012 年，海尔集团全球营业额 1631 亿元。据消费市场权威调查机构欧睿国际（Euromonitor）统计，海尔已连续四年蝉联全球白色家电第一品牌，并进入美国波士顿管理咨询公司（BCG）评选的 2012 年度“全球最具创新力企业”前十名，排名消费及零售类企业第一。2014 年，海尔集团全球营业额 2007 亿元。根据世界权威市场调查机构欧睿国际发布 2014 年全球大型家用电器调查数据，海尔大型家电零售量第六次蝉联全球第一，并首次突破两位数的市场份额增长。

张瑞敏参与的电视节目很少，极少出现在电视媒介中，从不以自身为主角参与广告，鲜有对于娱乐效应的媒体表现。少量地参与电视媒体的采访，其访谈内容也主要是围绕对海尔以及企业管理的探讨。现有的视频内容主要是参与经济论坛的演讲以及在大学中的演讲，在大众媒介上出现的有：2000 年参与一档节目主讲《管理创新与企业发展》，内容包括企业发展与启示；2002 年《感动中国》年度经济人物颁奖中的简短采访，主要内容是海尔在海外发展的困难与破冰；2003 年参与央视二套的《对话》节目，主要访谈内容是海尔的发展，对话中显现出了张瑞敏的胆识和视野；2008 年参与第一财经的《财富人生》栏目，主要访谈内容也是海尔的发展。在电视媒介上，从“海尔早期怒砸不合格冰箱”开始，反映海尔企业文化以及海尔人精神面貌的案例不断出现，并逐步成为广为流传的故事，获得“最会讲故事”的企业之称。其一句“真诚到永远”的广告词深入人心，它不仅仅是海尔的企业文化及品牌宣言，更是消费者心中海尔的形象。近年来海尔和张瑞敏都逐渐更低调，说明海尔正在从一个莽撞的少年逐步走向成熟。家电业观察人士庞亚辉表示：由于内部外部的压力导致利润的压缩，海尔目前处于调整期和转型期。[①] 选择更低调的营销方式有利于现阶段的海尔发展，海尔一直注重塑造产品质量和品牌，在通过逐渐努力成为世界第一白电的过程中，给消费者的印象就是质量好、服务好，选海尔信得过。在海尔持续创新不断壮大的过程中，张瑞敏确立的以创新为核心价值观的企业文化发挥了重要作用。在管理实践中，张瑞敏将中国传统文化精髓与西方现代管理思想融会贯通，“兼收并蓄、创新发展、自成一家”，从“日事日毕、日清日高”的 OEC 管理模式，到每个人都面向市场的“市场链”管理，张瑞敏在管理领域的不断创新赢得全球管理界的关注和高度评价。“海尔文化激活休克鱼”案例被写入美国哈佛商学院案例库，张瑞敏也因此成为首位登上哈佛讲坛的中国企业家。

可见，张瑞敏行为低调，很少在大众媒介上谈及个人生活以及感情，让公众对他的主要关注都落在海尔上，大众除了对海尔的管理理念有一定的了解外，对张瑞敏的个人了解微乎其微。在大众视野中，张瑞敏有一定的神秘度，而正是其严谨、低调的形象让大众更坚信海尔的产品质量和服务质量，也正是通过电视这个“元媒介”让张瑞敏成为中国最著名的青年创业的“布道者”之一和最会通过故事塑造企业品牌形象的企业家。世界一流战略大师加里·哈默评价张瑞敏为互联网时代 CEO 的代表，“竞争战略之父”迈克尔·波特评价其为“杰出的战略思想家”。

二　王石的电视呈现：公共领域先锋者形象

王石（1951 年 1 月出生），兰州铁道学院给排水专业毕业，

① 黄君发：《张瑞敏沉寂的力量》，《当代经理人》2008 年第 2 期。

1988 年起任万科企业股份有限公司董事长。1991 年 1 月 29 日，万科正式在深圳交易所挂牌上市，成为最早完成股份化上市的房地产公司，由此拉开了万科万亿市值的伟大征程。王石是知名的企业家，也是受人关注的探险者。他 52 岁登顶珠峰，60 岁时求学哈佛。作为企业家中的偶像级人物，他置身聚光灯下，一言一行总受到最多关注。他的微博粉丝超过 2000 万，多部著作如《道路与梦想：我与万科 20 年》、《让灵魂跟上脚步》等影响着很多很多人。

王石曾在新疆做了五年汽车兵，转业后在兰州做了一年的工人。进入兰州铁道学院给排水专业学习。毕业后进入广东省经贸委做经济情报研究工作。1984 年左右下海创业，2010 年开始进入哈佛大学等进修。王石个性高调，喜欢冒险，个人价值观偏西化，乐于尝试各种不同的生活方式，保持持续不断的探索和学习。王石多次提到感谢当兵的经历，使自身的毅力、耐力和原则性都得到了锻炼，无形中影响了王石对于企业规范的重视，提出建“阳光照亮的体制”，坚持规范、诚信、进取的经营之道，不行贿、不受贿。在万科企业文化的影响下，给城市消费者的印象不仅仅是质量、品牌方面的优势，更是对于王石所代表的精英文化的认同，入住万科能够给消费者带来文化认同感以及优越感。

王石是一位活跃在大众媒介上的企业家。他为摩托罗拉、Jeep 汽车、全球通、北京青年周刊、瑞士旅游、陆丰汽车、平安保险、百年灵、华山、大众汽车、万科公益（环境保护）、中国绿色公司、深圳航空等拍摄了许多广告。选择拍摄的广告企业均是该行业内的领先企业，10 个商业广告均以王石热爱的登山或滑翔伞作为广告创作的内容，三个公益广告中有一则也是以登山运动、滑翔伞运动作为广告内容的创作。所有广告均体现了王石作为主人公，寻找自我、突破自我、挑战自我的精神，公益广告中体现了王石作为行业领袖的环境危机意识。王石因为成功的企业家身份、过人的胆识、冒险的精神得到诸多企业的青睐，同时王石也通过这些广告强化了自身行业精英的气质，塑造了一个善于挑战自我、具有冒险精神的行业精英的形象。

王石参与的电视节目，有早期接受 TVB 的电视采访，富有人文气息的《杨澜访谈录》、激励年轻人的《开讲啦》等。接受 TVB 的采访主要解析 90 年代末内地房地产市场的发展状况。参与《杨澜访谈录》，2003 年参加时，主要探讨登上珠峰的过程以及登山的各种感悟。2012 年 3 月主题为：（1）王石寻找灵魂的台阶，问及王石 1983 年放弃公务员的身份下海经商；1988 年万科完成股权分配的时候，放弃自己持有的所有股权；1999 年辞去万科总经理的职位，只担任董事长，人生三次放下的原因，除了对于人身安全、对自己今后决定的不确定性因素外，王石说，因为自己自信，相信自己作为一名职业经理人，同样可以得到万科的聘任，完成自己的职业理想。（2）谈及 2008 年“捐款门”事件，王石仍旧认为作为个人不需要道歉，后来做出道歉举动是因为分散救援注意力，影响到品牌、投资者和消费者。（3）反思万科和个人对于危机公关处理的失当，个人对企业影响的错误估计。杨澜提及王石曾在公共场合表明自己不是那么喜欢房地产行业，王石表明作为一名职业经理人不会在万科出现危机的时候再度回到万科，自身对于万科的那种传统的大家长式的思维更淡泊一些，努力做好一名职业经理人。

两次登上珠峰、登上过世界上的七大高峰、滑翔伞学习飞行的经历，让王石学会看透死亡、坦然面对，认为死不是悲哀，而是对生的赞美。王石对于人生的思考和感悟已经上升为一种哲学的层次。哈佛求学，被王石当作自己征服的第八座高峰，放下一切的他追求生命的宽度，希望自己保持好奇心，找到新的生活。2013 年 10 月中，王石向清华学子提出建议，应该拓宽眼界，走出去看世界，能够给自身的人生带来很多冲击和改变。称年轻人为买房影响一生不值得。应该学会选择，年轻的时候更多的是要努力实现自己的人生价值。2012 年 9 月参加《开讲啦》做主题为“坚持与放下”的演讲，主要讲述自己的人生经历，激励青年坚持与奋斗，学会选择与放下。

王石在电视上频频亮相，三次参加《杨澜访谈录》这个节目，体现了王石对于这个节目的偏好。在访谈节目中，这个节目既较有思想深度又实现了与生活的最好结合，在这个节目中体现了一个立体的王石，多面的王石。他是一个成功的企业家，他是一个拿得起放得下的职业经理人，他是一个有冒险精神的运动家，他是一个参悟人生的哲学家。参与《开讲啦》、优米网的采访等，王石在讲述自己的奋斗过程和人生感悟，讲述自己哈佛求学的经历，激励年轻人选择自己的生活，实现自己的人生价值。可见，王石也希望通过自身的经历给年轻人一些正面的影响。在完成个人价值的路程中，王石交上很好的答卷，在节目、广告中的专业、自信、冒险、好奇心、公益心体现了一个立体的王石，也给我们塑造了另外一类高调精英化的青年创业典型。

三　陈欧的电视呈现：名利场娱乐大赢家形象

陈欧（1983年2月出生），聚美优品创始人兼CEO。16岁留学新加坡就读南洋理工大学，大学期间曾成功创办在线游戏平台Garena，26岁获得美国斯坦福大学MBA学位，27岁创立聚美优品，29岁荣登福布斯创业者榜。他亲自出镜为公司拍摄的“我为自己代言”系列广告大片引起“80后”、“90后”强烈共鸣，在网络掀起“陈欧体”模仿热潮。作为中国电商界的黑马，聚美优品仅用三年时间，就完成单月销售额从10万元到6亿元的突破，牢固地占据中国美妆类电商第一站的领航地位。2010年9月中国互联网协会将A级信用认证授予聚美优品所属的公司北京创锐文化传媒有限公司。

聚美优品与陈欧进入大众的视野基本是同步的，甚至于很多人是从认识陈欧之后才了解聚美优品这个品牌的。无论是吸引人眼球的广告，还是娱乐节目的参与，无疑使聚美优品和陈欧紧密相连。2011年从陈欧和韩庚的双代言模式开始，陈欧亲自出镜为公司拍摄广告，《我为自己代言》篇广告词写道：“我是陈欧，聚美优品创始人。蜗居，裸婚，都让我们撞上了。别担心，奋斗才刚刚开始，‘80后’的我们一直在路上。不管压力有多大，也要活出自己的色彩。做最漂亮的自己，相信我们，相信聚美优品。我是陈欧，我为自己代言。”在短短一天时间内该视频已经转发超过5000次，网友回复达1400多条。[①] 网友根据广告中的文案，创造出各种广告体，

① 许安娇：《解析广告主广告代言策略》，《青年记者》2013年第17期。

是继“凡客体”之后的又一次成功的话题性广告，让聚美优品的知名度在短期之内得到迅速提升。在2012年“双11”大促之前，又一则励志品牌广告投放湖南卫视《快乐大本营》黄金时间。改变以往15—30秒的电视广告形式，以2分39秒的超长广告片，引起了众多消费者的共鸣。广告词中写道：“你只闻到我的香水，却没看到我的汗水；你有你的规划，我有我的选择；你否定我的现在，我决定我的将来；你嘲笑我一无所有，不配去爱，我可怜你总是等待；你可以轻视我们的年轻，我们会证明这是谁的时代；梦想是注定孤独的旅行，路上少不了质疑和嘲笑，但那又怎样？哪怕遍体鳞伤，也要活得漂亮！我是陈欧，我为自己代言！”广告播出后，在何炅、孙杨、徐小平等名人的微博分享评论帮助下，掀起又一轮的微博模仿潮，“陈欧体”迅速火爆，造就了持续的广告效应，不仅为“双11”活动带来了大量的转化消费力，而且强化了与消费者的情感联系，打造了一批忠实顾客。

2010年开始，陈欧参加了不同媒体多期节目，《快乐女声》、《百变大咖秀》、《天天向上》、《非你莫属》、《最佳现场》、《高朋满座》、《老友记》、《旅游卫视》庆典活动等。活动类型丰富，不仅涉及财经类节目、访谈类节目，更参与了许多收视非常高的娱乐节目。

2010年11月的《经济半小时》栏目对陈欧进行了简短的采访，聚美优品快速地发展，每天的忙碌让人印象深刻。2011年2月两次参加《创新无限》，作为创新新秀成为嘉宾，分享了自身选择美妆行业、做好美妆行业的秘诀；重申致力于做好超轻型的电子商务，用团购形式聚集人气，做好用户体验，建立消费者的信任感，然后长期为消费者服务。在聚美优品建立以及发展的初期，陈欧出现在一些较为传统的财经和访谈节目中，主要介绍聚美优品的发展、聚美优品的经营理念等。

2011年3月起担任天津卫视《非你莫属》BOSS团嘉宾，给观众留下睿智、帅气并重的印象。在节目收视攀升的情况下，陈欧以及聚美优品知名度迅速提升。2011年5月6日作为《lady呱呱》专访嘉宾，讲述了自己的创业经历、求学经历，甚至一再重申自己不是一个花心的人，是一个比较传统的人。尽管是财经类节目，但是气氛活跃，陈欧体现出“80 后”创业者的胆识、进取和幽默。

2011 年 5 月陈欧作为《今天我面试》第十期嘉宾，为聚美优品招聘市场经理，现场表现出专业、机智以及丰富学识。为求职的学子提出许多中肯的建议，比如做市场要有一个数字的概念，以消费者作为考虑的出发点，运用自身的性格优势，强势的女性要做到周到和面面俱到，不被自己的性格限制。从专业的角度体现出作为公司总裁的专业性。

2011 年 5 月陈欧接受凤凰卫视《财子佳人》专访，除了介绍自己的创业经历之外，说明了自己不同阶段喜欢不同的女孩，目前喜欢更知性、容易沟通的女孩。展现了成熟、感性的一面。

2011 年 8 月陈欧为湖南卫视《快乐女声》7 进 6 微博评委团成员，表现自信大胆，借助高人气、受众主要为年轻女性的选秀节目，提升自身与公司的知名度。2011 年 10 月陈欧为湖南卫视《天天向上》节目嘉宾，与公司铁三角刘辉和戴雨森，分享创业经历、情感经历等。另外一期《天天向上》播出，梦想能见到陈欧的汕头大学女孩税晶羽在大学图书馆，见到了陈欧并可以去聚美优品实习，完成自己的梦想，陈欧实现了粉丝的美好愿望，耐心回答问题，并展现出十分的亲和力。

2011 年 12 月 22 日《最佳现场》，陈欧讲述了自己 16 岁决定留学，希望自己可以早点独立，人生第一桶金是打竞技游戏挣到的。一直有创业的决心，结合自己计算机的专业、游戏的基础，22 岁第一次创业，24 岁斯坦福读 MBA，卖掉公司股份。节目中表现出陈欧对团队有很高的信任感，对公司员工说的最多的一句话就是：我们是一个靠谱的团队。自己代言的方式，团队内部头脑风暴汇集创意，体现陈欧敢担当的态度和行动的魄力，他希望通过自己站出来的方式，能为化妆品电子商务带来更多的信任，能为消费者带来更多的实惠。通过提问方式，为观众展现一个不一样的陈欧。他是一个思维跳跃的人，有自己的目标，如果决定行动，只要不后悔，就不计得失地去做。无论做什么事情，他都对自己有十足的信心，好胜心强，喜欢成就感和挑战，有个人英雄主义，对成功信念有强烈的追求。在创业过程中，有决断力，有勇气接受改变，给“80 后”

创业者们很多启示。

2013 年 1 月 31 日、2013 年 2 月 7 日湖南卫视陈欧作为《百变大咖秀》观模嘉宾，模仿吸血王子爱德华以及电视剧《宫》中的信王子，通过大胆、自信的表现赢得了许多消费者的喜欢，作为一个明星企业家，将美妆与节目结合，带给观众耳目一新的感觉。2013 年公司尝试用网剧提升公司美誉度，思考如何在观众的质疑声和知名度之间找到平衡，由陈欧做出品人，出品《女人公敌》，他更在其中出演自身的角色，透过一个"80 后"美女征战职场的故事，体现出聚美优品对"80 后"为事业奋斗的鼓励，选择产品的专业性，不仅仅植入多款产品，而且将聚美优品的理念体现得淋漓尽致。鼓励女性为自己的美丽奋斗，为自己的事业打拼。提升公司美誉度的同时，加深与顾客的情感联系。

媒体上的频繁亮相，让陈欧以硬性广告的形式树立自己的价值观，打造个人魅力，提升企业的知名度。为了打造良好的个人品牌，陈欧选择一些财经类以及公益类节目，而为了获取关注度以及销量，更注重娱乐节目的选择。在《湖南卫视》播出他自己大胆出演的本公司的形象广告，同时将广告中反映的现实问题形成社交媒体上热门讨论的话题，无论是上千万粉丝的名人还是普通用户都参加了讨论。对很多大品牌来说，过去擅长的传统广告与社交媒体营销往往各行其是，但聚美优品成功地打通了电视与社交媒体的交互传播，这也是传统媒体与新媒体的融合发展之道。陈欧更担任《非你莫属》的嘉宾，《快乐女声》的微博评审，自制电影的演员，努力将娱乐营销做到极致。不同行业对于是否娱乐化操作都有自身的认识，在各种媒体交互发展、信息爆炸、大众文化泛娱乐化的情况下，如何更好地利用好娱乐这把双刃剑是每个企业的必修课之一，也是我们青年创业者需要慎重面对的问题。

综上，首先我们可以看到，青年创业者在电视媒介上表现出来的形象是有很大区别的，低调严谨的张瑞敏的关注集中在企业发展和企业理念部分，专业性最强；高调精英化的王石的关注集中在企业经营和生活爱好方面，专业性略减；娱乐氛围浓重的陈欧不仅仅作为被采访对象，还担任评委、特约嘉宾等，参与的形式更多样化，与节目融合度更高。

其次，青年创业者经营企业类别的选择。企业类别决定企业品牌形象的塑造，不同产业类别所具有的独特特性，会造成员工在企业文化与企业传播满意度上有不同表现。[①] 张瑞敏经营的白色家电涉及千家万户，海尔作为制造业有能源密集、规模经济效益巨大等特点，对于产品的质量要求更高。海尔以高质量、强服务、亮品牌为主打迈向国际化，在企业经营的过程中，注重管理体制的创新、管理理念的更新，给消费者营造质量优、服务好、品牌佳的企业形象。王石经营的房地产是支柱产业，事关国计民生，从产业特性上看，房地产是技术密集、资金密集、劳动力密集行业，所需技术层次较高，资金需求庞大，产品生命周期较长，适宜建立长期稳定不变的企业形象。买房子是每个中国人生活中的一件大事，在行业质量逐渐优化、品牌之间差异变小的情况下，王石提出的“不行贿”、“超过25%以上利润不做”、“阳光照亮的体制”等企业经营观点，以及万科做简单不做复杂、做透明不做封闭、做规范不做权谋、做责任而不是放任的企业价值观，为万科塑造了积极的正面形象。陈欧是化妆品电商，电子商务为技术密集型产业，加上近年来电子商务同类型行业竞争激烈，受经营环境影响甚巨，使得电子商务对外部经济环境的应变能力得到提升。美妆电商行业是网络购物的细分行业，化妆品与时尚、文艺紧密相关，聚美优品借助互联网平台的B2C模式，通过娱乐营销的方式快速接近消费者，与消费者建立情感联系，塑造了一个努力奋斗、为梦想而执着的形象，与消费者产生共鸣，拉近与消费者的距离。公司同时十分重视研发设计，以提升消费者消费体验为己任，引导消费者的消费习惯，建立品牌忠诚，使公司在短时间内知名度与美誉度快速上升。但是他们不管是哪个行业，始终是与消费市场紧密相关，这也是否给我们青年创业者以提示，创业项目的选择方向就应该是这样？

最后，在塑造形象主动程度上差异也是比较大的。张瑞敏不以

---

① 郭鉴：《不同类型行业企业文化与企业传播关系研究》，《商场现代化》2006年第12期。

自身为主角参与广告，参与的节目很少，参与节目也是将关注点放在海尔上，凸显张瑞敏低调的性格。王石是为“别人”做广告，王石在节目中体现出的，就是真实的他，他的生活、他的理念、他的感受。陈欧是为“自己”做广告，在他参与的节目中，除了本身的性格特点外，给人留下的印象是有被包装的成分的。陈欧接受《人物》杂志采访时就曾表示：娱乐营销是营销策略上的决定，非本人的意愿，自己是一个比较低调的人，CEO 营销和娱乐营销的策略选择是公司董事会的决定。可见大众传媒的舞台上，企业家从不注重自身形象管理，到利用人格魅力、性格特点塑造自身媒介形象，已经逐步转化为系统的商榷什么类型的企业需要建立什么样的企业家形象，并且通过什么样的形式使这种 CEO 营销最大限度地转化成市场销售力。不同企业营销策略的应用和发展，看出创业者结合自身资源与大众文化的需求，越来越善于运用各种媒介的组合。

可见，以张瑞敏、王石和陈欧为个案，研究改革开放以来中国青年创业者与传媒关系可以概括为：“布道场”、“名利场”和“公共领域”。创业者与大众传媒应当相融，但不能唯利合谋，这个世界需要越来越有专长和智慧的创业先锋参与，需要他们就公共问题发言。

第三节　电视特性与电视创业类栏目的运作路径

一　节目机制对青年创业者的影响

党的十七大报告指出，要“大力实施以创业带动就业战略”，让广大人民群众通过自身劳动和努力，共享国家改革发展成果，共同走上富足文明和谐的小康之路。因此，在党的十七大召开后，我国掀起了新一轮的创业热潮，作为民生和民本经济，切合自身实际的多种形式的创业，已成为人民群众的价值追求和积极行动。此刻需要媒体做好“鼓”与“呼”的工作，报纸、广播、电视、网络等传统媒体和新媒体纷纷设置了各类创业栏目，同时这些栏目的质量也影响着媒体本身的发展。在网络媒体加速向“第一媒体”挺进的压力下，电视这一“元媒介”要巩固提升自身的主流媒体地位，就必须顺应大势，顺应人民群众日益高涨的创业激情，按照“三贴近”的要求，精心打造创业栏目。具体来说，要注意以下三个方面。

一是要运用平民化思维、视角和手法，讲述普通百姓的创业故事。任何创业都有一个从小到大的过程，对广大的初始创业者来说，做大只是他们的远景目标，从小处做起才是他们最现实的选择。电视创业栏目在报道老百姓的创业故事时，不能嫌其“小”，要耐心细致地报道小买卖、小工厂、小手艺、小经营。这里尤其要破除“创业就是办工厂”的宣传报道误区，必须明确，创业者依靠自身的劳动、知识、技术、管理和资本所从事的一切创造财富的活动，都是创业。创业无界限，创业无贵贱，办工厂是创业，耍小手艺、做小买卖是创业，做农业特色种植养殖也是创业。创业故事的报道贵在真实、亲切、自然，力求可亲、可近、可学。电视新闻工作者要摒弃长期形成的居高临下的习惯，放下身架，运用平民化思维、视角和手法，原汁原味地报道老百姓的创业故事。在节目采编中，解说词要力求通俗和口语化，体现讲故事色彩；镜头语言要适当突出客观真实的长镜头并尽量减少特技；同期声要力避“先编后说”的惯用虚假手法，让创业的老百姓敞开心扉说他们想说的话。总之，创业故事的报道，就是要全面融入创业老百姓的生活、劳动和经营中，用原生态手法展现他们的喜怒哀乐和奋斗努力。在此基础上，创业故事报道还要处理好“先模人物”与“普通创业者”的辩证统一关系。这几年，为鼓励自主创业，各级政府通过多种形式表彰奖励创业有成的创业者，毫无疑问，他们应该是创业故事报道的主体。但在具体的报道运作中，必须牢牢把握这样的原则：创业中的“先模人物”也是一步步从普通创业者成长起来的，他们与普通创业者一样有着平淡而快乐的创业故事。真实才有生命力和影响力，对“先模人物”的创业故事报道，要尽量淡化惯用的模式和色彩，要同样力求真实、亲切、自然。

比如，被选入2008年中国电视新锐节目十佳金牌榜的《我能创未来——中国青年创业行动》，该栏目由中央电视台经济频道、中国青年创业国际计划（YBC）以及中国移动通信集团公司共同发起，旨在点燃青年创业梦想，引领青年创业文化，塑造青年创业人格。2008 年 4 月 16 日在该栏目第四站上海大学举办的论坛会上，上海科技学院董事长朱建新、上海世好餐饮管理有限公司董事长翁联辉、畅网科技（上海）信息科技有限公司 CEO 陈曦、上海新源变频电器股份有限公司执行董事张晓钟、上海创维机器人科技有限公司总经理魏庆前担任嘉宾。论坛上，嘉宾们与在座大学生分享了自己的创业历程，并与大学生互动交流，现场气氛热烈。嘉宾们提出：创业之路漫长艰巨，需要准备充足，但是既然选择了创业就要坚持。没有小产品，只有小老板；没有小角色，只有小演员。创业，只要遵从内心就不会后悔。嘉宾们的这些创业理念引起了现场观众的阵阵掌声。

二是借鉴网络媒体的互动特性，搭建为创业者服务的创业咨询平台。青年创业者尤其是初次创业的创业者，在创业过程中，不可避免地会遇到资金、信息、技术和政策等方面的疑难与问题，迫切需要一个信息容量大、查询方便快捷的创业咨询平台。近年来，为创造良好的创业环境，各级政府在政务网站中，整合相关部门职能，开设了类似的创业咨询板块。但由于信息化特别是农村信息化进程的制约，政务网站创业咨询的有效服务还需要一个过程。作为主流媒体，电视媒体创业栏目在运用平民化视角和手法讲述创业故事，吸引越来越多老百姓走上自主创业之路的同时，就是要满足创业者的咨询需求，积极借鉴网络媒体的互动特性，尽快为创业者搭建创业咨询平台。在创业咨询平台的搭建中，要争取政府和工商、税务、劳动、财政、政法、交通、金融、农业等部门和大量社会中介机构的支持，形成全方位大容量的资讯源。与此同时，要利用热线电话、短信和电视台自有网站等渠道，为众多创业者提供快捷及时的互动咨询服务。咨询服务要灵活多样，对个性、局部的问题，可请有关部门通过电话直接解答；对面上和共性的问题，要通过电视访谈和字幕等形式集中解决；同时要注重运用滚动字幕，及时发布创业者关心的国家政策、行业动态、创业新信息与新技术。

比如，历久不衰的中央电视台七套《致富经》栏目在这一点上堪称典范。2007 年 5 月 17 日，《致富经》栏目与清华大学中国创业研究中心联合发布了《2006—2007年度中国百姓创业致富调查报告》。报告指出，在创业企业所属比重最大的五个行业中，农业加工业和工业加工业整体致富水平最高。据了解，自2004年起，中央电视台《致富经》栏目组与清华大学中国创业研究中心便携手展开了中国百姓创业致富调查。该项目研究的主要目的是：了解中国百姓的创业状况，基于可资比较的行业视野来分析中国百姓创业活动（动机、行为、环境条件、政府政策等）的特征、创业方面的表现和活跃程度、创业环境的影响、创业能力和动因上的差异、创业和致富水平间的关系等。《2006—2007年度中国百姓创业致富调查报告》是此项调查的第三份研究报告。此次调查在全国28个省、市、自治区进行，涉及华北、华东、中南、东北、西北和西南六大区域，调查对象皆为创业者本人。调查根据区域经济差异和各地创业的活跃程度，采取分群随机抽样的方式，利用结构式问卷、面对面访谈的方式进行，并由多道监督、复核程序确保问卷数据的科学性、准确性和有效性。报告指出，基于生存需要而创业，仍然是当前中国创业的主导类型。调查显示，在所有可能推动人们创业的因素中，实现人生目标、希望致富和生存需要是排在前三位的主要推动因素。

统计数据表明，创业者在创业中具备的最大优势分别为熟悉行业运作（32.28%）、掌握关键技术（20.03%）、熟悉项目销售渠道（19.92%）。由此可见，创业者在其创业领域的知识积累和掌握独特资源，是其从事创业活动的核心优势所在。此外，创业者最看重的五大品格依次是：诚实守信、把握机会、创新求异思想、人际交往和勇于冒险。根据统计分析的结果，报告选取了创业企业所属比重最大的前五个行业（批发零售业、工业加工业、农业加工业、餐饮业和信息服务业）作为考察对象，综合评价这五个行业的致富指数。数据显示，工业加工业和农业加工业的致富满意度指数高于全国平均水平，整体致富水平最高。

报告还指出，五大行业中最容易得到银行贷款的三大行业依次为工业加工业、批发零售和农业加工业；最容易得到政府支持的三大行业为工业加工业、农业种植业、农业养殖业。调查结果也证明了，无论是银行还是政府，都积极扶持传统工业和农业。数据显示，同2005年调查相比，我国创业的法制环境在明显改善，2005年33%的被调查者认为创业法制环境较差，而此次调查已减少到7.5%。发生这一显著变化，与我国政府对创业环境的日益重视、采取一系列有效措施进行改善密不可分。

三是发挥电视特长，用谈话节目营造浓厚的创业氛围。谈话类节目是近几年兴起的深受观众喜爱的电视表现形式，它改善了电视媒体以往“你演我看”的布道式说教模式，让现实生活中的相关人物在电视现场现身说法、相互交流，既亲切自然，又互动性强。为营造浓厚的草根创业氛围，电视创业栏目要适时推出谈话类节目，定期邀请有代表性的创业人物和有关方面的领导、专家，围绕如何创业交流经验、畅谈体会、指点迷津，每期谈话类节目最好确定一个主题，并要注意与观众形成互动；谈话类创业节目，也可以以一个创业人物的现场访谈为主，但更要注意与现场内外观众的互动和交流。

上文提到的《我能创未来——中国青年创业行动》栏目，就是一档线上线下、场内场外高度互动的电视活动，是一场致力于联合全社会力量来扶持青年创业的大型公益行动。在现场，创业青年可以提出自己的创业疑问，嘉宾将运用自己的经验、智力为创业青年指点迷津。与此同时，在全国近百所知名高校，还将围绕创业话题组织开展形式多样的辩论会，推动中国的创业浪潮，深入培育中国的创业环境。

《我能创未来——中国青年创业行动》启动后，分为多个阶段循序推进。比如，第一阶段的主题为“创业之魂”，节目组分赴了北京、成都、福州、武汉、沈阳、上海等城市陆续组织多场大型创业英雄盛会，柳传志、牛根生、俞敏洪、马云、刘永好、李彦宏、尹明善、宋立新、周少雄等多位创业先锋应邀通过演讲、辩论等形式为青年讲述自己的创业经历，激励青年为创业而奋斗，帮助青年实现自己的创业梦想。

明星企业家与青年创业者通过电视，第一次实现如此深入的交流与互动。节目之外，《我能创未来——中国青年创业行动》更实实在在地在一定范围内掀起创业热潮。电视沟通企业与社会的功能，在这档节目中得到集中体现。与此同时，此栏目也为这一类的沟通贡献了诸多可资借鉴的宝典。

二 求职创业、真人秀类电视节目现状及其对策

在类似《致富经》等电视直播、转播手段中，邀请嘉宾在演播室进行即时点评、分析是其中极其重要和出彩的一环。这种现在已成为国内大型直播活动的常规模式——特约电视嘉宾制度，可以说为创业明星与电视媒体亲密接触提供了一个固定平台，标榜的是一种创业明星、励志宝典、娱乐的组合方式，伴随各省级卫星电视台的发展，创业明星与电视媒体的固定的合作平台搭建起来了，陆续出现了不少电视创业栏目，求职创业真人秀节目扎堆儿荧屏成为一大风景。这类节目的现状如何？又存在哪些亟待改进的问题？如何化解这些难题？笔者分析如下。

一是求职创业真人秀节目扎堆儿竞争激烈。一般来说，对参加创业节目的选手素质要求高，他们不仅要怀揣某项技能和特殊才艺，还要具备一定的资金实力和创业准备。央视财经频道 2006 年创办的《赢在中国》，2008 年停播后直到现在还留给很多电视观众深刻印象。上海卫视 2009 年推出的《谁来一起午餐》，选手经过选拔有机会获得与知名企业高管共进午餐的机会。东方卫视 2009 年推出一档名为《我为创业狂》的节目，每期有六位选手角逐百万创业资金。2011 年 10 月央视数字证券资讯频道推出的创投真人秀节目《给你一个亿》，有好商业点子的创意者可以挑战现场五位企业家，在 30 分钟内说服投资家，现场可以签署投资意向书。2011 年国庆长假期间央视财经频道推出创意财经节目《创意中国星》，通过创意人和投资人的场上接触，让一些贴近生活的投资项目获得投资。天津卫视 2015 年 8 月开播了《老板是怎样炼成的》。还有央视七套《阳光大道》2012 年全新改版为帮助农民工创业圆梦的节目，公益性非常突出，每期由六位爱心企业家组成圆梦团，和三名有理想、有能力、有创业规划的农民工双向选择，穿插创业成功人士、创业指导老师和媒体名人、心理分析师等组成的观察团进行各种测

试及点评。现场通过圆梦团提供的价值120万元的免费创业项目，通过农民工在场上的表现和争取，最后决定这位创业者能否获得一个价值20万元的免费项目投资。

除了各省级卫视策划、播出此类节目外，不少地方频道如山东电视台生活频道以及一些地市级电视台也在制作播出“为求职者找工作，为投资方选人才”的真人秀节目，可见此类节目普及发展的热度。尤其在周五、周六、周日下午至晚上，差不多打开电视就能看到这种求职创业真人秀节目，也说明此类节目的收视竞争之激烈。

纵观这些电视节目，之所以能够迅速走红，除了电视节目自身的精心策划以外，更多的是电视节目的自身影响，满足了观众的生活需求，从而实现了人气的聚拢。节目的现场中语言是主要的构成，通过嘉宾在节目中的针锋相对给观众更强烈的冲击力。这样的舞台为大众营造了更广阔的表现空间，也更容易被大众喜欢和接受，很好地体现了节目的生命力。

二是求职创业真人秀节目备受争议的问题。节目的品质决定着节目在观众中的声誉和市场发展空间，求职创业真人秀节目的传播内容在不同的平台上能否得到大众认可，关键在于传播的理念和表达的内容。认真剖析此类节目目前存在的问题不难发现，在被观众津津乐道之后也有很多的争议，比如对娱乐性和专业性的质疑，还有个别节目在真实性和服务性上也受到质疑。如果要实现此类节目的良性发展，创作者们需要认真思考解答好这类节目必须面对的几个问题：通过各种方式展示的内容是为了娱乐大众还是服务大众？要用什么样的叙事方式和真情感动观众？如何体现节目内容的专业性和真实性？

首先说节目的娱乐性。娱乐性是节目吸引观众、提高收视率的一大“法宝”。但是，片面追求收视率等短期经济利益容易导致节目媚俗、低俗，这是不少节目的一大硬伤。求职类真人秀栏目《非你莫属》从发生海归男“晕倒门”事件之后一直处于舆论的风口浪尖。有名人号召抵制观看，有相关嘉宾吵得不可开交，还有不少媒体点名批判。这不仅显示了该节目缺乏人文关怀，更集中凸显了一些社会问题，如在泛娱乐的社会氛围下媒体人应该担负什么样的责任、坚守什么样的主流文化态度和宣扬什么样的价值观？

如何在“服务类”的外衣下制造合适的娱乐性呢？一些求职类节目加大了特殊职位设置的比重。以江苏卫视《脱颖而出》为例，职业设置不仅有明星工作室、嫣然基金会管理员等，还有高端育儿保姆和整体形象设计师。模特队长、美女保镖、高端保姆等职位在一定程度上增加了职位的丰富性，但不能是为了猎奇和制造话题。在节目的策划中，特殊职位所占的比重需要权衡，职位设置追求专业技能型和趣味性兼得非常重要而且必要。不少此类节目都有选手才艺表演的环节，甚至找一些特别的、有特色的选手来博取收视率。因此，选手通过什么样的叙事方式来体现个人魅力、赢得支持非常关键。

其次，如何把“支持创业、就业”落到实处是这类节目面临的考验。很多节目在播出一段时间后都“无疾而终”；关于求职、创业成功的比例，不少观众提出疑问：这样的电视节目，真能给选手帮助吗？这类节目需要稳定的投资来源。上文中提到的《创业行》栏目的起落就是此类情况的印证，社会现实与电视上的呈现有落差，这是目前该类节目的主要问题。要实现节目的长远发展，除了节目内容被观众欣赏之外，能够帮助青年创业者和求职者提升能力，长远地、真实地帮助他们提供机会和实现他们的梦想才是硬道理。

这里有成功的案例，比如上文提及的《阳光大道》栏目，坚守为农民工创业服务的公益性，定期跟踪免费项目落实情况，已制作播出回访成功签约选手的特别节目。特别节目真实再现了选手在舞台上签约之后与企业家的合作情况：有的已经正式开门营业，如“好想你”红枣专卖项目、“晓芹海参”专卖项目、“中农春雨”早熟苹果种植以及茶叶专卖、安防项目等；有的选手正在寻找合适的开店地址，接受公司的培训等，如“龟博士”汽车美容等；当然也有的选手因为一些原因主动放弃了最初的选择，企业家也给其帮扶了其他项目，如“高丽王朝”牛排酱汤火锅等。这样的回访节目体现了节目的真实性、专业性，体现了栏目真诚帮助农民工的态度，也突出节目的功能性、公益性，展现出媒体和爱心企业的社会责任感。

三是化解求职创业真人秀节目困境的建议。一个好的电视节目不仅要服务于大众，更要立足于大众。求职创业类真人秀节目的导演不是老板也不是创业者，求职和创业工作的实践经验不足，是提高他们所办栏目品质的不利因素，宏观经济形势的变化也会给他们办好栏目提出更多的挑战。因此，要取得这类栏目的长盛不衰，必须保证所办节目的品质。节目的品质尤其是节目的专业性和服务性，决定着节目在市场和观众中间声誉和发展的空间。如何在保证“真善美”的基础上、保证对弱势群体尊重的前提下，丰富节目的内容，让观众喜欢看、愿意看，并积极参与这样的节目，服务性、公益性和娱乐性并重，依旧需要创作者在节目的实践中不断创新，对此笔者有如下建议。

首先，参加节目的主体要优化并给予相应培训。中国社会科学院世界传媒研究中心秘书长冷淞对该类节目的选手提出了“三才理论”，认为选手的招募在经过一定的考核之后，应择取有看点的三类人才参加，分别为“天才”、“怪才”、“蠢才”。在这三类人才中，“天才”诠释高度，“怪才”彰显广度，“蠢才”提升受众的情感记忆。在电视嘉宾的选择上，节目组可以多邀请一些不同性质的企业，对企业的产品品质不仅要严格把关，同时要求每一位企业家都带着爱心、公益之心、真诚之心走上舞台。这样既给求职者、创业者更多的选择，也能让更多的企业家在电视上找到适合自己企业的优秀人才。

参加节目的主要人物确定、沟通、培训之后，在每一关每一个人的内容设计上可以遵循三条：事件标题化、标题话题化、话题传播化。为了节目能取得很好的收视效果，编导需要对节目的每一个环节进行设计与布置，对每一个选手的人生经历进行挖掘，对选手在舞台上的现场表现进行编创。挖掘、编创原则是力求达到该事件能够用什么样的标题来概括，确定嘉宾们用什么样的话题探讨来完成，而此类话题探讨最好能让更多的公众参与进来，这种设计要让观众感觉真实且感动。真人秀节目的内核就在于“真”，选手的选择与情节的设置都是为了营造选手们真实表现自己的过程，在这个过程中，选手们的心理活动与行为举止相对本真地表现出来，从而产生所谓的戏剧性、冲突性的效果。整个节目过程应让观众感到双向选择很有悬念，对话题的探讨惊讶、惊奇，相信结果能让人感到很满意。参加节目的选手在舞台上得到人文关怀、在节目的互动中有所收益，既可以使选手今后的就业、创业素质有所提高，也可以提高节目的美誉度。

其次，主持人的专业素养要不断提高。一个好的栏目，主持人很关键，因为他们是节目现场把控全局的核心人物，我们不能要求所有的主持人都学富五车知识渊博，但最好具备一定的社会阅历和深厚的专业知识，否则他们将难以驾驭复杂多变的现场。主持人首先应该是节目气氛的驾驭者，他要利用自身特有的机智幽默调动现场气氛；还应该是节目深度的挖掘者，他要利用自己的智慧观照全场，力争使全场嘉宾之间形成观点碰撞，然后再做出理性、客观的分析与总结；也应该是参加节目选手的支持者，在他们缺乏支撑时给一些支持，缺乏勇气时给一点力量；更应该是充满人生智慧的智者，能够随时给予选手建议或人生忠告。

再次，对节目的内容和形式要不断创新，差异化竞争。只有差异化才能不同于其他同类节目，也不会给观众造成审美疲劳，才有可能成为行业的领先者。虽然任何比赛的规则都会有瑕疵，但是对每一个选手来讲，也许节目的瑕疵就是对他致命的伤害。节目创作者一定要趋利避害，调研受众对于节目的看法，及时进行科学调整。

复次，注重营销策划与推广。要通过特色节目进行品牌营销、品牌推广。在营销渠道方面，针对招募和选拔选手这一环节，栏目组可以和专业的人力资源公司、品牌管理咨询公司、传媒文化公司等广泛合作，吸引更多爱心企业参与到节目中来，使节目拥有更多的企业资源。同时，注重使用传统媒体与新媒体相结合的方式加强对节目的宣传，尤其要注重与网络媒体等新媒体的合作，并进行高端资源整合，为节目储备各项宣传媒体资源，通过更多、更大的平台扩大节目的影响力。此外，一定要与新媒体融合，利用好微博、论坛以及微信、飞信等新兴媒体传播方式，比如开通网上报名专区、短信报名等，使求职者多一个参加节目找工作的途径，多一个寻找好项目的途径，同时也有助于打造节目的影响力。

最后，定期做好回访和反馈工作。一期节目的时间一般是一个小时左右，求职者、创业者即使与爱心企业牵手成功，后续的合作也将有多种情况出现。因此，只有跟踪整个项目的后期进展并给予报道，才能保证效果。比如某个选手或者某些项目有很好的市场前景，投资人决定追加投资，或者是出现了几家投资人争先给予资金支持的情况，这些可以通过后续小片的形式呈现。还可以将以往应聘成功的选手目前的状况制作成专辑，并制作成追访节目，在周末、季度末、节假日进行回访特别报道，给观众一种真实的感受，提高节目的可信度和知名度。

综上可见，现在国内电视媒体求职创业栏目众多，这些栏目为创业者搭建了非常好的创业资讯平台，极大地满足了创业者的资讯需求。我们一方面是希望求职创业类节目要紧跟社会热点，做有社会责任感的节目，主创团队应该重视节目的新闻价值、社会价值甚于生产价值，要根据节目的专业性需要去接受培训、学习，并向专家请教，让节目的专业性、真实性、服务性不断提升。在节目创作中要注重体现媒体的核心价值、展现媒体的社会责任、倡导积极的人生导向、传播良好的社会风尚，不仅要体现电视媒体人的职业素养和职业能力，更要体现出媒体的社会责任感、使命感。只有这样，才能使节目实现收视率、经济效益和社会效益多重丰收。另一方面，我们也提醒青年创业者要拥有选择、分析、评估、质疑媒体及媒介信息的能力。美国学者艾弗瑞特·丹尼斯（Everette Dennis）认为，如果没有媒介素养，媒介就“如同污染我们的食物和饮用水一样，将要毒害人们的精神”。大众传媒提供的信息并不一定都是真实和有益的，创业者对于信息要批判地甄别、理性地思考。如果对这些信息不加思考不加选择地照单全收，就会处于被动境地，容易被媒体误导，从而造成不可估量的后果。创业者只有学会批判地思考媒介，理性分析、评估大众媒介信息的价值，才能将使用媒介的主动权和自主权牢牢握在自己手中，学会驾驭媒介而不是充当媒介传播主体的“靶子”，才能更好地享用大众传播资源。

三　利益共同体的结成：传媒中心时代电视机制与创业规则的内化

关于传媒中心时代的种种描述，已经得到越来越多人的演绎，但诸多经典的预言式论述大多还是来自以麦克卢汉为代表的技术决定论者。对于这个传媒当道的年代，托马斯·德·曾戈提塔在《中介化》这本书中不厌其烦地带我们浏览了为媒体所充斥的社会的每个角落，揭示媒介是如何改变我们的世界与我们生活的方式的。“它的外延始终是在拓展之中，它的内涵则似乎已经渗透到了生活中的全部细节，甚至是你私生活中最细微的角落……它塑造着你的宇宙观，影响着你对爱、对死亡的全部认知。这个过程本身并不耗费人的任何精力也不需刻意努力，却是一个持续无休止的过程。”①

从媒介的变迁史去考察创业者与传媒的关系，我们可以确认的是：上电视虽不是创业者与传媒的第一次亲密接触，创业者与大众媒介的合作早已有了自己的传统和模式，但这种“传统”随着传媒中心时代的到来而出现了许多新的症候——两者的合作关系并没有消失甚至愈加密切。但以何种方式合作、谁主导这种合作关系和方式，则成为透视传媒中心时代创业者与传媒关系的关键问题。从前面两个问题的阐述中，我们可以确定地得出，从电视时代开始，创业者与大众传媒开始进入全新的合作时期。

（一）电视创业明星登场

“电视创业明星”是对“创业者—电视”合作方式最典型的注解，深谙市场规则和逻辑也是电视创业明星的突出特征之一，因为熟知这套规则和逻辑，他们更容易得到大众媒介的话语权。他们和权力精英、资本精英结盟，构造虚幻的公共意志。其实，与其说他们谙熟市场规则和逻辑，不如说他们谙熟的是媒体的规则和机制，“市场”只是媒介机制中最突出的表现之一。

具体而言，传媒中心时代电视创业明星包含三层含义：第一，他们与大众媒介保持了非常密切的关系，通过大众传媒获得知名度和社会认可；第二，他们往往更了解和熟悉媒介的规则，易获得媒介的青睐从而获得在大众媒介发声的机会；第三，在他们与大众媒介实际的互动关系中，媒介占据着主导地位，他们往往愿意让渡主

① ［美］托马斯·德·曾戈提塔：《中介化》，王珊珊译，上海译文出版社2009年1月版，第27页。

体性以换取在媒介中的生存。不过，不容忽视的是，传媒“象征暴力”已经严重扭曲了双方的关系，创业者在其中如果不能够拥有自由的传播意志，传递独立的思想见解，只是沦为媒体规则主导下的一种电视象征符号，他们上电视成为创业明星的价值就应该被重新审视。

（二）“场”视域中的电视创业明星

“场”是布尔迪厄理论中最具创造性的概念之一，“场”的视角和对“新闻场”与其他“场”的互动分析能为探讨电视知识分子如何产生提供很好的线索。比如，新闻场是怎样通过自身特有的机制也就是传媒机制去维持和强化自身的内部结构的？另外，随着青年创业者越来越多地被动、主动地参与到媒介活动中，传媒机制是怎样在青年创业者身上起调节与形塑的作用的？

在传统的新闻场运作中，媒介机制主要调节场域内的要素（如媒介集团、媒介从业者）及其相互之间的关系。随着社会各场域的相互作用越来越密切、影响程度越来越不可忽视，媒介机制必然会因时代的发展变化、其他场域的介入而发生变化。尤其是随着不同场域的个人、组织参与到新闻场的运作中，媒介机制也必然要调节、约束他们的参与行为。

国内也有学者曾提出过类似的观点，要将现在的电视批评研究置于更宏大的社会背景之下。时统宇就曾多次提出这样的思路：“将诸如生产、消费、商品、交换、资本等经济学的范畴引入电视批评理论，就获得了对电视的更为全面的、科学的认识。”电视批评不应当是一种“纯粹理性批判”，必须考察电视传播、文化生产与市场经济的共谋关系。这种共谋关系也正是不同场域相互作用的结果。

需要进一步追问的是，在其他场与新闻场发生相互作用时，是不是新闻场的运作机制比其他场显得更为强势？为什么来自科学场、文艺场（科技创业、文化创业）的场域与新闻场发生作用时，是新闻场机制在其中起主导作用，而不是创业者所在场域的规则发挥强势的影响作用？在这些场域相互交错的时空里，各类创业者究竟扮演着什么样的角色？为什么在布尔迪厄来看，因拥有着知识资本（科技、艺术）而享有某种光环的青年知识分子创业者，面对拥有政治和经济权力的人，又成了被统治者，是“深受权力和金钱的压迫，是统治阶级中的被统治者”。对于上述问题，我们大致可以做出这样的分析。

首先，经济场、政治场、科学场、文艺场，这些都是会经常和新闻场发生密切交集的场域，新闻场在与来自这些场域的创业者（大部分时候兼具知识分子身份的青年，比如科技创业、文化创业等）相互作用时却表现出不同的情形。经济与政治对于媒体的巨大影响，无论是在理论还是实践中，都是不言自明的。在我国现有的传媒体制下，“事业编制企业运作”这种尴尬的身份正是我国媒体在政治与经济的压力夹缝中求生存的最好说明。比如，以央视为首的各省卫星电视台的末位淘汰制，原本是企业员工绩效考评的一种方式。这种标准化、模式化的考核方式是经济领域商品生产的典型规则，却在“社会的麦当劳化”[①] 过程中成为媒体经营的法则，而收视率、广告额这些媒体的生命指标无一不是经济法则向新闻场的渗透结果。

其次，就像一对矛盾中存在主要方面和次要方面，事物的性质主要是由取得支配地位的矛盾的主要方面所规定，不同场域之间的相互作用也存在类似的关系。两个场域相互作用时，会形成一个相对强势的场域和一个相对弱势的场域，这时强势场域的规则更大程度上会成为主导力量对另一场域产生影响。当新闻场与来自于科学场、文艺场的创业者相遇时，新闻场处于强势地位，而创业者处于弱势地位；当新闻场与政治场、经济场狭路相逢时，它又变为弱势场域，它的运作机制反而会受到这些场域规则的影响而做出修正和调整。比如新闻理论中的老命题：政治权力对舆论监督的影响，商业法则对新闻专业主义的冲击，这些难题在某种程度上都可以看作是新闻场法则遭遇强势场域法则的强行篡改。

---

① 社会的麦当劳化来自美国学者乔治·李茨尔《社会的麦当劳化》，指的是社会的各行各业学习麦当劳的成功经验，在效率、可计算性、可预测性和控制等方面做足文章。参见赵勇《大众媒介与文化变迁——中国当代媒介文化的散点透视》，北京大学出版社2010年1月版，第310页。

（三）传媒机制与青年知识分子型创业者

通过以上对于来自各种场域的电视创业明星及其出场背景的分析，我们不难得出这样的认识：一方面是传媒本身的影响力和强势作用越来越大，由此促使传媒的“象征暴力”愈演愈烈；而另一方面是科技与文艺场域青年创业者的自我去势和对于媒介制度的顺从和维护，以致主体性削弱甚至丧失。传媒中心的实质集中体现为传媒的机制与规则，正是这一套机制与规则主导着目前的众多文化生产领域，同时注解着创业者与传媒的全新关系。

纵览荧屏不难发现，媒介的机制与规则对其生产发生不可忽视的影响作用，人们重复地被相似的发财故事吸引，甚至有了固定的模式：失业（下岗）+贷款+投资失败+国家扶持=收益。

“媒介化”是后现代社会的典型特征之一，社会中的物质、文化和知识生产都体现出媒介化的特征。它的典型表现就是“文化的生产和接受愈加依赖于媒介，以至于必定要通过媒介才能进行，而媒介的特点也深入到文化的内涵之中，成为文化的一部分”。这里，最值得关注的是媒介的机制与规则渗透到文化的生产与接受中，成为身处其中的创业者不得不接受的“契约”。媒介的规则甚至会成为创业中唯一重要的因素，创业者的产品到底怎么样似乎并不重要，重要的是创业者怎么能够在电视媒介上侃侃而谈，如何在媒介的煽动、包装和大肆渲染下一举成名。很多后来昙花一现的“创业项目”似乎提醒人们：在这个缤纷世界中，媒体拥有至高无上的权力。

四　电视特性与创业故事的讲述模式

达拉斯·斯迈思在《论受众商品及其劳动》一书中从传播政治经济学的角度研究受众，认为受众是媒介打包出售给广告商的商品。莫斯可进一步解释了媒介产品的商品化包括两个过程，即内容的商品化和受众的商品化。内容的商品化指的是媒介中涉及的信息被转化为可以在市场出售的商品的过程；受众的商品化指的是大众媒介通过内容商品化来吸引受众，广告商为获得受众的注意力而付钱给媒体，受众于是被移交给广告商的过程。在媒介—受众—广告商构成的这个三角关系中，受众处于核心地位。①

当创业者参与到这个关系中时，他的位置以及他和媒介、受众又是什么关系？

（一）商品属性“篡改”的创业经历

首先，从根本上说，无论创业者创造了多么巨大的财富，他在电视上讲述他的创业故事，也和一般电视节目一样，必须遵循用收视率作为交换砝码赢得经济利益、由电视人全程策划主导这些基本的电视法则。创业者不过是参与了这个电视商品生产的一个环节，只是在这个商品营销过程中，创业者被包装成为营销亮点，必须迎合受众的喜好去讲述发财故事。也就是说，在这个电视商品的庞大生产过程中，创业者不过是其中的一个环节，节目的设计、导向、控制权力都并不掌握在他手中。他们面对电视受众之前，都要接受栏目组“培训”、“引导”，比如讲什么、什么经历会受欢迎，怎么讲、怎样的叙述方式会提高收视率。培训合格了，才能开始讲。如果用商品生产和销售的环节来解释创业者在电视栏目中的作用，这时的创业者更多的是在扮演一个执行生产者和一个具有包装和营销效应的销售亮点而已，其创业者的身份仅是提高商品品牌效应和进行营销的有效手段。

其次，作为文化科技的知识和作为消费品的知识。同样是我们的一些青年创业者在传播知识产品，但作为科学、文艺范畴的知识和作为消费品的知识，它们的含义与评价标准是完全不一样的。比如作为高科技范畴的知识，追求的是真理价值，其判断标准在于权威性、正确性；而作为消费品的知识是商品属性下文化工业的产物，是为满足受众的需求而存在的，评判其好坏的标准则完全取决于受众的遥控器，即受众在消费此商品时的满足程度和接受程度。这也是我们在上文讨论过的“赢者输”现象出现的根本原因，赢的是作为消费品的知识传播得到了受众的青睐，输的则是作为科学技术范畴内的知识传播并未能在学术水平上得到认可。

① ［加］达拉斯·斯迈思：《论受众商品及其劳动》，参见［英］纽博尔德编《媒介研究的进程：经典文献读本》，汪凯、刘晓红译，新华出版社 2004 年版，第 273—285 页。

正如阿多诺所揭示的那样："它（作为商品的科技文化工业产物）的质的规定性的构成已经发生了重大变化——交换价值取代了使用价值，原来支撑着商品的双维结构变成了单维，科技、文化商品因此被抽去了所指（使用价值）而变成了没有实际意义指涉的空洞能指。"其实，在很多创业栏目的初期，商品性属性还不甚明显，其传播知识（早期多为农业推广）、构建文化价值的追求也在节目制作中较为鲜明。随着收视率的压力与生存的无奈，节目制作者逐步意识到：即使讲究文化品位的节目使用价值再高，也不能在受众那里获得相应的交换价值。相当数量的创业栏目几经选择定位、摇摆不定的过程，逐步走向文化商品生产转换的过程。而这种偷梁换柱之术之所以能被消费者欣然接受，一方面是消费者本人的拜物主义倾向与文化商品制造的拜物效果形成了一种同构关系，另一方面也是因为文化工业制造了一种使用价值已经支付给消费者的幻觉（比如可以借文化产品消遣、娱乐、放松、获取致富路径等），而就在这种假象与幻觉中，创业栏目的交换逻辑与其追求的赤裸裸的赢利动机被隐藏在深不可测的黑暗中，变得不为人察觉了。

（二）瞬间快乐的娱乐法则

近年来关于电视的娱乐化、低俗化研究一直是一个热点，青年创业节目的娱乐化倾向也颇受研究者关注。娱乐的本质颇接近于于丹口中的快乐哲学，那就是让人愉悦。娱乐和快乐哲学为什么能在这个时代大行其道，深得人心呢？究其原因，有时代环境的变迁和个人喜好的差异，也有我们不能忽视的娱乐的"本体价值"。正如有学者所说，在当今市场经济的环境中，人们的兴趣、观点以及利益诉求各异，那么剩下的最大共同点是什么，答案便是"娱乐"。作为大众传媒的知识商品，生产者深知，受众的需求是决定其生存的关键要素，而分析受众的需求，一贯被认为是休闲活动的"看电视"，其中娱乐的成分一定高于获取创业经验等其他需求。

这里，先讨论创业经验传播与电视接受形式的悖论。相信每一位创业者，即便他的创业对象和领域不是高科技或者文艺领域，他的成功也有着自己特定的过程和规律性经验，这决定了单纯的创业经验传播应具有高度的科学性和规范性，它需要注意力的集中、思维的调动和延续。但是人们看电视的行为属于休闲娱乐活动，这个过程往往充满了各种干扰，常常被广告、电话、门铃、杂事或其他一些事情中断，或者整个过程都在饭桌和聊天中进行，这种信息传递的环境显然够不上真正的创业经验传递的要求。于是，创业经验的逻辑要求、科学规范都不是创业类电视节目能遵循的法则，相反，它要遵循的是绝然相反的“瞬间原则”。所谓“瞬间原则”，可以概括为三层含义：“一是强调时间的压缩，而不是延伸，借助仪式化的瞬间，夺人眼球，使人在直接的情感体验中感觉它、嗅到它，并经历其中；二是在意义层面上消解深度，通过富有感官刺激的离奇怪异的表演，使观众在‘瞬间’中领略饱和的娱乐；三是凸现当下价值，在娱乐观赏中获得快适和满足。”①

在这样的“瞬间原则”要求下，观众的收视行为完全成为一种感官娱乐的满足而非思维的延续。往往在很多创业栏目收视排行榜的背后，是一套严密运行的娱乐规则，有专业的收视调查公司的收视率调查作为依据，按照受众要求选拔、改造嘉宾，选择演讲主题、方式，已经演变成一场全民参与、娱乐全民的娱乐节目，栏目制作人恨不能让一部分原来看娱乐节目的人放弃娱乐节目来看创业节目。

把创业节目当作另外一种娱乐节目来看，并且超过那些娱乐节目的效果，你说是好事还是坏事？答案虽然还需商榷，但时代发展至今，创业节目的娱乐本质已不再遮遮掩掩，早已成为生产者与消费者的某种默契。

（三）电视创业明星走向公共空间的悖论

“公共空间”这个概念是德国思想家哈贝马斯发展起来的，他这样阐述：“公共空间”首先意指我们社会生活中能够形成舆论的一个领域。“公共空间”原则上对所有公民开放。它的一部分是在日常对话中建构起来的，其中“私”人走到一起组成一个“公”。②在这个阐释中，“公共空间”和社会中的各种“私领域”或者“扩

---

① 徐国源：《娱乐节目与快乐哲学》，《国际新闻界》2009年第3期。

② Jurgen Habermas, "The Public Sphere", in Steven Seidman (ed.), *Jurgen Habermas on Society and Politics: A Reader*, Boston: Beacon Press, 1989, p. 231.

大的私领域”已经有了明确的界限，有两个关键点强调了这个空间的基本特性：其一，这些公共空间的建立基础在于一个具有相当民主程度的“公民社会”，这些公共空间对这个公民社会中的所有公民开放；其二，自由、平等、理性地进行意见交流是这些空间的基本要素，这种“对政治事务进行公开、理性和批判性讨论的实践制度化”，后来被哈贝马斯在一种更为宽泛的意义上定义为“沟通行动”。在他看来，公共空间的重要性就在于它作为一种社会整合模式的潜在功能。可以说，公共空间的建构对于民主进程、体制改革等普遍发展都有着不可忽视的作用。

大众传媒一直被视为公共空间的典型领域，根据哈贝马斯的经典论述：“所谓公共领域，我们首先意指我们的社会生活中的一个领域，某种接近于公众舆论的东西能够在其中形成。向所有公民开放这一点得到了保障。……也就是说，对于涉及公众利益的事务有聚会、结社的自由和发表意见的自由。在一个大型公共团体中，这种交流需要特殊的手段来传递信息并影响信息接收者。今天，报纸、杂志、广播和电视就是公共领域的媒介。”① 人们通过媒体了解和分享信息、观点及这个世界发生的种种变动，同时形成各种意见和评论交汇的“公共论坛”。正如许纪霖所言：“现代传媒不仅控制了知识的传播与消费，而且生产与再生产现代社会的公共舆论，而后者正是公共权力的合法性来源。”② 在这种情况下，青年创业者与传媒的亲密合作，本身就可以看作是创业者积极介入公共空间的一种尝试。或者说，青年创业者借由传媒顺利进入公共空间、实现公共价值，是完全符合逻辑的。

不过，更多的学者还是对于青年创业者参与、介入电视传媒心存疑虑，认为他们利用大众传媒为己所用的可能性要远远小于被电视操控的可能性。探究原因，“体制”是背后作祟的关键因素。青

① Habermas, Jurgen, 1997 (1964), “The Public Sphere”, in Peter Golding and Graham, p. 1160. 转引自展江《哈贝马斯的“公共领域”理论与传媒》，《中国青年政治学院学报》2002年第3期。

② 许纪霖主编：《公共空间的知识分子》，江苏人民出版社2007年6月第1版，第17页。

年创业者从印刷媒介一路走来，历经与大众传媒的磨合期、蜜月期，也正是传媒体制乃至整个社会专业分工不断发展、健全的过程，传媒体制的强势作用越来突出，并深刻地改变了传媒与创业者的互动形态。可以说，体制化的社会一定程度上是造成当下相当数量知识型创业者在现代社会中独立话语缺失和公共性削弱的原因之一。但是，从目前以大学生为主体的青年创业群体参与构建文化公共空间的角度来看，青年创业者又唯有与大众传媒保持良性互动，赢得自我的生存空间，进而影响传媒，才能实现传媒公共空间的改善。换言之，只有将体制的进程和青年创业者的未来走向置于一种发展性的现实语境中进行思考，这一问题的提出才有更多的实际意义。

当我们审视电视创业明星在被强大的传媒体制塑造，而逐渐丧失独立思想传递，并日益具有娱乐性，流于“调侃和常识”，并没有构筑起一个真正理性、可以自由交流的公共空间的同时，也要客观分析他们走向电视传媒过程中所带来的积极效应，并且不可否认，他们确实找到了一种与大众亲密接触的方式。至于这种方式有多少可以修正的地方，以后可以慢慢讨论，这或许也正是布尔迪厄想表达而未见阐发的真实思想：青年创业者在条件合理的情况下有上电视讲话的责任。

基于以上分析，我们不难发现，青年创业者，特别是大学生创业群体，“如何上电视”或者说“如何实现更好的、更广泛的媒体互动”这个问题之于目前的中国社会，仍是一个值得讨论的问题。正如陈平原先生所言：当客卿而不是雇员，保持若即若离的态度，也许是他们介入大众传媒时宜采取的姿态。只是如何拿捏这其中的进退分寸，却是有待我们进一步讨论的问题。

第三章

汇入网络：青年创业者的“虚拟乐园”

新的媒介改造着世界，将我们带入了一个高智能的社会。其中，网络技术带来的社会变革，更是空前的，它使得前现代社会思想中心的重心不断下移，由精英独霸的格局转变为平民大众的参与和自我成全。与此同时，许多问题也接踵而来。网络新媒介虽然繁殖扩展了传播空间，推动了社会和文化的衍变，但它在本质上并不会改变人类的精神指征。相反，由于网络的出现，它所裂变出的各种社会文化现象及“问题”，仍植根于现实的矛盾纠集之中，有待我们用历史的“法则”去追问和探究。而对于青年创业者来说，虽然网络较之于报刊、电视少了直接制度性束缚，似乎提供了一个更为直接地面向公众从事创业经验传播的无形的空间，但近年来的网络传播状况表明，由青年创业者构筑的网络空间似乎也没有达到理想之境。或许，网络正是这样一个小径交叉的空间，必须借历史的法眼，才能避免因驻足于这个风景无限的歧路花园而感到茫然和彷徨。

第一节　网络：寻找另类空间

从媒体的发展角度看，网络具有更利于公共空间建构的潜力。尽管目前网络作为一个开放空间，因兼纳了各种言论与声音，存在大量缺乏思想理性而纯粹是谩骂、灌水等言论，而且，此番鱼龙混杂的“意见公开市场”也并不完全是哈贝马斯理想中的理性沟通的平台，但从长远看，论坛、博客、微博、微信这些网络平台相比起电视媒体，确实是一个更利于自由表达和观点交锋的地方。一方面，青年创业者，特别是大学生创业群体在其中建立的价值取向、评价标准和意见导向，对“净化”网络这个公共空间起着重要的作用；另一方面，网络所带来的中国公共空间的进一步扩大和发展也将为更多青年创业者提供更多、更宽容的与媒体互动的环境。这不仅仅体现在网络这个空间内部，也间接影响到其他传统媒体，而这种影响则必然带来媒体与青年创业者的互动形式、对话姿态等多方面的积极变化。

曾预言媒介技术必将改变世界的传播学大师哈罗德·伊尼斯，基于媒介越来越成为文化的中心这一趋势，早就深刻指出：“技术是整个文化结构的动因和塑造力量。一种新媒介的长处，将导致一种新文明的产生。”① 哈罗德·伊尼斯的预见似乎没有落空，互联网技术已将人类推向了一个新阶段，数字革命对空间、权力、政治和文化带来的解放，已经改变了人类社会的文化结构，导致了“一种新文明的产生”。

一　网络自由与创业者“自我身份”的再度焦灼

对“自由”的追求，是内在于“人”的本质属性的。关于“自由”，马克思有两句精辟的名言：“对人来说只有体现自由的东西才是好的。”② “人以一种全面的方式，也就是说，作为一个完整的人，占有自己的全面的本质……按人的含义来理解的受动，是人的一种自我享受。”③ 马克思试图表明，“自由”是体现“自己的本质”的东西，只有适应人性需求的“受动”，才不至于因丧失宝贵的自由而被剥夺那种“自我享受”。

但是，在人的生存与社会活动中，由于各种社会规则和习俗的制约，“个体”与“制度”、“自我”与“规范”常处于尖锐对立状

① ［加］哈罗德·伊尼斯：《传播的偏向》，何道宽译，中国人民大学出版社 2003 年版，第 5 页。

② 《马克思恩格斯全集》第 1 卷，人民出版社 1956 年版，第 67 页。

③ 《马克思恩格斯全集》第 42 卷，人民出版社 1979 年版，第 123—124 页。

态，“自由”经常会变成特别稀缺的要素。例如，在现实社会中，人们在心理体验呈现二元结构，即身处“体制”而向往“江湖”、跻身“圈内”却流连“民间”、遵从“法则”又寻求“超越”……这其实都与个人在现实社会“受动”过程中的“自由”缺失有关，这种内含于人的文化尴尬和焦虑，相当程度上影响着历史的书写。

对于“自由”的追求，在媒介的视域内也有充分的展现。在传统媒体如报纸、电视中，公众的表达自由是缺失的。格雷姆·伯顿曾指出，那些以公告体验为主导的媒体，特别是电视，很少给观众说话的机会，而且“即便公众获得了说话的机会，他们也要受制于由电视台指定的各种条条框框”。由此他认为：“公众通过媒体进入公共领域——至少是接触到它的机会既不是自由的，也不是有保证的。”[①] 大众传播，尤其是网络的发展和普及，为公众表达的“自由”提供了机会。由于网络媒体入门条件的降低，媒体对公众参与的限制也最为困难，因此它为网民“主体性”所留下的空间也是最大的。《寻找另类空间——网络与生存》一书把人们从网络中感觉和体验到的自由归纳为：进出网络的自由、选择身份角色的自由、发表言论的自由、与人交往的自由、选择信息的自由。[②] 媒体“垄断性”的打破，使网络空间中的“谁说”得到空前解放。网络形成了一种新的文化体制，其精神内涵就是建立在平等基础上的“自由”，不仅是表达的自由，而且是自由的表达。

自由，其实来自于人们对“自我”失落的恐惧。网络自由的自我体验，其基础是“自我”身份的确证和建构。根据法国心理分析家雅克·拉康关于自我结构的阐述：在现实社会中，自我在本质上是异化的，且呈现为“分裂的自我”，所谓自我原是一个社会文化的想象性建构。而米德则强调，“主我”（I）和“客我”（me）对建构“完整的自我”处于同等重要的地位，因而自我的建构必须在与他人的交往中完成。由此来看，对于网络而言，公众的身份建构

① ［英］格雷姆·伯顿：《媒体与社会：批判的视角》，史安斌译，清华大学出版社2007年版，第99—100页。

② 巫汉祥：《寻找另类空间——网络与生存》，厦门大学出版社2000年版，第17—20页。

就不仅是指“自我表达”，还包括与他人的交往，以及对反馈的渴望。正如一项对青少年通过网络进行身份建构的研究表明，50%的参加网络聊天的青少年“积极地”通过网络进行“自我身份试验”，而他们试验的动机之一，正是“通过观察他人的反应来发现并建构自我”。作家余华在博客中回复网友的帖子时，也有类似的表述：“在生活中，我只和熟悉的人打交道；在博客上，我开始学会和陌生人交往。网络让我们坐在了一起，虽然我们互不相识。”显然，网络对于整合“分裂的自我”提供了一个机遇。

传播媒介的演化，通常有两个推动力量：“一是满足渴望和幻想，二是弥补失去的东西。”① 媒介的每一次延伸，一定程度上都与建构“完整的自我”有关。以博客为例，与BBS论坛和网络聊天室中瞬间偶然的自我展示相比，博客呈现的则是相对丰富和完整的自我，这也正是拉康所论述的“整合分裂的自我”。方兴东在谈到博客对于建构自主、独立和完整的“自我”的意义时，有一段动情的回顾和论述：“每一个人都可以成为博客。未来，博客就是网民，网民就是博客。就像日常生活一样，博客是一个人体现自己和表达自己的方式之一。”“现在，我第一次可以真正成为我自己文章的‘主人’，这种自由对一个酷爱写作的人来说，简直太可贵了，比任何东西都重要。所以，最简单直接的收获，就是我不需要再怕别人封杀，不需要完全看别人的脸色写作和发展。”② 这种对发表“自主性”的追求，其实就是对“完整的自我”的追求，可以说，这种意识同样深深地植根于很多知识分子的“傲骨”中，成为他们追求人格自由、独立的努力的重要组成部分。

作为“自我展示”理论的提出者，戈尔曼在《日常生化中的自我展示》一文中认为，网络交往为个体提供了“自我展示”的机会，使之能够更多地表现自己，抒发感想，而不用把精力放在察言观色、揣摩心思上，如此便能健全人的“自我意识”。国内研究也

① ［美］保罗·莱文森：《数字麦克卢汉》，何道宽译，社会科学文献出版社2001年版，第8页。

② 金兼斌：《博客——个人网络出版的理想、现实与未来》，《新闻与传播研究》2004年第4期。

表明，在人们写作博客、微博时，有自主发表的欲望满足、个人自我实现的需要和自我形象的提升等三种主要的情感需求，更有一部分人已经体现出一种塑造自己“意见领袖”形象的建构需求。[①]

但需要追问的是，网络空间中的“自我”建构和展示，是不是已达到理想之境？或者说，在这个虚拟空间中建立的“自己的世界”，在许多人称之为“我的世界”、“我的地盘”的地方，就可以“我的地盘我做主”，于是我可以很疯狂、很自由，“想说就说、想骂就骂”？网络传播中提供的“自我”展示，其极端便有可能导致无约束的个人化。学者徐国源在《构建网络的“绿色”空间》一文中提出“个人化”有可能导致网络的“荒漠化”问题，认为：互联网技术的重要特点，是它的传输模式不再是中央控制式的，而是分布式的。这是技术发展带来的传播模式变革。由此带来的个性化“网络生存”也呈现出异样景观，如“一对一”、“一对多”、“多对多”的传播在互联网上并行不悖，聊天室代替了观众热线，视频点播代替了听众点播，BBS互联网技术导致每个人都可以低成本进入传播业……似乎尼葛洛庞帝的著名预言——网络技术终将实现“每个人都可以办一个没有执照的电视台”，已经触手可及。现在有网友认为：“你的（微博，下同）粉丝超过了100，你就是一本内刊；超过1 000，你就是个布告栏；超过1万，你就是一本杂志；超过10万，你就是一份都市报；超过100万，你就是一份全国性报纸；超过1 000万，你就是电视台。”但是，正如以牺牲“个人化”为代价的大众传播会导致眼球的荒漠化一样，听任个人化无节制地发展，也可能导致另一种更可怕的荒漠化。有识之士已经在惊呼：这种荒漠化已在互联网上初现端倪。随便进入一个聊天室，就会惊异地感叹：人们的语言、情感怎么会贫乏到如此程度？正如一位哲学家指出的，当人没有丰富内心世界来支配其行为时，自由会迅速地蜕变为任性妄为。个人自由的重要性永远不能勾销社群、教化、认同感的重要性，个人的心智、情感如果没有一种“必要的张力”，

---

① 金兼斌：《博客——个人网络出版的理想、现实与未来》，《新闻与传播研究》2004年第4期。

个人就会变成毫无个性的个体。[①] 互联网上绝对的“个人化”，完全可能导致“致命的自由”问题。网络时代的“无政府在线”（Anarchy Online）、权威的失落以及传统价值观念的颠覆，其实不可能造就一种新的文明，相反，却有可能使文明在技术高歌猛进的表象下惊人地退化。

在这种以“自我展示”为特征的网络传播话语现象中，公众人物的话语往往受到特别关注，不仅网站常常把他们的博客、微博加上“名人”、加上“V”的特殊标签，而且喜欢将他们的言论置顶、置首页、换上更引人注目的标题，各种媒介也热衷于对这些公众人物的言论进行多次传播，共同推动其成为舆论热点。2010年可以称为“微博年”，是年岁末，由上海滑稽明星、娱乐英雄周立波引发的一场“口水战”恰恰可以看作是近年来微博兴盛的年终盘点总结。据媒体报道，不知何故，这位上海娱乐英雄将枪口对准了互联网和网民，在其新浪微博（2010年11月21日）上语出惊人，发表了一番宏论：“网络是一个泄‘私粪’的地方，当‘私粪’达到一定量的时候，就会变成‘公粪’，那么，网络也就是实际意义上的公共厕所！”“政府若将网络民意当真，实是一种‘自宫’行为了！”这些宏论一出，自然让网民不平，几千条滔滔怒骂随之而来，最直接的后果，两天下来，“海派清口”周立波因为这两条微博，失去了20万的粉丝。一位大学老师谢勇24日在《新京报》发表评论文章《周立波没有风格，只剩腔调》，此文针对周立波“网络公厕说”，指责周立波的这些言论“过分精明”：“当年周立波在关栋天辅佐下横空出世，究其原因，除了他的腔调，实际上更在于他对于上海风骨的某种显现……过分精明的周立波审时度势，完成了华丽转身，走向电视……没有风骨只有腔调的周立波究竟还能走多远，实在是要打个问号。”24日下午，周立波立刻在微博上指名道姓回应谢勇。“您的才气，我可不敢恭维了，因为您的理解力、洞察力尚属萌动期。您知道吗？我所抨击的绝不是主流网民，是那种开口骂娘、闭口喊娘的无良网络贱民！”接下来周立波余怒未消，

① 鲁枢元主编：《精神生态与生态精神》，南方出版社2002年版，第129页。

继续怒骂部分网友：“网上骂娘的那些非主流贱民，在现实中就是天天被人骂娘的可怜虫！我同情你们！我就是上帝为你们打开的那扇窗，向我开炮！尽情地骂吧！只要你们开心我就放心了！”他甚至一对一地和好几个网友对骂。有人看不下去，提醒周立波身为公众人物，一举一动都是示范，周立波为自己辩解：“名人难道不是人吗？谁敢骂我我就骂他，谁敢揍我我就揍他……我又不是人民币，不可能做到人人喜欢！”从 24 日 14：00 吵到 19：00，周立波终于气平，有网友留言打趣：“周同学让我想起了星爷电影中的吵架王。”不过 25 日凌晨起，周立波又开始一条一条发微博，回击网友对于自己言论的“反击”和“谩骂”。连续两天，一系列敏感的“对骂”在网友和周立波之间“你来我往”。针对在电视节目里、博客微博中一些公众人物“语不惊人死不休”，甚至“脱下西装”与网友爆粗对骂的行为，2010 年 12 月 10 日《人民日报》社论版发表了一组社评进行了批评。在这组社评中，暨南大学新闻与传播学院教授范以锦指出：“在网络时代，网络舆论比传统传播手段放得开，但也并非可以为所欲为。我们喜欢网络的宽松环境，作为有影响力的公众人物要身体力行维护好这种良好环境，而不是将其恶化。这里不排除某些公众人物，原有的资源用完了，底气没有了，不甘寂寞，却又不愿花真功夫积聚力量。或许，还真有人想利用公众人物的话语权谋取一己之私。”[①] 名人以言求名，发言者故作惊人之语，以简单夸张极端的方式表达意见，于是隔三岔五地放出“雷”语，实际上已把作为名人符号的“自我”推向了低俗炒作之路。

更值得警惕的是，网络世界呈现的自我在后现代文化的影响下，逐渐滋生、蜕变为“娱乐的自我”，而回避了比娱乐更切己、更重要的公共世界。有些学者注意到，即便是一些在娱乐世界极具反抗性的所谓“新新人类”，其中绝大多数同样是在现实世界非常听话、很能够适应现实的“聪敏人”。如此，所谓网络对自我的建

① 人民日报组评：《公众人物如何用好话语权》，《人民日报》2010 年 12 月 10 日第 6 版。

构，结果却是导致了一种分裂人格的产生。一个人如果在公共政治世界不作为，对不合理的现实又无奈而忍受，却在消费娱乐世界寻求自我的释放，并把它作为自我的全部、自由的全部，那么这样的自由是可疑的，这样的个性和自我也是扭曲的。“生活在一个政治权利、公民权利还有待不断扩大的社会，我们应该首先争取这种公民权利，而不是一味沉浸在个人娱乐的世界，沉浸在虚幻的自由、自我表现中。因为人们在这样的环境中时间长了，可能会把娱乐当成人生的全部，所谓‘我乐故我在’就是这种心理的典型反映。”①因此，网络自由建构自我的功能，如果不是往思想“深度”方面拓展，往精神“高度”方面提升，那么这种“致命的自由”却完全有可能导致自我的“异化”和自戕。

在这样的背景下，我们的青年创业者，尤其是大学生创业者中很多是靠着自己的勤奋努力拼搏辛苦工作，依托其所学的专业形成创业企业的核心竞争力，然后吸引风投、天使基金等商业资本来运作。但是到了网络媒介中，为了吸引大多数人的眼球，现在大学生创业似乎就被媒体炒作成了女卖面膜男淘宝的格局，给人的感觉就是只要我想了办法筹集到资金很快就会成为大学生富翁，感觉成功就是唾手可得的，甚至他们的网络媒介形象成了被消费的娱乐形象，让大学生身份本身的内涵彻底丢失，让创业者们感受到“自我身份”的再度焦灼。

二　传媒制度弱化与公共法则兴起

媒介技术的每一次发展，都浸透着人类渴望突破自身交流困境的努力。这种困境，一部分是专业化的传媒“制度”造成的，因为“传媒的特征之一就是，其本身不仅具有不同的用途，而且还带有强烈的情感和偏见……它通过‘制度化’而演变为‘传媒权力’，将权威、统治和服从强加给别人”②。传媒通过传播话语与影像，为读者、听众和观众提供了议程，他们以此从事规定的活动，界定认

① 陶东风：《去精英化时代的大众娱乐文化》，《学术月刊》2009年第5期。

② ［法］雪米·里埃菲尔：《传媒是什么》，刘昶译，中国传媒大学出版社2009年版，第1—5页。

知的范畴，即便是一些读者和观众根据所处的环境及社会地位，能以相对宽泛的架构方式进行解读，但人们对问题的看法和观点，总是会受到新闻传播实践者和专业人士的“示范”而受其影响。要言之，传媒制度形成的“隐形权力”，使人们成为传媒信息的接受者（受众），公众则处于被分割的状态，各种社会舆论彼此孤立，根本无法实现人们自由交流与对话的渴望。

另外，在传统媒体时代，由于媒介资源的稀缺，且主要被少数精英分子把持和垄断，真正能够在媒体上公开发表作品、从事社会意义上的文学和文化生产的人是非常有限的。普通人很少有发表和出版的机会，更枉谈“舞文弄墨”的高雅追求。方兴东曾表述过这种缺憾：“我写了6年来没有进入一个媒体，没有自己可以完全做主的‘地盘’，每一篇文章出来都得为发表而发愁。”[①] 这种由现存传媒体制造成的“窘态”，根本无法满足人们发乎本真的在纯朴状态中创造知识的动机：好奇心、交流的欲望、发展自己和赢得尊重的欲望、自由发表思想的渴望、自我实现的需要，等等。要言之，在传统媒体制度的束缚下，人们发表观点的自由和进行交流对话的渴望都是受到制约的：个人的“完整性”无法得到体现，公共性的舆论空间当然也无法真正呈现。

50年前，麦克卢汉基于“媒介无罪”的辩护，以及预见到技术革新将带来“人的能力和感官的延伸”的判断，指出未来几十年，传媒的变革“会把这个行星改变为一种艺术形式。此间的新人在超时空的宇宙和谐中连在一起。他们会用官能去拥抱和塑造这个地球的各个方面，仿佛把它当成是一件艺术品”[②]。网络媒体和自媒体的发展，似乎印证了麦克卢汉理想中“自由的交响”的令人激动的景观。如今，新媒介正以每周7天、每天24小时运转的方式，以其迅捷、率真、无保留、富于思想而奇怪的方式提供无拘无束的言论。

网络的出现和发展，打破了传播机构和精英分子对于媒介的垄

---

① 方兴东：《博客和传统媒体的竞争、共生、问题及对策》，《现代传播》2004年第2期。

② ［加］麦克卢汉：《麦克卢汉精粹》，何道宽译，南京大学出版社2001年版，第403页。

断，也削弱了权力身份对媒介公共领域的控制，至少是极大地提高了控制的难度。网络是最自由、最容易获得的媒介，没有编辑把关，没有一二三审，发表的门槛几乎不存在；同时，网络还打破了专业化和精英化的传播体制，因而它为网民主体性所留下的空间也是最大的，于是它也成为草根文化表达的重要展示窗口。以文学为例，在过去的文化体制中，文学是属于专业作家、编辑、评论家的事情，他们创作、发表、评论，津津有味，却不知不觉离“普通人”越来越远，难免也因“曲高和寡”而无人喝彩。网络文学的崛起，从另一面拨正了文学“贵族化”的轨辙，其更重要的意义于它“使文学重回民间”。网络写手李寻欢认为，如果说新文化运动解决了文学之于民众的“文字壁垒”问题，那么，网络则解决了文学之于民众的“通道壁垒”的问题。榕树下文学网站的主编朱威廉也说：“Internet 的无限延伸使天地更为广阔。没有了印刷、纸张的烦琐，逃过了出版社、层层限制，无数人执起了笔，一篇源自平凡人手下的文章可以瞬间走入千家万户。”①

网络将传统媒介的体制打破，向所有人敞开便利性，几乎没有人否定其积极性，而引起争议的是，我国的普通网民有没有建构起契合网络的“精神基础”，达到与社会价值观和文化观相契合的要求。在日常生活中，自我作为人格的“行政机构”，控制和统辖着本我，并且为了人格的利益与外部世界进行交流往来，以满足人格的长远需要。但是由于网络写作的匿名性，一个人在现实中不敢说、不能说、不便说的话，却可以在网络的虚拟现实中畅所欲言。2000 年，作家莫言上网不久就有了如下感受：“短短的上网经验使我体会到，人一上网，马上就变得厚颜无耻，马上就变得胆大包天。我之所以答应在育龙网上开专栏，就是要借助网络厚颜无耻地吹捧自己，就是要借助网络胆大包天地批评别人。”② 这即便是愤激之词，却也在一定程度上道出了当下网络写作的真相。“人人都是编辑，人人制造垃圾”，喧嚣尘上的谩骂，以及通过网名的掩护，

① 陶东风：《去精英化时代的大众娱乐文化》，《学术月刊》2009 年第 5 期。

② 莫言：《我为什么要给网络写文章》，载《莫言散文》，浙江文艺出版社 2000 年版，第 152 页。

让自己的“本我”登场亮相，似乎都从反面印证了我国的网民还需要一定的文化和价值观念上的培育，以及一系列法规和价值评估体系的重新调整和检讨。

在网络世界，多样性比较多，服从性比较少，足以使人从传统社会的千篇一律、异化和非人性化中解脱出来；网络空间是一个自由、开放、多元的论说现场，它有可能使哈贝马斯主张的无曲解沟通所需要的“理想说话情境”得以展开。但需要看到的是，网络在虚构了“众生平等，人人说话”的神话的同时，其现实的能指性依然是充满悖论的境域。且不说写作者本身就有“乌合之众”的嫌疑，况且这个网络“大集市”呈现的众语喧哗的状况，在某种程度上还解构了具有正面意味的“公众”的合法性。哈贝马斯在《公共空间的结构转型》这部极具影响力的著作中，把“公共空间”界定为一个面向实际和解的非强制性交谈领域。同时他也指明，一个社会建构公共空间的前提是，深化“启蒙运动的任务”，重建一个可能由理性占据主导地位的公共空间，这里所强调的不是现实实践中常见的工具理性，而是代表着最优秀的民主传统的批评理性。① 换言之，哈贝马斯的“公共空间”突出了“理性”和“民主传统”这两个关键点。那么人们就有理由提出质疑，在现实的微博、博客群体中，或者说由各类博主构成的公共空间中，由谁来构成？怎样构成？有哪些种类的人在这个空间交流资讯？这个空间构成什么样的公共社区？当微博、博客上一再以“辱骂”和“攻击”侵犯别人的人格尊严和名誉权的时候，人们对这个“便利工具”自然会提出缺乏理性精神和民主操练的批评。

在人类社会中，“自由”与“规则”其实是一个“共生体”，两者始终处于趋向平衡的历史循环之中。因而面对网络，我们还可以追问，微博、博客时代的到来有没有改变人类的基本法则？如果说，是托夫勒预言并勾勒了信息时代的宏观视野，是尼葛洛庞帝宣告和描绘了资讯时代的到来，那么现在我们需要做的，就是要为我

① ［美］马克·波斯特：《网络民主：互联网的公共空间》，《问题》2003 年第 2 期。

们生存的资讯时代重新发现（而不是指定）真正的公共法则。

博客、微博会带来人类根本无法想象的世界吗？答案是：尽管博客、微博新世界，确实超出了人们的想象，显得那样怪异诱人和千姿百态，尽管言论的殿堂是那样自由而敞开，但一些古老法则其实仍然在起作用。是的，在网络公共世界，人人都能发言、什么都能发表，但到最后，这样的空间便不会有人过多在意。当人人都能发言时，人们倾听的将依然是那些“值得倾听的对象”。

门槛重重的文化权威建制时，有时人们会过分触目于它的禁锢，却没有想到，权威体系几乎是必然的。山村的民歌手，即使在完全自然的、没有权威重压的条件下，依然会形成优选的局面：最受拥戴的是闻名四乡的名歌手，歌唱之于他是艺术，之于其他人，只是娱乐和享受——虽然人人都可以唱。① 同样，即便现代传播环境已今非昔比，但有一些公共法则却是改变不了的，即尽管从技术上讲，网络博客、微博等可以实现人人发言，但它最后形成的，依然会是优选出的发言。

三 网络传播与青年创业理论生产转型

2015 年以来，在中国“互联网+”和“大众创业、万众创新”日益深入人心时，不得不说，你正在经历一个伟大的时代。作为精英创业的群体之一，高校毕业生的创业总是最吸睛的。在此，笔者承接第一章，就青年创业问题研究中的建构主义理论继续展开，建构主义理论否定青年创业是有一劳永逸的模型、路线存在的，强调相关的理论均是一种语言文化的建构，强调这种建构是一个具体的文化事件而不是抽象的理论演绎。作为一个具体的文化事件，必然要受到建构者个体因素、社会、文化和历史因素的制约，因此，建构主义视角下的“青年创业”不同于“创业”，它是一个内涵逐步稳定起来的概念。也就是说，使得“青年创业”内涵逐步取得共识的前提条件是转型期的中国逐步趋于稳定的文化规范和社会制度。

从社会生活的大视野，并结合建构主义视角来看当前的青年创

① 李皖：《整体的碎片和碎片的整体》，《读书》2000 年第 11 期。

业实践，笔者认为，可以划分为前创业、（显）创业和后创业阶段。“前创业”，指的是创业主体有目的性的能力积累和内心建构，比如参加创业培训、创新计划等，这是创业的必要准备，这可以看作一个积蓄、沉淀的过程。因为某一次创业的动机，可能是被某一外因所诱发，而一次创业全过程的循环，仅仅依靠诱因是远远不够的，它离不开创业能力、创培能力和创业经验这些“内因”，甚至离不开创业主体的个性、创业基础等“基因”。这些内因和基因，都不是在创业动机被点燃的时候瞬间发生的，而是早已埋下了的“种子”，并逐渐萌芽和成长起来的，这些“种子”的形成方式复杂多样，是创业实践行为得以真正开展的前提，而且，“前创业”的资源越丰富，创业过程就越顺利。“（显）创业”，即进入实质性的创业实践阶段，包括具体计划的运作等，具有比较明显的、外在的与外部世界互动的痕迹，相对创业主体，这一环节是真正的自我实现的阶段。“后创业”，指的是创业失败后的经验总结，或者赢利后的经验总结、售后反馈等，有助于调整和矫正创业实践行为。这三个环节的互动，相互连接，相互发生影响，具有一定的完整性、开放性，成为一个自给自足的系统，三者之间各自具有相对的独立性，各自具有吸收、凝聚、创化的可能性，可以随机获得补充、调整和变化，又互为因果，相互推动呈正比关系，甚至按加速度进行能量的聚集和运转，环环相连、步步积累、层层延伸，源源不断向前滚动，使创业的“生命链”无限地延续下去，具有相对和谐的特点。

“三环互动”描绘了国内青年创业实践循环往复地向前发展的动态过程，具体而言，就是指从创业能力、创新能力、创富能力和创培能力四个方面全面推进国内青年创业实践力的提高，使得目前国内以大学生为代表和重要组成的青年创业行为成为一个完整的、动态的，但又相对稳定的社会文化行为。这一方面反证了本书第一章提及的建构主义理论视角的合理性；另一方面也进一步说明了伴随大众媒介日新月异的发展，国内青年创业实践行为的内涵日益丰富，创业理论由单线的思路转型为复杂的循环理论。

这一点上，前文提到的江苏盐城工学院已经开始尝试并实践，基于“三环互动”思维的创新创业族群已经颇具规模，全校近200

个大学生创新创业团队的创业事迹和该校的创新创业育人模式的实践成果先后被《人民日报》、中央电视台、《光明日报》、《中国教育报》等国家级媒体，以及《新华日报》、《盐阜大众报》等地方主流媒体深度报道50多次。其中，《新华日报》2版的头条还以“校园创客，梦想在春风里起航”为题报道了该校多筹并举引导学生创新创业的工作实绩，刚好验证了“三环互动”创业育人模式取得的实效。

一是有了创业基因，职业生涯将终身受益。在校园大学生创业一条街转一圈，笔者手里多了十几张名片：与非门电子科技、苏宁易购服务站、校园淘客……“校园老板们”很低调，都没在名字后面缀“总”。大三学生周立超创办的“与非门”做电脑生意，今年线上平台开始运营，年利润近30万元。由于价格比校外便宜，技术过硬，服务也好，“通吃”了校园。这还不够，小周看好附近亭湖区政府的电脑维修业务。上门多次，对方看是学生，不乐意洽谈。小周说，不过那边电脑老坏，他们几次主动上门服务，终于“拿下”。在小周隔壁的“苹果体验中心”，头脑灵活的石奇鑫是一个“新奇”人物：2011年，高中毕业的他边复读，边创业，在南京销售电子产品，掘得第一桶金。2012年考入工学院不久，他注册了“奇鑫电子科技”公司。不仅在工学院，在盐城师范学院他也开店，但“胃口”还是填不满，2015年又注册了奇鑫汽车公司。他与许多4S店、金融单位都有合作。他认为，现在不指望同学买车，只做宣传。同学毕业后一定会买车，只要想起他，生意就成了一半。去年小石卖了奔驰、奥迪、保时捷各一辆，销售收入200万元。

二是提升创新能力，要从培养学生的动手能力开始。一堆大大小小、可拆装的主体结构，只十分钟，一间可移动的小型办公室就轻松搞定。这款名为“理想屋”的多功能组合移动空间家具，捧得中国创新设计红星奖，是该校首次获得国内工业设计最高级别奖项。“理想屋”领衔设计者为该校艺术学院的青年教师王瑾，他认为创新能力首先得益于学校对动手实验的重视。这一点在课程设计中体现鲜明，学校要求实验不能低于课程总量的35%，任何一门课，如果实验通不过，就得“鸭蛋”。每个学院都设有学生创新制作实验室，24 小时开放。学校每年还支持 300 多个校级创新项目，学生必须参加，否则无法毕业。学生作品如验收通过，不但可获得几千元甚至上万元的资助，还可计 2 个学分。

2014 年刚从盐工毕业，正在浙江理工大学读研的陈彩红认为，动手实验，让他们由此迈出创新的第一步。2011 年，陈彩红和同学到大丰港码头参观，发现船舶离开时，码头工人要不断重复把缆绳取下的动作，劳动强度大、耗时长。能不能把这个动作变成自动化模式？8 名大学生组成创新小组，反复实验，6 次赴码头实地操作，两年努力，终于让所有缆绳在 3—5 秒内同时脱钩，而对于一艘 60 吨级的普通船只来说，人工解开缆绳至少需 5 分钟。2013 年 10 月，第十三届“挑战杯”全国大学生课外学术科技作品竞赛总决赛开锣，盐工与清华等名校同台竞技，陈彩红小组的作品获一等奖，盐工成为江苏省内二本院校中唯一获得该奖次的学校，这一作品同时还获“交叉创新一等奖”。每一位创新小组成员都是多面手，甚至是全能型的。切割、焊接、打孔、做陶土、喷漆，全部是 DIY。

三是创新创业，既要提供创富的舞台也要施加管理评价的压力。创业一条街有 16 位“学生商”。2013 年，共有 55 个创业项目申请入驻创业一条街，评审通过 16 项。入驻后学校就提供办公条件，还有 3000 元左右的启动扶持资金。2014 年，第二条“创业街”开街，入驻要求更高：所有项目参加学校组织的创业大赛，25 个团队初赛入围，最终只遴选 13 个项目，主要为技术开发的项目。大学科技园是学校设立的创业孵化基地，也是盐城市委、市政府开展的政校扶持大学生创业的“实事工程”。园区为学生提供“项目管理监督、公司注册、导师配备、融资、专利代理”等全方位服务。园区注重把所学专业用起来的项目，引进含金量高的项目，一般项目进不了。科技园入驻企业共 62 家，其中大学生创办 10 家，100 多名学生在这里进行创业实践。目前，园区师生已孵化高新技术项目 87 项。2014 年，学校建成华东地区首屈一指的江苏省模具智能制造工程中心，旨在用工业 4.0 的先进理念拓展大学生的创业教育。驻街入园，虽然学校不收费，但创业者仍然有压力。因为，光给舞台不给压力，创新创业就会流于一场秀。所以，学校非常注重总结青年学生创业成功的经验或失败的教训，并且每年对入驻企业评审一次，经营不善就把门面腾给别人。

从上面的情况可以看出，高等学校不能太功利化，忽视学生正常的学习和实验课程的教学工作，因为它们是提升学生创新能力的根本渠道。清华大学新任副校长施一公认为，在大学学习，尤其是本科的学习，从来就不是为了用。但这并不意味着用不上，因为你无法预测将来，无论是科学发展还是技术革新，你都是无法预测的，这个无法预测永远先发生，你预测出来就不叫创新了。有了创新能力的基础，再加上学校良好的创业文化氛围，青年学生创业的种子就会萌芽，能体验到成功的快乐，就能唤起创业的自觉。可见，大学生创业教育的根本目标不是“企业家速成教育”，而是将创业意识、创业能力和创业心理品质内化为受教育者的内在基因，有了这些基因，未来职业生涯将终身受益。

事实上，大学生创业群体的崛起及其研究，在很大程度上推动了国内青年创业理论的发展，并为国内青年创业理论发展提供了合理性依据。2015 年，凤凰网刊载了由标准排名研究院（www. biaozhun007. com）发布的中国内地高校创新指数排行榜 100 强（见表 3—1）①，其评价的依据为会创业能力、创新能力、创富能力和创培能力，对应的数据指标为“挑战杯”中国大学生创业计划竞赛获奖数、中国专利奖获奖数、培养亿万富豪企业家数和国家级创新创业训练项目数。

数据统计有 317 所高校进入获奖数额名单，标准排名研究院以前三项作为高校创新创业指数的主要构成指标，以创培能力作为辅助指标，以各高校各项数据在全国高校的排名加权得出最终的指数排名，选出了 100 强大学。这 100 所高校就是目前中国最具“创业基因”的大学，也是目前孕育大学生创业者最强的孵化器。想知道你是否带有创业的基因，不如仔细阅读《标准排名：2015 年中国大陆高校创新创业指数排行榜》，找找这 100 强大学中有没有你的母

---

① 谢良兵：《下一个马云是你校友？先看母校有没有上这个榜》（http：//www. biaozhun007. com/lifes/show. php？itemid = 182）。

校。100强名单中，清华大学、浙江大学、华南理工大学、上海交通大学、北京大学、华中科技大学、四川大学、西安交通大学、中山大学、复旦大学位居前十名。这十所大学以理工类大学为主，基本都是中国的一流大学，且均为国家“985”工程院校。

表3—1　**标准排名：2015年中国大陆高校创新创业指数排行榜**　单位：个

排名	学校名称	“挑战杯”创业大赛获奖数	中国专利奖获奖数	培养亿万富豪企业家数	国家级创新创业训练项目数
1	清华大学	22	38	132	101
2	浙江大学	12	14	85	155
3	华南理工大学	13	22	35	130
4	上海交通大学	19	13	34	100
5	北京大学	9	9	125	117
6	华中科技大学	11	5	26	61
7	四川大学	10	6	20	150
8	西安交通大学	10	12	18	135
9	中山大学	9	5	38	127
10	复旦大学	9	3	62	115
11	武汉大学	12	2	45	130
12	南京大学	14	2	30	134
13	东南大学	10	3	21	135
14	吉林大学	12	6	12	300
15	南开大学	7	3	20	130
16	中南大学	5	3	31	141
17	天津大学	5	14	10	130

续表

排名	学校名称	“挑战杯”创业大赛获奖数	中国专利奖获奖数	培养亿万富豪企业家数	国家级创新创业训练项目数
18	中国科技大学	5	6	13	130
19	厦门大学	13	1	27	137
20	重庆大学	7	2	13	129
21	山东大学	19	1	13	134
22	同济大学	13	1	14	130
23	苏州大学	11	2	8	57
24	浙江工业大学	3	11	15	40
25	东北大学	5	2	10	130
26	大连理工大学	4	4	9	150
27	江苏大学	9	3	5	47
28	哈尔滨工业大学	5	1	19	106
29	南京航空航天大学	10	2	4	85
30	北京航空航天大学	6	1	9	127
31	东华大学	9	1	7	85
32	南京理工大学	4	3	5	85
33	北京科技大学	3	2	8	70
34	电子科技大学	3	1	14	200
35	中国人民大学	5	0	44	107
36	北京理工大学	2	2	18	90
37	暨南大学	8	0	15	95
38	湖南大学	2	5	8	120
39	北京师范大学	10	0	9	121

续表

排名	学校名称	“挑战杯”创业大赛获奖数	中国专利奖获奖数	培养亿万富豪企业家数	国家级创新创业训练项目数
40	华东理工大学	6	2	3	80
41	武汉理工大学	6	1	4	100
42	郑州大学	2	2	10	100
43	福州大学	2	2	10	43
44	哈尔滨工程大学	5	2	3	90
45	江南大学	2	4	6	100
46	西北工业大学	3	1	6	130
47	华南农业大学	3	1	6	60
48	华东师范大学	4	0	14	130
49	西南财经大学	4	0	13	70
50	西安电子科技大学	6	0	7	110
51	山东农业大学	3	4	0	101
52	河海大学	3	3	0	85
53	南京林业大学	3	3	0	57
54	南京师范大学	8	0	4	55
55	合肥工业大学	4	0	6	80
56	扬州大学	7	0	4	45
57	北京交通大学	2	1	6	81
58	河南农业大学	5	1	0	48
59	西北农林科技大学	3	2	0	120
60	上海财经大学	4	0	5	85
61	华侨大学	3	0	6	55

续表

排名	学校名称	“挑战杯”创业大赛获奖数	中国专利奖获奖数	培养亿万富豪企业家数	国家级创新创业训练项目数
62	广东工业大学	2	2	3	60
63	福建师范大学	4	0	4	60
64	太原理工大学	2	1	4	15
65	云南大学	2	1	4	12
66	中国海洋大学	6	0	3	135
67	南京农业大学	3	1	0	90
68	石河子大学	3	1	0	85
69	武汉科技大学	3	1	0	18
70	杭州电子科技大学	3	0	4	30
71	中国矿业大学	1	4	4	80
72	北京化工大学	2	2	0	80
73	集美大学	6	0	0	30
74	上海大学	2	0	7	74
75	华中农业大学	5	0	0	112
76	河南大学	2	0	6	80
77	南方医科大学	5	0	0	40
78	重庆医科大学	5	0	0	6
79	济南大学	3	0	3	57
80	安徽工业大学	4	0	0	115
81	中国地质大学（武汉）	4	0	0	100
82	南通大学	4	0	0	52
83	宁波大学	4	0	0	30

续表

排名	学校名称	“挑战杯”创业大赛获奖数	中国专利奖获奖数	培养亿万富豪企业家数	国家级创新创业训练项目数
84	天津师范大学	4	0	0	25
85	杭州师范大学	4	0	0	25
86	华中师范大学	2	0	4	100
87	南京中医药大学	2	0	4	55
88	重庆交通大学	4	0	0	6
89	中南财经政法大学	1	0	13	100
90	西安理工大学	2	1	0	40
91	东北农业大学	2	1	0	21
92	湖南师范大学	2	1	0	15
93	南昌大学	2	0	4	50
94	沈阳工业大学	2	0	4	32
95	温州大学	2	0	4	20
96	西南政法大学	2	0	4	6
97	中国地质大学（北京）	3	0	0	93
98	中国药科大学	3	0	0	85
99	上海中医药大学	3	0	0	60
100	贵州大学	3	0	0	22

除此，100强中只有29所大学为非“211”工程院校，其中浙江工业大学、江苏大学、华南农业大学三所非“211”工程院校更是跻身全国50强。这三所院校原本就实力强劲，其学术水平和综合实力都是当地省属院校中的前三名。以地区分布来看，100强大学分布在全国的23个省份，超过5所大学入榜的有8个省份，其中

江苏有 16 所大学，位居榜首；北京有 10 所；上海有 9 所；湖北有 8 所；浙江和广东各有 6 所；福建和陕西各有 5 所。分布大体与中国经济布局一致。不过，即便你所读的大学入榜，也不意味着你就能创业成功。曾有报道称，大学生创业成功率不足 10%。心理准备不够充分、创业场地限制、融资渠道不顺畅、社会经验不足、缺乏人脉、市场观念较为淡薄等依然是大学生创业的主要瓶颈。

如何解决这些难题？除了需要这 100 强大学的创业教育外，专业的创业孵化平台更为重要。8 月 7 日，太库·北京孵化器全面开放其全球创业生态，这家专注于孵化器运营管理和科技创业企业培育的专业机构，因其与世界创业中心美国硅谷的特殊关联，而吸引了包括大学生在内的众多创业者的关注。目前，中国出现了不少类似太库的机构。太库等孵化器运营管理和科技创业企业培育机构的出现，将在很大程度上解决大学生创业的难题。这些专业机构将为中国版工业 4.0 打造“创业者国度”。标准排名研究院认为，如果类似太库这样的创业孵化专业机构能够与创业型大学合作，从创业教育到创业扶持一条线下来，创新创业必将成为中国在全球竞争中的核心竞争力，全球的创新创业中心或许就会从硅谷移步中国。

2015 年，中国内地的大学毕业生总数高达 749 万人，就业形势的严峻性毋庸置疑。好在自 2014 年开始，中国从上到下出台了各种鼓励创业的政策，涌现了创业潮。智联招聘的数据就显示，2015 年选择创业的大学生比例达到 6.3%，比 2014 年的 3.2%几乎翻倍。可以这么说，中国的大学因应时代的需要，正逐步向“创业型大学”转型。笔者发现，新型的“创业教育”也已受到国际教育界的推崇。与传统教育型大学相比，“创业型大学”更加强调知识的应用和转化、跨学科研究、产学研结合、服务社会经济发展等。

教育部教育发展研究中心高教室主任马陆亭表示，“创业型大学”是创业者的孵化器。教育部传递出来的信息也表明，高校的创业教育及创业成果的转化正在成为评价高校的新指标。马陆亭认为，“创业型大学”是一般水平大学走向高水平大学的一种路径选择。

第二节　青年创业者的网络镜像

20世纪90年代至今，中国当代社会正经历着一场深刻转型。这个转型，伴随全球化、后现代语境，以及网络媒介的崛起，对当代文化的影响几乎是全方位的，在笔者的考察视野内，也牵涉知识传播和文化模式的迁移。本节将把青年创业者还原到历史和现实的语境中，通过对网络传播中展现出来的文化症候的辨析，追踪其衍变轨迹，并分析青年创业者如何在与大众媒介的互动中实现自身转型，以及他们又面临怎样的困境？

一　象牙塔“祛魅”与大学生身份焦虑

因为本书重点分析青年创业，现实社会中大学生又占了青年的大部分，大学生被人们自然归类为知识分子群体，大学就是傲然于世俗之外的象牙塔。“知识分子”的概念，人们习惯于从中国士人传统追溯其血缘谱系，但从现代意义来看，或者从科塞对“知识分子”的定义，即“在其活动中表现出对社会核心价值的强烈关切，他们是希望提供道德标准和维护有意义的通用符号的人”① 来看，中国现代青年知识分子的传统则是在“五四”以后才得以成型。尽管在1949年以后的历史场景的转换过程中，知识分子纠结在政治的旋涡中，成为被改造、受打压的对象，甚至一度斯文扫地，与“臭老九”画上等号，根本无法承担作为“知识分子”的社会职责。但20世纪80年代以后，由于历史语境的转换，“知识分子”重新恢复了自身的文化身份认同，再次承续了自“五四”以来现代知识分子曾担当的“启蒙”角色。他们“特别像‘五四’时期的青年，集合在民主、科学、自由、独立等宽泛而模糊的旗帜下，共

① ［美］刘易斯·科塞：《理念人：一项社会学的考察》，郭方等译，中央编译出版社2001年版，第3页。

同从事先辈未竟的启蒙事业”[①]。可以说，在 20 世纪 80 年代，知识分子以“新启蒙”者的身份镀亮了自家的底色。

但历史的转换是如此迅疾仓促。90 年代以后，由于政治语境的更迭以及商品消费时代的到来，知识分子施展身手的公共空间遭到挤压，以往那种为一本书、一出戏、一个文化事件而“百家争鸣”的文化氛围日渐淡出，青年知识分子阵营也随之急遽离散，出现了像鲁迅当年描述的“有的高升，有的隐退，有的前进”[②] 的群体性分化。更值得注意的则是青年知识分子的集体性动向：青年知识分子的传媒化，相应的，知识分子学院化的过程或者说文化传统伴随消费文化和大众传媒的兴起，也暂时终结了。

具体而言，从 20 世纪 90 年代中后期开始，“青年知识分子传媒化”已初见端倪，主要表现在文学艺术领域。这些被张颐武称之为“后知识分子”的文化人和据守经典的知识分子迥然不同，他们中的一部分人崛起于文化边缘处，不再安于传统知识分子“皓首穷经”的宿命，成了职业“新闻人”和大众媒体的掌握者。他们呼应了一种新的文化消费潮流，善于洞察并引导大众的无意识和欲望，根据“俗人的标准”把握大众生活的当下“状态”，提供适合观赏的文化产品。正是由于这股力量在媒体中的安营扎寨，其他一些学院派知识分子也有了施展拳脚的空间，由此，知识分子与传媒的广泛合作，成为一道崭新的风景线。毫无疑问，消费语境下媒体的介入，加速了当代知识分子群体的分化，也使布尔迪厄命名的“电视知识分子”以及后来被泛称的“媒体知识分子”应运而生。

承上，虽然这些知识分子与经济活动、媒介的亲密接触，对他们自己而言，并非严格意义上的创业，相信他们当中大部分人也并不肯承认，他们本职以外的收入，更愿意被公众称为专家咨询费或者讲课费，他们的公开身份也还是体制内通行的职称或者职位。但是，伴随着明星教授、明星专家数量的增多，大众也越来越把他们

---

① 查建英主编：《八十年代：访谈录》，生活·读书·新知三联书店 2006 年版，第 133 页。

② 鲁迅：《自选集》自序，载《鲁迅全集》第 4 卷，人民文学出版社 2005 年版，第 469 页。

当作创富者、企业家，越来越忽略他们在体制里的角色。

媒体与大学、大学生、教授、科研人员的结合，将象牙塔内的精英文化、科研成果注入大众媒体，以致教授、科研人员借由电视等大众媒体成了各大企业的座上宾，这一现象是复杂而多面的。

一方面意味着大学生群体以及科研开发人员和团队顺应了媒体法则，走进商业市场和消费逻辑。大学生、科研人员等介入“媒体”，以上镜率和收视率来获得社会资本，无疑改变了自身的机制认同，扰乱了科技研发、学术自身的游戏规则，也改变了知识、科技自身生产的原有秩序。清华大学新任副校长施一公认为，当一个大学教授有了一个成果，无论是多么基础的发明，只要有应用前景和产业转化的可能，就会有跨国公司蜂拥而来，而不需要自己亲自去创业，因为术业有专攻，大学教授可能只懂基础研究，懂一点教育，但是让他亲自去做企业、办公司、当总裁，就会本末倒置，可能会把他们的才华和智慧用到了错误的地方。人不可能一边做大学教授，一边做公司的管理人员，一边还要管金融。而是应该鼓励科技人员把成果和专利转让给企业，他们以咨询的方式、科学顾问的方式参与就可以了。

另一方面大学生、科研人员等介入“媒体”，其实可以纠正专业技术人员的封闭姿态，扩大他们言说的公共空间，带来更好的社会效应。笔者认为，在价值观念多元化的背景下要辩证地对待知识分子的创业。特别是青年大学生这样的知识分子因其发展前景的多样性，用其跟随大学教授习得的知识是可以创业成功的。比如，南京农业大学食品科技学院的黄明教授在该校旁开了一家“南农大·黄教授”的卤菜店。黄明曾是轰动一时的“教授创业”第一人。早在2009年，黄明便下海创业，将实验室的产品放到南京农业嘉年华上卖，结果大受好评，却也在学校引发了轩然大波。在很多人眼里，大学教授是高级知识分子，有较高的身份地位和鲜亮的“标签”，“教授做生意赚钱是不务正业”。事实上，目前很多学校已经出现了一批师生团队创业的成功案例，这对有志于创业的大学生而言无疑是一件幸事。而且大众传媒打造的创业榜样示范性很强，在身体力行的创业中，教师以上率下，充分发挥了示范带动作用，既有助于促进大学生成为创新创业的生力军，也为培育和催生经济社会发展新动力提供了人才智力支撑。越来越多的教师加入创业队伍中，将会进一步激发学生的创业热情、引领学生创业的发展，同时还会提供大量就业机会、创造极高经济效益、引领行业发展新趋势。在此基础上，高校教师创新创业释放的“倍增效应”，不仅能厚植创业创新文化，激活市场细胞和民间潜能，释放经济社会活力，更能形成示范效应，把身边人的聪明才智调动起来，让创新创业在普罗大众中蔚然成风。

可见，大众传媒一旦与青年创业结合，就会改变青年知识分子创业的本真。青年创业者传媒化将失去对审美、科技文化生产主导权的控制，改变知识、技术生产的“精英”状态，“过去知识是知识，传播是传播，现在传播也是生产，生产也是传播。传播是双向互动，现在再大的精英也愿意跟草根掺合到一块。过去是诸葛亮式的知识生产，现在变成臭皮匠式的”①。来自象牙塔的创业者在媒体上放下身段，取悦大众，以及对创业经历简单抽象为创富、致富经历的“浅思维”解读培植出一种浅薄的文化，“在这种文化里，没有任何东西看起来具有持久的价值，不仅助长了对真理知识的相对主义态度，还形成了一种‘颠倒’的势力，不加批判地批评各种过去所珍视和培养的文化”。其结果是，它既贬低了我们国家勤俭致富、艰苦创业的优秀传统，又贬低了借以构建自身的内在价值，直接导致了青年创业者身份的贬值，自我去势趋向日渐明显。

如果说 90 年代大学生涉足传媒，还只是失去了对于“文化”的控制权，那么随着信息时代的到来，互联网已经渗透到普通大众的工作生活中，手机、电脑、网络的快速发展，在给人们的物质生活带来方便并让生活愈加丰富的同时，也给人们的精神生活产生了一些威胁。尤其是青年人，他们眼界开阔、思想开放、思维活跃，容易适应新形势、接受新事物、面对新挑战，已经习惯从网络上获取信息、学习知识、结交朋友，特别是 2014 年以来，移动通信和

---

① 刘苏里、姜奇平等：《互联网时代的图书、知识以及知识分子》，《社会科学论坛》2008 年第 3 期。

互联网二者紧密结合形成的移动互联网呈现了井喷式发展趋势，便携、智能的手机成为青年人工作、生活、学习、消费、“说话”的重要工具，甚至可以说已经成为他们身体的一部分，这也直接导致了青年创业者自身的身份危机。因为网络的崛起和发展，是与草根大众的迅速扩大地盘相伴随的。网络中不断高涨、弥漫的“民粹主义”，既冲击了正统的“权威”意识形态，也加速了精英知识界地位的衰落。“如果说90年代初、中期人们还习惯于以官方—精英—大众的‘三分天下’或‘三足鼎立’来描述中国的意识形态、文化、政治和经济格局，那么在今天，‘三足’或许依然，‘鼎立’却已不再。大众消费、娱乐文化一头独大，占据了文化地盘的大半壁江山。”[①] 网络是最自由、最易获得信息的媒介，它打破了过去传播机构和精英分子对媒介的垄断，对原有的精英化文学、艺术、科技和体制都构成了巨大的冲击。由于媒介手段的普及，文化、科技的大门几乎向所有人敞开，教授、作家、科学家不再是什么神秘的、具有特殊才能的精英群体，甚至在媒体的丑闻“曝光”和个人隐私的“暴晒”下，这些所谓的知识科技精英早已失去了光环效应。另外，在追求关注度和点击量的媒体眼中，每一条信息都可能成为新闻，但在信息成为新闻的道路上必然接受层层的过滤。随着工业化进程的发展，各种媒体的规模在不断扩大，创办其本身的资金成为第一道过滤。而依靠广告生存的新闻也多少受到商业限制。资金、广告、获取渠道以及意识形态都会无形中影响新闻的选择、报道的方式。甚至在眼球经济的驱使下，“坏新闻就是好新闻，没有新闻才是最糟糕的”，新闻本身的商业化属性在当前的注意力经济下发挥到极致。这样就会带来新闻广告化的后果，从而让青年创业的精英们走下神坛，造成最戏剧性的“祛魅”效果。大学生、文人、科研人员的“身份符号正像解放前的金圆券一样遭遇着通胀和贬值”[②]。于是，大学生的“天之骄子”的身份被祛魅了，科学家、教授也被祛魅了。知识分子群体面临的前所未有的贬值危机，

① 陶东风：《去精英化时代的大众娱乐文化》，《学术月刊》2009年第5期。

② 同上。

必然地更加造成了其中的青年创业群体难以自抑的身份焦虑。一方面，虽有大学生、学者或者科学家“符号”的庇护，或许仍在追求人格独立和精神超越的理想，但学术、科研体制中又何尝不隐藏着商品经济的侵蚀、专业评议的折磨、知识成果转化等事务性纠集和烦累？另一方面，那些已经成为创业明星的一部分人，虽然可以名噪一时，游走于学府和市场、书斋与传媒、讲坛和秀场之间，但由于受制于传媒的逻辑框架而丧失了知识、科研生产的品质和水准。

总之，当代青年知识分子创业面临着学院内外、社会上下等多种“场”的诱惑和夹击，更面临着各种选择的尴尬，而由价值标准、文化机制的改变引发的知识分子身份焦虑，以及试图进行身份转化所展开的“曲折突围”，仍是摆在“祛魅”后的青年知识分子创业过程中的一道难题。

二　网络“民间”：创业理论新的生长点

20 世纪 90 年代以来，我国文化公共空间发生的一个重要事件，就是重新发现“民间”。由于社会情境的巨大变迁，“民间”问题像现代史上经常出现的情况一样再次浮出，人们开始还它以本真的内涵——“民间”又成了历代文人知识分子在《诗经》、竹枝词和冯梦龙采集的歌谣中所发现的那个民间，一个与“庙堂”、“广场”相对立的被诗意化的民间，一个具有独立自足（“民粹主义”）的精神世界、与西方市民社会有着“家族相似”性的特殊概念，成了个性与自由的载体，本原和理想的象征。[①]

更深层地看，民间在“三足鼎立”的文化格局中地位的日益彰显，表明了崛起的大众对精英文化“不满”情绪的蔓延。值得反思的是，过去那些涉及底层的创业叙述，都是以精英的视角呈现的，意在对底层百姓进行启蒙、感化和改造。如此，“从事新文化运动的精英们与底层的关系因此而一直高度紧张，精英们虽然一直满怀启蒙的激情，但同时也一直因关系紧张而严重焦虑”[②]。

---

① 贺桂梅：《批评的增长与危机》，陕西教育出版社 1999 年版，第 242—250 页。

② 万松生：《庶民胜利时代中的现代小说》，《中国社会科学报》2009 年 4 月 28 日。

民粹主义和精英主义看起来不同，但实质上却一直互为镜像。饶有意味的是，“民间”、“精英”两个文化体系之间，虽“趣味”迥异，却时常发生转换。代表精英阶层的大学生、专家经常强调田野调查，从民间吸取活力，甚至有时候，有科学家比如袁隆平可以抛弃自身的高雅平台，甘愿成为农民的代言人。其中原因，可以从象牙塔精英文化、高科技文化自身的发展逻辑得到解释：民间的意义在于它一直纠正着精英科研的方向，避免因袭和模仿造成的千篇一律和重复的状态，启示“科学家”们还有另一种虽不以主流的方式存在，却是科学技术根本的“自然法则”。

深谙此道的创业成功人士很多，比如蒙牛乳业集团创始人，老牛基金会创始人、名誉会长，“全球捐股第一人”的牛根生甭管到哪儿，他都戴一条18元钱的领带，不以为耻反以为荣，因此便以“中国第一抠”自居，并扬言此乃“抠门富豪”牛根生也。牛根生真的那么“抠”到极致吗？否。全国上下比他富有又比他还抠的企业家有的是，但他们不懂“抠”也是一种营销，试问从传播学的角度还有比“抠门富豪”更好记忆的点吗？但凡企业家扬名立万，不是李春平爱上个美利坚亿万富翁老太太，就是牛根生“抠门富豪”却戴着一条小业主的领带。为什么？这恐怕都来源于“狗咬人不是新闻，人咬狗才是新闻”这一道理，在此地它被改编成了：大手大脚挥金如土的人热衷慈善不算什么，“抠门富豪”慈善才算伟大。还有中国前首富刘永行和他的另外三个兄弟为摆脱贫困，变卖手表、自行车筹资1000元人民币，以过人的胆识相继辞去公职到农村创业，从孵鸡、养鹌鹑开始，完成了1000万元的原始积累，并成立了希望集团。虽然后来四兄弟明晰产权，进行资产重组。但是他们依然是以饲料为主业，同时涉足食品、高科技、金融、房地产、生物化工等行业，拥有140多个工厂的全国性集团公司，是国内最大的民营企业之一。可见，他们的企业经营范围还是多与民生相关的。

阿帕杜莱认为，传媒是一种新型的“权力”，同时，它还具有安排社会关系的功能。美国学者李普曼也提出过“议程设置假说”，即受众倾向于关注和思考大众媒体报道的事实，媒体通过设置某些议题来引导受众对议题轻重缓急的考虑。在市场经济体制下，由于传媒的商业性、“收视率原则”隐性地培育出一种遵从大众趣味的价值取向。如此，在整个社会上，带有民间性的大众意识似乎凸显了，精英主义的姿态一再降低，甚至相当数量的青年创业先锋自我去势，变身为娱乐玩家，以求更迅速进入公众共享的空间。当然，他们不可能真的摆脱精英知识分子的审美趣味和话语方式，其自贴的标签只不过是为其迎合大众提供了一个“外衣”而已。

青年知识分子为了创业而接近“民间”，甚至彻底“民间”——卖牛肉粉、烤串成为富翁——的新闻屡见不鲜，他们自身却面临着体制内外的各种困扰。其悖论在于，这些大学生、专家介入媒体，走出象牙塔为百姓服务，其实也只是一厢情愿，因为即使在讨论公共话题的时候，他们所遵循的也不是自己所理解的大众立场，而是受媒体决定的隐蔽的市场逻辑。正如布尔迪厄分析的，媒体制造的“公共性”极容易转化为媒体的专制，因而也就剥夺了这些知识精英“为公众服务”的主体诉求。比如，“上电视的代价，就是要经受一种绝妙的审查，一种自主性的丧失，其原因是多种多样的，其中之一就是主题是强加的，交流环境是强加的，特别是讲话时间也是有限制的，种种限制的条件致使真正意义上的表达几乎不可能。换言之，媒体诸多来自象牙塔的创业故事的传播，其实并不必然切近民间大众，相反由于媒体的显性或隐性的制度操作（如意识形态、商业利益等因素的植入），反而远离了真实的民间。近几年，各路媒体推出的大学生创业明星，比如北大卖猪肉、研究生卖牛肉粉的创业故事在现实中遭遇的各种指责，生动印证了大学生群体变身在底层创业“四面不讨好”的窘态。

不过，网络的出现，似乎正在明显改变青年知识分子的媒体生存状况，包括创业问题。网络作为一个特殊的时空体，极具开放性，又极具包容性。所有的人都可在这里随意来往歇息、交流谈论，这里没有中心，没有制高点，它是中心与边缘的交汇；网络也许被规范化但绝不会体制化，这恰恰是青年创业者介入报刊和电视媒体后所常遭遇之“痛”。当网络被赋予实质性的文化内涵以后，它便已成为“在线沟通国家、知识分子和一般大众生活的一个交互空间”，一个统一完整的世界。[1] 网络的特性，尤其是它所拥有的追求自由、拒绝“制度化”和较强的“平权”意识，似乎敞亮了海德格尔在大地、天空、神圣者、短暂者（即天地神人）的四重性整体中谈论诗意栖居的可能性。这也迎合了大学生创业者试图从仪式化、制度化、理念化和常规化的现实中自我解救，向自然“澄明”存在的民间生活靠拢的整体趋向。

对青年创业者而言，网络具有双重功能，一方面如上文所述，作为大众传播媒介的网络可以瞬时、集中报道其创业的事迹；另一方面，网络已经成为很多创业者的创业平台，具体表现在：相当数量的青年创业者是淘宝网最大的受益者，网络在他们创业的道路上，成为推波助澜的一大推手。他们其中的很大一部分群体是在校大学生，他们从专业体制的院墙走出，涉足大众化的网络。那么，网络成为青年知识分子精英文化、技术转换为生产力的主要阵地，或者个性化创业的第一站点的合理性在哪儿等类似的反思，已经成了许多人思考的严肃问题。换言之，青年知识精英走出圈内，走向网络寻求“创业赞助”，虽别开生面，实际上仍然是一个有待创业环境改善和文化、科技“平民化”实践的场域。

三 国内青年创业者的网络镜像

传媒之为传媒，最根本的特征就是“真实”地想象某种关系，并将其在传媒中塑造出来，进而将此“篡改”了的现实，重构着人们的生产和生活方式。[2] 作为新媒介的网络也是如此。它与人的关系不仅是一种“使用—满足”关系，更重要的是，它还以一种想象方式，建构出新的意识形态和知识生产模式。

网络的鹊起毫无意外地又催生了一大批国内青年创业明星，多以大学生为主，更多的青年创业者加入“网民”行列，一方面必须遵循网络制定的“游戏规则”和公共空间的“气场”习尚，以匹配网络“场”所体现的平民文化的精神气质；另一方面，作为青年知

① 蓝爱国：《赛博广场上的数字民间》，《文艺理论与批评》2004 年第 5 期。

② 张锦华：《传播理论批判》，台湾黎明文化事业公司 1994 年版，第 1 页。

识分子，也必然隐含着对传统的权力地位观念的认识心理的调整问题。一定程度上讲，知识分子的“自我”或“主体”问题，在网络中依然存在，甚至还有加剧的倾向。他们依然会斡旋于大学生、网民和平民这些角色之间，在多元化的社会场域中重构出自身的主体身份。或如霍尔所言：“主体在不同时间获得不同身份，再也不以统一自我为中心了。我们包含相互矛盾的身份认同，力量指向四面八方，因此我们的身份认同总是一个不断变动的过程。”① 如此便可以说，国内大学生群体的身份认同问题，既受制于现实中的资本权利地位，同时也关联着“平民化”网络的逻辑法则。总体来看，目前青年大学生进入网络空间的创业类型，大致有三种情形。

（一）科技创新机会型创业

自大众传媒日益侵蚀或影响知识生产的领域，那个著名的哈姆雷特式的问题“to be or not to be”（“在”或“不在”）几乎就考问着大学生的创业价值观。到底是固守书斋专心治学，还是走出校园、与大众传媒“亲密接触”？看起来这只是个人与媒介的关系问题，而本质上却是一个攸关知识分子、科研人员生存的重大价值观念问题。交给市场且不论大众媒介具有与生俱来的“负面因素”，如布尔迪厄在《关于电视》中开宗明义地断言：“电视通过各种机制，对艺术、文学、科学、哲学、法律等文化生产的诸领域形成了巨大的危险”，“电视对政治生活和民主同样有着不小的危险”。即便按照中国知识分子传统的价值观念（如“板凳甘坐十年冷”的箴言），知识分子与传媒的亲密接触，也是关涉“器用”之辩的大问题，更何况科技专家型知识分子。

如果说在科技专家型知识分子搞好科研、做好学问这一本职工作基础上，政府或市场对依托其科技创新技术帮助其来创业，可能不失为一项明智之举。以江苏省盐城市为例，盐城市委、市政府自2013年起就致力于将盐城建设成为“创业之城”，且不说各项鼓励全民创业的优惠政策，仅从已经连续举办三届的高层次人才创业大

① Stuart Hall, “The Question of Culturalldentity”, in S. Hall, D. Held and T. McCrew, *Moderniy and lts Future*, Cambridge: Polity Press, 1991, p. 277.

赛就可见其对科技创新创业的大力支持。面向全球举办高层次人才创业大赛，是该市坚持走国际化、规模化、高端化引才路线的一个重要载体。2013 年、2014 年两届创业大赛，共吸引来自海内外的 845 名高层次人才（团队）参赛，评选产生了一等奖 6 名、二等奖 10 名、三等奖 20 名、优胜奖 25 名。截至目前，已有 39 人在盐城落户创业，项目注册资金总额达 1.8 亿多元。获奖高层次人才在盐城实施的创业项目，有力带动了一批新技术、新产业、新业态、新模式的运用和发展，正呈现出良好的成长态势，发展前景非常广阔。基于此，盐城市经济转型升级非常成功，2015 年上半年的经济发展总量在江苏这个经济大省跃居第六，可见，依靠科技创新可以为创业提供坚实的基础，科技专家型知识分子成为大众媒介中的创业明星也无可厚非。

承上，就又出现了另外一个问题，即科技创新机会型创业是不是市场需要什么，我们就研制什么，这点也要辩证地对待。2014 年 7 月 14 日新华网报道过一篇《让生活更好一点——“新常态”下的“新业态”观察》文章。文中指出，生活中哪里不方便，哪里就是创业者的灵感所在。比如上班能拼车、在家能看病、一条微信登门洗衣、上门烤全羊……滑动指尖，被称为“网上一代”的我们正享受着来自互联网无微不至的“呵护”。北京阜外心血管病医院心脏外科副主任医师孙宏涛以“让看病像打车一样方便”为宗旨，通过搭建“体制内医生集团”多点行医医师互助平台，创建了一种“不辞职也能创业”的医疗新模式，帮助越来越多的医生敢于跨出体制大门为患者提供更为便利的医疗服务。大三在校生张仕郎的一次“奇葩”配镜遭遇造就了“云视野”。张仕郎之前遇到不良商家打磨镜片修改了瞳距致使他眼睛非常不舒服的经历。他认为，自己配镜的体验“痛点”便是产业的“痛点”，决定用“云视野”这一新的服务模式开始创新创业。即“将传统复杂的验光配镜移动化，直接到家上门验光试戴”。以互联网云平台为依托的“云视野”网络配镜，在短短一年多时间内不仅拥有了两项验光技术专利，更成为创业圈内服务创新的代表。2008 年 6 月，当 25 岁的李强从陕西省中医药大学心理学专业毕业时，李强不愿意轻易放弃自己的专业，开始了独自创业。如今的李强，正和一些合作伙伴共同创办一个中国最大的心理问诊 O2O 平台，力求通过这一平台让更多的中国人得到正确的心理咨询和诊断，享受心理“SPA”。北京天辰云农场有限公司 2014 年推出的集农资电商、农产品定制与交易、农村物流、农技服务及农村金融等为一体的农业互联网高科技综合服务平台，能满足农民种地产前、产中、产后的各项需求“云农场”。另外，作为传统商业地产的行业龙头——SOHO 中国也在积极探索打造移动互联网时代的共享办公空间——SOHO3Q，以适应“互联网+”大潮下新经济业态的办公模式。在这个平台上已经汇集了相当数量的创新型互联网公司，如“饿了么”、“青苹果医疗”等已在行业内崭露头角。潘石屹说，SOHO 中国有两个：一个是“过去的”，它的发展战略、产品定位属于传统的房地产行业；另一个是“全新的”，它保留了过去的 SOHO 中国的创新基因、发展模式、积累资产，但更与新经济业态的发展有关。

可见，为了满足互联网受众日益“任性”的需求，越来越多的创业者开始“挑灯夜战”，每个人的创业汇聚成万众创新，移动互联网正争分夺秒地改造着我们的生产生活方式。

笔者的基本观点是：科技对应创新能力，我们当推崇科技创新，可以根据市场需求决定创业方向，但又不唯科技至上。应该承认，当代的科学技术革命是推动社会迅速发展的主要原动力。科学技术在第二次世界大战后突飞猛进的发展，全世界的社会生产力得到了很大的提高，一些国家，包括某些新兴工业国家的国民生产总值增加了许多倍，充分证明了马克思主义关于“科学技术是第一生产力”的论述。把科学的新发明应用于生产，广泛地采用新技术和新方法，大大地提高了劳动生产率、降低了生产成本，使大规模、低成本的生产体制得以建立，改善了人们的一般物质生活。交通、通信和信息方面许多新发明和新技术的采用和推广，使过去分隔各国和各地区人民的距离大为缩短，有力地促进了国际贸易和人员的交往，各种信息可以便捷地传送到世界每一角落，整个世界成为所谓的“地球村”。更重要的是，包括传媒技术在内的科学技术革命大大地扩充了人类的知识和活动范围，人类知识的积累和更新以空前的加速度进行，无论在宏观知识或微观知识方面都达到了前所未有的深度和广度。

按理说，人类历史上还从来没有像今天这样拥有各种强有力的科技手段和传播技术，应该能创造一个合乎人类理想的幸福社会。但是，迄今为止，科学技术最为发达的西方资本主义国家虽然达到了高度物质文明，却付出了过于沉重的代价，不仅没有创造一个幸福和谐的社会，反而带来了一系列新的严重社会问题。荷兰鹿特丹伊拉斯姆斯（Erasmus）大学哲学教授约斯德穆尔在其专著《命运的驯化———悲剧重生于技术》中指出：“技术的不可控性重新把悲剧的维度引入了我们的文化。”美国科技作家尼古拉斯·卡尔在其作品《浅薄》一书中指出：“所有的信息技术都会带来一种智能伦理。印刷图书让我们进入聚精会神的状态，从而促进深度思维和创造性思维的发展。相比之下，互联网鼓励我们蜻蜓点水般地从多种信息来源中广泛采集碎片化的信息，其伦理规范就是工业主义，这是一套速度至上、效率至上的伦理，也是一套产量最大化、消费最大化的伦理——如此说来，互联网正在按照自己的面目改造我们，我们变得对扫描和略读越来越得心应手，但是我们正在丧失的却是专注能力、沉思能力和反省能力。”美国的《星际穿越》、《终结者：创世纪》，英国的《王牌特工》等影片中也有类似的描述与预测。现实社会中，大规模毁灭性武器的出现，生态环境的破坏，贫富两极分化的进一步加剧，失业的增多。由于人们日益沦为机器的奴隶而造成的异化现象的加剧以及由此产生的精神空虚、道德沦丧、犯罪猖獗和社会风气败坏，等等。所以有人说，科学技术的迅速发展像一把双刃剑，它既为人类社会的健康发展与进步提供无限的可能性，又可能给人类社会带来种种烦恼和灾难。大家觉得现在有了互联网一切都在控制中，其实质却是一切都是被控制的。科学技术本身当然是没有阶级性的，它可以为任何人服务，它对社会发生什么影响、带来什么后果取决于它的价值定向。因此，发展科学技术不仅仅是自然科学和技术的事情，同时也应该是社会科学所研究的课题。科学、技术和社会是紧密相连的，研究和探讨它们之间的相互关系是一门专门的学问，自然也是我们讨论媒介与青年创业问题绕不开的一个重要议题。

青年大学生创业有很多是创办科技创新机会型企业，以工科生为主，甚至还有文科生转战信息安全领域成功创业的案例。比如《中国青年报》以《从“技术宅”到“小李董”》[①] 为题报道盐城工学院电气工程学院 2010 级学生李昕一，盐游网络科技有限公司董事长、总经理。彼时，这位自动化专业的大学生对计算机编程很感兴趣，是同学眼中的编程高手，是个名副其实的“技术宅”。他利用课余时间学习了 VB、C++、ASP、PHP 编程以及 Access 和 MySQL 数据库，通过查阅大量的视频资料学会了基本的网站搭建。在他老师张春富的指导下，设计了“创业之星”软件系统、“创业模拟实训室”、“企业沙盘对抗模拟中心”、“网络创业实验室”，并且尝试开发设计游戏辅助程序、办公 Excel 辅助程序、生活管家之类的小软件。渐渐地，在学校已经小有名气，经常帮助学校一些部门或者学院做网站修改和搭建。在校外，他还帮助运营了几个网站，有本地的门户资讯类网站，也有金融类的资讯网、小游戏网站、电影网等，并且通过广告渠道获得了一些报酬。大四时他研究开发出了国内唯一的客户端返利的软件——“返利精灵”软件，并用之前创业所赚的 10 万元，注册了自己的公司，在学校大学生创业一条街拥有了经营场所。所以校园里熟悉他的老师、同学都管他叫“小李董”。

还有一例，就是苏州科技学院汉语言文学专业的大学生牛越[②]，这位文科学生竟然在 18 岁时，就联合志同道合的朋友瞄准信息安全领域，组建了自己的第一家公司——苏州绿数信息安全科技有限公司。目前该公司互联网制作团队的工程师已经开发完成电脑端和手机端的应用平台，即将进行内测，牛越在数据云恢复的道路上迈出了坚实的一步。文科生会走科技创新机会型创业的道路，主要是因为牛越误把电脑里一些重要资料给删除这件意外事件而引发了创

① 王丽坤、李润文：《从“技术宅”到“小李董”》，《中国青年报》2014 年 5 月 19 日第 09 版。

② 单素鹏：《牛越真牛！苏州科技学院文科生创业年入 642 万》（http：//news. usts. edu. cn/news/news_ view. asp？newsid = 894）。

业念头，从此从文科生转战信息安全领域。而且，牛越逐渐意识到“互联网思维”的重要性。“互联网可以催生很多企业，但也可以让它们倒下，通过互联网渠道，我们能获得更多的客户，可以有更广阔的市场去开拓。”当时，他就萌生了将公司主要发展战略调整至数据“云恢复”的念头。2013 年初，他开始休学创业瞄准数据“云恢复”，休学创业的成效也实实在在反映在公司业绩上。那一年，公司的营业收入 460 万元，同比增长近 200%。2014 年，这个数据又上涨到了 642 万元。而公司在调整战略后所涉足的数据云恢复行业，将直面 360 与百度两大互联网巨头的挑战。

可见，在现阶段中国，因为我们的科学技术水平还不是特别发达，整体创新能力不是很强，所以科技的负面作用尚未有发达国家那样的危害。因此，结合我国发展的实际情况，现阶段，科技发展刻不容缓，依然是时代重要的命题，是打开我国青年创业局面的重要基础。同时，要警惕科技异化。举例而言，我们的青年创业者如果只看到山峦具有成为采石场的价值，森林具有成为木材供应地的价值，为此去研究各种工具如何更快获取这些资源，而完全没有意识到自然的本来价值，只是简单地把人与自然的关系当作开发与被开发的关系，而非共生的关系，这种做法取消了自然的丰富性，也反映出人的认识和实践能力的无限性和有限性之间的矛盾。显然，这个问题推而广之，也就是媒介与青年创业者的关系，即媒介科学技术的发展正是在这些矛盾的运动中展开的，也必须不断地需要人的主观能动性去调节。

（二）启蒙领袖型创业

具体到创业领域，对应创业、创培能力，我们当推崇启蒙行为大张旗鼓地在青年创业领域的展开，有效地推助青年创业领域由布道场转为更具有实际意义的公共领域。对此，我们就更应该首先认识到大众媒介的启蒙精神，也许，有了大众媒介，有了今天的网络技术，我们才真正拥有了让更具有现代性的创业启蒙思想广泛传播的可能性。也就在这个意义上，在网络时代，探讨本书要分析的媒介与青年创业之间的关系问题，才有了特别重要的意义。

“启蒙”之于中国，一直是一个未竟的话题。自“五四”新文化运动为开端，到20世纪80年代以“改革开放”、“现代性”为主题的“第二次启蒙”，以至近年来一些知识分子标榜的“新启蒙”，“启蒙”始终伴随着政治变革、社会转折的每个时期，成为知识分子追求“自由文化精神”的重要内容。进入21世纪以来，市场经济的洪流日益渗透到社会生活的方方面面，影响波及整个社会思想文化的“公共舆论”空间，一些创业者借助网络表达对公共领域的关怀，对现实问题予以深刻透视，已成为当代社会文化领域的重要思潮，只是这一现象被不少研究创业的学者忽视了。

与前面提及的“科技创新机会型创业”的创业者相比，启蒙领袖型创业者由于其言论较多地关涉社会公共领域，引发的社会舆论效应也更为广泛，因而“启蒙”的色彩无疑也更为鲜明。例如，马云、潘石屹，以及前文提及的王石等人，他们的博客、访谈等通常人气聚集，备受关注，追捧者有之，攻讦者也有之。但在笔者看来，他们在网络上引起的激烈争议和思想风暴，却有助于公共议题的深入展开，最终则有可能在一种哈贝马斯所谓的“理性”、“对话”的协商民主氛围中，形成社会的共识，推动思想观念的变化。而且，因为他们展现的大多是青年时期的创业叙事，笔者在此更愿意把他们归类为青年创业典范，或者说，在大众传媒面前，是谁的、什么时期发生的故事不重要，重要的是故事被讲述的时间。换句话说，尽管现在讲述故事的他们已经不年轻了，但是他们是在今天，借助各种大众传媒呈现了自己逐渐脱离不成熟状态的过程，以期引导还处在不成熟阶段的青年创业者。（康德认为：“启蒙就是人类脱离自我招致的不成熟。不成熟就是不经别人的引导就不能运用自己的理智。如果不成熟的原因不在于缺乏理智，而在于不经别人引导就缺乏运用自己理智的决心和勇气，那么这种不成熟就是自我招致的。”）因而，就媒介形象展现而言，他们就是青年创业者，甚至会是永远的青年创业典范。

以潘石屹为例，他是大众传媒关心关注的人物，网络上关于他的乔布斯事件、小三育女、房姐事件、机场打人等事件让他饱受争议，但是他却非常热心公益事业。他与其妻张欣共同创立了SOHO中国基金会，旨在通过资助教育而改变贫困地区的学生和家庭的命运，并大力资助家乡的母校潘集寨学校，还帮助甘肃的一些贫困地区的学校建筑合格的厕所，让当地的青少年养成良好的生活习惯。潘石屹也同时是阿拉善和富平基金的资助人。在为电视剧《平凡的世界》代言参加访谈节目时，他说道：“《平凡的世界》这本书我一共看了七遍，每一次在我人生低潮的时候、碰到困难的时候，觉得这个坎过不去的时候，我就读上一遍《平凡的世界》。”“《平凡的世界》就像一面镜子一样，孙少平、孙少安两个人小时候的经历和我完全一样。”他被称为现实版的“孙少安”，他说：“剧中孙少安最后创业的第一份工作是建砖厂，我就按照孙少安的指引，第一个砖厂建在海南岛文昌，第二个砖厂在海口市秀英区，办了这个砖厂，算是赚了第一笔钱，然后就开始做房地产了。房地产当然也赚钱了，比烧砖赚的钱还要多。”可见，在许多中国人眼里，潘石屹就是一个出身西部贫困地区的年轻人，坚持梦想，展现商业才能与进取精神，抓住中国改革开放的好时机，最终跻身行业前锋的成功案例，成为新一代私营企业的创业先锋，他所推广的将居住与工作合二为一的 SOHO 模式（small office，home office；小型办公，居家办公）也深入人心。《人民日报》（海外版）这样评论过他：“在中国房地产界，潘石屹无疑是个另类。他一次次处于是非的旋涡，一次次不按常理出牌，因此为世人瞩目。不破不立，潘石屹无疑也最具备创新能力，在中国历史上最大规模的城市化进程中，潘石屹的每一个建筑作品都以城市标志性符号引领这个城市的建筑潮流。基于其对商业独到理解，他不单纯追求开发规模和营业额，更注重建筑的长远价值，强调要做中国的、当代的建筑。因此他所开发的每一个项目都在商业上取得空前成功。”

（三）江湖叫卖型创业

叫卖，具体到青年创业领域，对应创富能力，因此，本书的分论点之一是“以财富获取为创业目的，但又不唯财富论”。不知道从什么时候开始，校园里一下子涌出了很多在微信、淘宝旺旺、QQ 上叫卖面膜、衣服等物品的声音，生意做得越好的学生，往往其学生身份就越来越被同学忘记，有人甚至调侃他们就是学院里的江湖派。也许，在现实生活中，“江湖”这个词带有贬义，是另类、低端和少数派的代名词。但是，在网络这个大江湖里，这些叫卖的青年学生往往呈现出与现实生活中特别不一样的一面，言辞煽情，个性张扬，仿佛莫言所言："人一上网，马上就变得厚颜无耻，马上就变得胆大包天。"即便平时沉默寡言的学生，一开淘宝店，似乎就有本事立即融入"狂欢的大多数"人群中，穷尽叫卖吆喝的各种江湖伎俩。

不可否认的是，现在的大部分青年创业者都受过高等教育，或者正在接受高等教育，当他们从学院体制中投身于网络大江湖之后，他们的另类或异端气质，加上他们所拥有的一定程度的专业素质，反倒成全了他们，这部分人往往容易成为淘宝大卖家。比如，《中国青年报》曾以《吉他迷卖吉他，有钱大家赚》① 为题报道过盐城工学院土木工程学院大四学生蒋坤利用互联网这个平台开店创业成功的案例。蒋坤是个音乐迷，对音乐通过什么材质发声问题有浓厚的兴趣。大一下学期的时候，蒋坤和大部分学生一样，每个月拿着父母给的零花钱，对此，他觉得有些过意不去，于是决定自力更生。他考虑再三还是决定从比较熟悉的网络下手。有一次网上一个关系很好的卖家，无意中透露了一把吉他的成本价，再一看报价，蒋坤觉得利润蛮大的。由于没有开实体店的资金，他决定帮一位朋友代销吉他，在朋友帮助下开了一家淘宝店。"我认识了不少音乐爱好者，探讨木材过程中也结交了一些朋友，当我在 QQ 群里告诉他们，我要开一家吉他网店的时候，他们都很支持。"就这样，他和三位伙伴合作开办了一家吉他工厂。现在，蒋坤被同学称为"智跑哥"，因为他用创业所赚的钱给父亲送了一份大礼——一辆价值 20 多万元的"智跑"轿车。

再如，《中国青年报》还以《大学宿舍诞生的"千万富翁"曾两度休学》② 为题，报道了盐城工学院学生陈浩互联网创业的故事。陈浩目前已是一家拥有 80 名员工的上海巨尚电子商务有限公司的

---

① 李润文、李芸：《吉他迷卖吉他，有钱大家赚》，《中国青年报》2012 年 9 月 24 日第 9 版。

② 李超、刘咏、林晓璇：《大学宿舍诞生的"千万富翁"曾两度休学》，《中国青年报》2014 年 12 月 15 日第 09 版。

老板，2013 年营业额达 3000 多万元，大约有 40 万人次穿过他创办的“马奇菲尔”品牌的男装。2014 年 3 月，陈浩以自己的创业项目，在学校组建团队，参加由共青团中央、教育部等部门联合主办的“创青春”全国大学生创业大赛。这次大赛首次设立创业实践项目，全国高校共有 8 个电子商务项目入围决赛，最终陈浩团队获金奖。陈浩为了创业，经历多次失败，曾两度休学。2008 年，他大一，不安分的他在网上发现南方有很多人在做一款手机企业信息的软件，“很冲动，感觉机遇来了就要抓住”。他休学来到广州，投了 10 万元，公司一开始利润不错。后来，公司又“转战”手机终端市场，与深圳的供应商合作开发了一款手机客户端，类似现在的微信，叫作“即通”。但是开发手机软件“烧钱”烧得出人意料，他们的投资很快耗尽。2009 年 6 月，陈浩在团队中第一个选择退出。“其实是我们做早了，要合适的时候做合适的事。”陈浩分析，当时手机市场混乱，使用智能机还不够普遍。后来了解到腾讯公司也是那时候开发跟进技术，一直在等待时机。这次失败，让陈浩认识到真正的创业并不是励志书中描述的“心灵鸡汤”，“创业不是那么简单，这些励志书多写成功的案例，失败的写得很少，让人感觉到‘努力了就有回报’，给人带来误区”。于是他又回到学校做起了“好学生”，每天泡在图书馆，担任英语课代表，功课成绩进步很快，但他的创业激情并未就此熄灭。忍了一个学期，寒假他又开始“捣腾”，帮助做代购。他发现淘宝店上做男装的商机，2010 年初，陈浩在淘宝上注册了名为“丰厚人生”的店铺。从第一张订单开始，陈浩就觉得“时间不够用”。三四个月后，每天的销售额在 800 元，他成为大学里快递最多的人，他进的男装堆积在宿舍里，满屋子都是。他每天要往全国各地发送数百个快递，舍不得买打印机，就只好手写，“有时候手抄得抽筋，实在没办法请来班里的女同学帮忙”。这时候，陈浩决定再次休学，并于 2011 年 1 月成立上海巨尚电子商务有限公司。同年底，他的淘宝店的信誉就已达到 4 个皇冠。2012 年公司销售额 2000 万元，2013 年公司营业额 3000 万元。陈浩非常注重保证衣服的品质，公司专门成立设计团队，同时还要确保款式不被人仿制。他入驻天猫商城，以前竞争的都是一些散兵游勇，现在他与之竞争的都是七匹狼等大品牌。网商“野蛮猖狂”地增长，竞争非常残酷，2011年底，天猫商城的男装卖家不到2000家，2014年上升到1.5万家，公司在天猫商城的排名从原先保持的百强滑至500名外。但是他也有坚守的底线，有很多店铺为了显示销售量，会专门刷单，这是陈浩坚决抵制的。他认为，刷单极大地破坏了良性竞争的土壤。“我是坚持不作弊的。毕竟刷单只能解决一时之快，最终救不了公司。”“不求大而全，只求长而稳。”陈浩说，学生创业最大的好处就是功利性不强。他要求自己稳打稳扎，不求激进，在男装上开拓不同的风格，增加自己的业务，增加市场份额。

青年大学生在网上创业的非常多，还有川师大大二学生，同乡、同班、同寝室好友袁兰和王菊园经营着一家网店卖零食，一个窝在屋里收着网上订单，一个配送着货品，收入非常可观。毕业于浙江林学院工程学院家具设计学院的宋雅丹，在淘宝上开店专门出售自己设计制作的衣服，成为大学生中的大富豪。上面所举的青年创业者们在创业的过程中也是有纠结的，虽然表面看起来他们赚钱了，但是蒋坤坚持自己的考研梦，陈浩休学创业最终又回归校园等。从他们奋斗的轨迹可以看出，网络创业与电视媒介摆在青年创业者面前的“难题”一样，青年创业者，特别是大学生创业者的“网络栖居”也关涉内在的各种价值悖论与身份尴尬。青年创业者作为知识分子这一身份，所肩负的历史使命和社会责任到底是什么？是创新、创富？网络时代，大学生创业者该如何坚守自己的学术理想和操守？诸多问题，仍然有待我们深入思考，同时，也又一次验证了本书论题的学术包容力。

第三节　网络公共性：理论与实践的融通

媒体呈现给我们的到底有多少是真正的创业者，而非实际意义上的“守业者”？又有多少创业先锋、模范其实只是媒体按照媒体规则制造出来的创业明星，他们的创业行为只在媒介空间里存在？

由这种经由大众传媒而制造的创业启蒙运动，能否构成一种新的“公共领域”，这种“公共性”是否可以促进多种创业意见和声音的表达？上述问题，显而易见，值得反省和追问。

目前，伴随着中国高校每年好几百万人的招生，有大学教育背景的青年知识分子已经成为国内创业群体主流力量。预计到2020年，中国的劳动力大军当中将有1.95亿名大学生，而1999年只有4%的中国人进入大学就读。换句话说，创业、创新已经日益成为一种集体无意识，是国家的思维，是大学毕业生的思维。网络是一个新的自由空间，如果对网络不加珍惜，必将导致青年创业群体本身和其影响力的衰落。

一　青年创业公共空间：对立与沟通

20世纪90年代以来，伴随社会文化从“现代”向“后现代”范式的转向，青年创业话语随之出现了“重心迁移”，并分裂出诸多二元对立的“范畴”，如理论/实践、创业/学业、固守象牙塔/面向社会、体制化/自主性、权力/自治、踏实/投机、生存/发展、专业性/商业化……简而言之，在整个创业领域，二元对立的存在，以及中国文化传统中固有的“二元对立”思维凸显了创业空间的分裂状况，从而遏制了对话、沟通与融合机制的萌生。对于这种二元对立的创业现象，布尔迪厄提出的“场域”理论有助于解释创业机制背后的各种状况。“场域”是布尔迪厄“反思社会学”理论中的一个核心概念。在他看来，社会文化可以划分出不同领域，如法律场、学术场、艺术场、科学场等，而不同领域的运作实际上就像物理学意义上的“力场”一样，是由内部和外部的各种“力”的作用构成的。

就国内青年创业场域而言，我们国家创业已经从改革开放初期的机会型创业发展到今天的创新型创业，特别是在大众传媒的刺激下，青年创业群体从不是非常具有推广价值的布道场转化到了初步具有公共性特征的公共领域场。这种转化，很大程度上回应了不少网民以及西方媒体的质疑。比如有网民质疑：“国力不断上扬，但我们得到了什么？”“过去10来年是中国国际地位增长最快的时期，同时也是国内贫富差距扩大、资源环境受破坏最明显的时期”、“继续埋头经济建设以谋求发展，靠经济提升国际地位已难以持续，在国内是如此，在国际上亦然。在国内，国民抱怨的是，有GDP增长但没有公平；在国际上，质疑者的批评是有经济总量但没有一套能够感召他人的理念与价值体系。”青年创业空间的公共领域走向因为具有凸显青年创业的知识分子身份特征以及具有初步的公共关怀的趋向，因而可以看作“感召他人的理念和价值体现”的萌芽阶段。其中，虽然各种因素复杂、纠结，但青年创业场域总的趋向是从国家权力控制的“他治性”场域，朝向寻求自主、立足于“创新性发展”的方向发展，在自1980年以来由张瑞敏、王石、陈欧、马云、潘石屹等形成的带有历史性质的创业偶像的示范性压力下，国内青年创业领域终于形成了所谓的“专业主义运动”，几乎所有高校都建立了大学生创新创业实践平台和项目，但由于历史短暂等局限，学界的诸多相关创业的专业化理论发展路径缓慢，无论是在纵向继承传统还是横向借鉴西方这两个维度上都存在形式大于内容的空洞化和应景性缺陷。

问题的复杂性在于，90年代以来国内创业理论界并不是在“专业主义”重建的一个路向上发展，它同时还受到“国家”、“市场”和“大众传媒”的多种力量的干涉与制约，由此出现了“机会型创富界”、“科技创新界”和“理论创培界”等不同的创业理论生产形态。具体表现为：一方面，国家权力虽然放弃了对创业场域的全面掌控，但仍然要求众多研究机构为国家意识形态的合法性做出论证。这导致青年创业场域，特别是在大学生群体中生成了一个常常被称为“创培界”的次级场域（高校有专门的创业实践和技能培训课程和理论研究机构），比如2011年在清华大学迎来百年校庆之际，它又添了一所新学院——启迪创业学院。学院开设的创业课程，将作为选修课，面向清华在校生开放，同时也接受校外创业者入读。邀请清华大学经管学院教授、创业投资家、创业成功人士登台授课，为在校大学生以及不同层次的创业者提供创业教育。创业课程覆盖从商业计划书写作到如何管理一家企业等创业过程中的每个环节。清华科技园还将为大学生孵化创业项目，帮他们投入真正的“商战”中。清华科技园拿出约600平方米的空间，为大学生创业者提供“保姆式”的全程孵化。清华科技园大学生创业就业实习基地目前已向北京市大学生创业团队开放，首批计划接纳20家大学生创业团队进驻。他们将接受来自创业基地提供的办公场地、种子基金、金融等服务。与其他高校创业基地不同的是，清华科技园还当起“创业保姆”。科技园将聚集清华校友资源，为大学生创业企业搭建人脉网络，帮助他们联系项目、销售产品、争取政策扶持，尽力呵护创业项目。此外，针对海淀区大部分商业银行不提供针对注册资本金10万元以下企业开户服务的现象，清华科技园还将积极联系银行网点为大学生的小企业提供金融服务。另外，还有很多高校、地方政府积极创办创业学院，如为了鼓励青年大学生自主创业，盐城团市委联合盐城工学院、盐城市人社局等多个部门，不仅成立了盐城青年创业学院，还整合资源，在盐都新区紫金大厦设立了盐城青年创业指导服务中心，为青年免费提供创业咨询、创业培训、创业融资、创业指导等全方位服务。

同时，20世纪90年代以后由于社会转型的急剧展开，公众关注的问题通过传媒机制转化为对“创业成功者”的普遍依赖，从而使经由大众媒体挑选出来的创业明星、偶像的致富经历获得了市场价值，于是在传媒场域与创业场域的互动中，“创富界”作为创业理论生产的另一个次级场域应运而生。如此，原本统一的青年创业场域，致力于服务社会的、承担起带有启蒙性质的青年创业“创新”场域出现分裂，并由于青年创业型知识分子自身的价值取向和运作方式，呈现出几种不同的知识生产形态。“创富界”、“创新界”和“创培界”分别作为创业领域的三个次级场域，展开三种不同类型的理论生产，各自的规范化程度也各不相同。“创培界”的生产遵循国家意识形态的严格规划，具有较为明确的规范准则（带有体制性、理论性和规范性，且其规范程度在不同的专业与学科领域中呈现出差异）；而“创新界”的讨论最缺乏规范。三种理论生产遵循着不同的竞争规则与目标资本，但彼此之间又不是完全隔绝的。这不仅由于几乎所有的创业理论生产者都同样寄居于“社会与人文科学界”的单位体制，而且也因为三种类型的理论生产在原则上（或至少在名义上）都必须符合大众传媒规则才可获得其话语的权威正当性。

事实上，“创富界”、“创新界”和“创培界”的分裂状况严重，仍需回到青年创业的主体上去做出解释。因为中西方目前青年创业主体、主流群体——大学生的知识分子身份的认识有差异，“知识分子”本身的存在无论在中西方都是充满矛盾的存在，如果一定要界定他们，则必然涉及其“出世”（专业意识）与“入世”（人间情怀）的价值对立问题。在中国，我们往往把大学生纳入“知识分子”范畴，一般解释为“具有较高文化水平、从事脑力劳动的人”；然而在西方人那里，知识分子所指涉的对象有严格规定，知识分子主要不看他受教育的程度，而是看他是否具有关怀公共领域、批判社会等精神。总体而言，现在在国内，表面看青年创业创富特征越来越显性，创新要求一直是不变的追求，但是创业青年创业场域的发展越来越合理，在很大程度上刺激了2015年“大众创业、万众创新”风潮的来临，预示着我们国家的青年创业的盛夏即将来临，创新将日趋成为机制内化到创业实践行为中，大众传媒也势必在青年创业交往行为中越来越成为具有理性空间建设的基础和保障作用。

这说明什么，怎么解释？为什么本小节开头提及的二元对立没有显现出来，是真的不存在吗？显然不是，是因为大众传媒，尤其网络媒体这个低成本、低门槛、高效率的传播方式在表面上消弭了这些二元对立的鸿沟，成为青年创业场域“二元对立”范畴融合的契机。

具体而言，网络具有先天的“混”（mixed）的效果，它不仅改写了如理论/实践、创业/学业、固守象牙塔/面向社会、体制化/自主性、权力/自治、踏实/投机、生存/发展、专业性/商业化等的区隔关系，同时把相关青年创业场域的“创富界”、“创新界”和“创培界”各自的运行法则，统一移换为公共空间的“大众性”法则，从而使“创富界”、“创新界”和“创培界”的传统关系打破了，还原出“在网上一概都是网民”的真相，出现了“无界化”的创业理论生产趋势。另外，由于20世纪90年代以来大学生精英身份“祛魅”的完成，以及后现代“王纲解钮”时代的到来，大学生群体的内在“价值引导”不断弱化，尤其是其中的创业群体似乎也越来越服从于“外部规则”（如政府项目指南、媒体法则等）。

网络的崛起，还改变了传统的创业引导方式和法则，通过大众化的“撒播”机制导致了一个所谓的网络公共空间——无形网络创业学院——的形成。主要指从来源于高校研究机构的创培、创新场域派生出来的大众化的创业指南和理论。可以这么说，目前，国内青年创业交往行为在网络技术依托下，日趋完善。网络“无形学院”下的来自各个场域的创业者、创业研究者被统一称为网民，他们的结合实质上是知识和智慧的融合，具有质上的爆发力的突破。毕竟，国内青年创业传统相比西方，积累还不够丰富，在这种情况下，即便是张瑞敏、王石、潘石屹和马云这些创业明星的个人的经历也并未被编成法典。目前，在网络公共空间里，个人的创业指南是在运用“头脑风暴法”的讨论和争论中发生转移，换言之，每个人通过对要解决的问题反复的探究，然后使得整个创业团队乃至整个创业空间，获得了更深的创业领悟。

总之，国内网络言论的开放与热议，使“青年创业”问题转变为公共性的社会议题，各学科专家的参与、网民的发帖互动在网络“无形学院”异常活跃，并在激烈的争讨中形成了“青年创业群体崛起的钥匙在于创新”的共识，而这种社会各界的广泛讨论对于青年创业的未来走向与发展将是有积极意义的。进一步而言，网络世界促成了理论、知识、经验的交流和创造，同时，也反对理论、知识、经验的控制。网络正可以完成这样的使命，它具有使每个人的理论、知识、经验成为社会公共资源的特有的交流机制。网络的交互式交流积极鼓励在网络环境下的个人创业经验的流动，在很大程度上是为2015年“大众创业、万众创新”风潮的来临提供了理论的、技术的支撑和保障，为每个青年从“创业受众”转化为“创业公众”角色提供了可能，并使互联网又一次真正凸显出无穷的潜力和价值，从很大意义上助推了中国真正的公民社会的来临。

二　青年创业“公共空间”的网络生成

近年来，我国的学术界对于“公共领域”的讨论颇为热烈。争论的问题之一，即是中国是否也已出现类似于西方以“公民社会”为基础的公共领域。在笔者看来，哈贝马斯的“公共领域”概念，乃是基于欧洲18世纪以来（特别是英、法、德三国）的政治史衍化而生的一种理想模式，它虽然基于历史事实，但仍是一种有关现代性的理论陈述，将之生搬硬套到中国社会，内中牵涉的问题实在太多。况且，由于中西文化背景差异太大，甚至对于“公”的概念也是歧义甚巨，如此用西方“公共领域”理论直接来阐释中国的移花接木，确实有把问题简单化和学术粗暴化之嫌。

鉴于上述原因，美籍学者李欧梵主张不妨把哈贝马斯“公共领域”的理解“中国化”，认为：“对于‘公共空间’的问题，虽然在哈氏理论中与‘公民社会’密切相关，但不必——也不应该——混为一谈。我认为它指涉的是构成公民社会的种种制度上的先决条件，而这些制度的演变可以做个别的讨论。所以我一向把‘空间’一词视为多数，在英文词汇中是space，而不是sphere（领域）。而中国学者似乎对‘空间’一词较易认同和共鸣，而对sphere（领域）一词反而不易了解。”[①] 如此，撇开了西方“公民社会”特定的先决条件，而仅仅限于文化层面的“公共空间”，似乎更能探讨中国在现代民族国家建构过程中出现的“公共性”文化版图。在讨论网络问题的时候，本书也将借用“公共空间”一词以表述哈贝马斯的“公共领域”概念，似乎更切题旨。

进入20世纪80年代，互联网异军突起，报纸、广播、电视等三大传统媒体缺乏的互动性、信息海量、传播速度以及匿名交流特征，却在互联网平台得到改进。互联网已经成为理想的、开放的、公平的、自由的公共论坛，成为民主交流的社会平台，公共领域的曙光重新显现。互联网上的论坛（即讨论区、BBS）、图片分享网

① ［美］李欧梵：《现代性追求》，生活·读书·新知三联书店2000年版，第3—4页。

站、视频分享网站（如优酷网、土豆网等）、博客、微博（如Twitter、国内的饭否网等）、微信、即时通信（如QQ、MSN、Google Talk等）、社交网络（如Facebook，国内的豆瓣网、校内网等）、RSS订阅、电子邮件等都是具有很强的交互性的网络传播媒介。

网络公共空间有三个特征：一是削弱了“把关”力量。网络传播颠覆了传播者和受众的分野，传受两者之间没有明确的界限而是互动的和不断转换着的，这就大大削弱了“把关人”的影响，为公共领域的实现提供了可能。网络的出现使得广大受众也可以成为新闻内容的生产者。例如，BBS就是一个广场——每个人都有自己的舞台，你想站上去就站上去发言；每个人既是传者又是受者。属于大众传播媒介的BBS，在此将人类带回到古希腊罗马式的公共生活广场，不同的是，这个广场不再有精英和大众的鸿沟，不再有中心和边缘，而是一个公共领域。不过，我们同时也应该看到中国的网络公共领域由于民众自身政治素养的不足和批判主体数量的有限，以及网络受到权力和商业的双重挤压而发育很难。中国的网络公共领域的构建还有一段很长的路要走。

二是颠覆了“议程设置”。随着网络媒介中“把关人”的消解，公众都可以成为传播者，网络媒介信息可以直接反映出公共舆论，公共议程就直接生成了，而传统媒体的议程设置模式则被消解了，这为公共领域的构建提供了进一步的支持。网络使公众就同一新闻事件能够接触到不同侧面、不同形式的报道，不再“随媒而动”，而是做出独立的判断和思考。他们不仅能知晓新闻事件本身，还能探究“背后的故事”：事件发生的背景、前因后果、后续进展情况和影响意义等。受众的参与意识日渐增强，他们就某一热点话题或新闻事件进行广泛而深入的交流，提出新观点，挖掘新线索，其中不乏争论与质疑。比如前不久网上流传的成都男子殴打开车女和温州火锅店服务员开水浇顾客等公共事件，随着事件的不断深入，受众参与的积极性也进一步高涨。其传播主体和传播方式的多元化，带来了利益表达和社会关切的多元化，公众的参与意识随之觉醒。网络传播凸显了公共领域在社会民主法制建设中的重要作用，也使我们看到了网络传播方式构建公共领域的前景。

三是交互性传播。上文提及，网络传播的交互性为公共领域的建构提供了强大的技术支持。作为网络传媒区别于传统媒介的重要特征，交互性使受众不再是“沉默的螺旋”和“单向度的人”，而是打破了在传统媒介的线性和单向新闻传播模式中，信息反馈只能在一定限度内发生的限制。在交互性中，点对点、点对多、多对点和多对多的传播方式成为主流。受众可以在形成对某一事件或新闻事实的确定看法后迅速将其发表，并与其他受众一起探讨分析；能够自由地借助内容媒介，创建起一个个社群，发生各种社会性的网络行为。这种“去中心化”、“去把关人”的传播方式，为公众提供了空前的权利和自由空间。在虚拟网络上，网民通常隐藏真实身份，并通过在 BBS、博客以及涉及公众利益的新闻后面跟帖等方式，对社会公共事件特别是公共政治事件发表评论和表达见解。这种以 BBS、博客、新闻跟帖为主要表现形式，以具有理性评论能力的网民为参与主体，以社会公共事务特别是公共政治事务为话题内容的网络舆论空间，基本具备了公共领域的功能、运行原则和运行方式。可见，网络承载了全方位的社会互动，成为不同人、不同社群、不同阶层交换意见的平台，这与哈贝马斯公共领域理论的设想不谋而合。当公众自由发表言论、自由讨论公共事务、自由参与政治的活动时，一个“公共领域”随之形成。

从上文可见，随着网络的兴起，网络这一虚拟的空间同样给人们提供了与实体空间一样的条件，人们在网上也能工作、交流、娱乐，因此应该将网络归于公共场所。一个社区网站就是一个在网络上的小社会。而社区网站必须有交流的构件。比如博客、留言板，甚至一些即时聊天工具成了社区网站必不可少的一部分。社区网站会提供像一些游戏、交易之类的服务。社会上的服务分为义务性的和商业性的。比如你想做广告，这就是需要商业性的服务。因此，服务可以说是社区网站生存的基础，没有了服务，社区网站失去了收益的来源，必然会失败。所以有很多青年创业者就瞄准社区网站作为创业的平台，比如刘琥和陈辉民等人在 1998 年创立西祠胡同网站，就是一个网络公共空间，它是国内第一家 BBS 网站，也是华语地区第一个大型综合社区网站。1998—2000 年的互联网初期，即使腾讯都在苦苦寻找赢利方式，就更别提西祠了。随着西祠注册用户上升到百万，无论是服务器、平台系统都陷入超负荷运转，2000年刘陈二人实在捉襟见肘，将西祠胡同卖给纳斯达克上市公司艺龙旅行网。后涉足房地产、化工、服装等行业，获得巨大成功。2009年11月刘陈二人认识蒋晖，在蒋晖将网上创业论坛打造成了一个有影响力的网上创业培训机构后，加盟其中，2010年5月共同注册成立南京利为汇信息技术有限公司，为团队发展壮大做出重要贡献。

在西祠之后，全国各地如雨后春笋般地产生了很多大大小小的网上交流平台，如用户遍布全国及境外，积累了不同地区、各年龄层次、各种行业、不同兴趣爱好的大量忠实网友的社区网站，有猫扑、天涯社区、百度贴吧等；有各大学自设的BBS，如南大的小百合、哈工大的紫丁香社区等；有地方城市活跃度较高的社区论坛，如江苏徐州的徐州论坛网、江苏盐城的鹤鸣亭网站等；还有境外的社区网站，如成立于2002年的约克论坛，是加拿大最大的中文门户网站，以在多伦多留学的中国留学生为主，拥有加拿大最大的华人社区论坛。这些网络社区中活跃着大量的青年创业者，他们利用自己对网络的了解、熟练，游刃有余地在公共网络空间获取收益。

现在，再来看看另外一个依托移动互联网而产生的新的网络公共空间——微信。微信（WeChat）是腾讯公司于2011年1月21日推出的一个为智能终端提供即时通信服务的免费应用程序。微信支持跨通信运营商、跨操作系统平台通过网络快速发送免费（需消耗少量网络流量）语音短信、视频、图片和文字，同时，也可以使用通过共享流媒体内容的资料和基于位置的社交插件“摇一摇”、“漂流瓶”、“朋友圈”、“公众平台”、“语音记事本”等服务插件。截至2015年第一季度，微信已经覆盖中国90%以上的智能手机，月活跃用户达到5.49亿，用户覆盖200多个国家、超过20种语言。此外，各品牌的微信公众账号总数已经超过800万个，移动应用对接数量超过85000个，微信支付用户则达到了4亿左右。微信提供公众平台、朋友圈、消息推送等功能，用户可以通过“摇一摇”、“搜索号码”、“附近的人”、扫二维码方式添加好友和关注公众平台，同时微信将内容分享给好友以及将用户看到的精彩内容分享到微信朋友圈。

微信的这些优点被中国传媒大学传播学博士郭泽德深深地把握住了，他2014年3月1日创办了《学术中国》微信公众订阅号，该公众订阅号为学术类第一微信平台，学术类唯一500强微信平台，目前订阅人数超过50万。学君博士（即郭泽德，下同）同时创办了质化研究、中华博士智库等微信平台，发起成立中国青年博士智库，依托多个微信平台和智库力量，学术中国邀请天津大学马知遥教授、天津社科院周建高教授等学者成功举办了13场网络学术公开课。2015年，学君博士受邀成为新华网新媒体培训讲师，为数百人提供微信运营及新媒体营销培训。7月15日，学君博士同清华大学沈阳、今日头条安娜、熊猫自媒体联盟申晨以及中国传媒大学徐琦共同受邀担任第六届中国数字博览会演讲嘉宾。郭泽德的创业主要就是做微信大咖，他之所以要做新媒体创业，基于他在上学期间，前央视资深制片人、现互联网著名自媒体人罗振宇的一次讲座。这位罗先生认为在互联网发展格局下，传统媒体终将被新媒体溶解，未来的传播本质就是社群格局，实质就是一个全新的公共空间。罗振宇玩转自媒体，靠得是微信公众号，投入小、成长空间大。这令郭泽德笃定地认识到，“这只是互联网浪潮的开端”。于是，他和同学商议，健身、休闲、饮食都考虑过，但觉得做这些没优势。“我就反过来想，我最需要什么，博士这个群体最需要什么。”饭桌上几人争议许久，聚焦到了一点，“就是如何多发论文顺利毕业”。郭泽德申请了微信账号，起名学术中国，希望打造一个社科综合类平台，帮助高校学生和青年老师提高学术研究能力。第一条微信内容发出是2014年的3月1日，阅读人数不足50人。也许确实找准了空白点，两个月后用户就过万名，未满一年用户即突破30万名。他下了大功夫。起初是他一人在做，每天搜集四五篇文章发出去，然后根据后台数据反馈进行微调。为了扩大用户群，他会使一些“歪招”：跟同学聊天时拿起对方手机，偷偷添加学术中国的微信号，几天后对方惊呼“这是咋回事”时，他在一旁窃笑。学术中国的影响日益显现。有一天，导师在微信上分享一篇文章，推荐学生阅读。郭泽德一看，正是自己推送的，“高兴坏了”。

再后来，参加各种学术交流，得知圈子里的很多老师都订阅了自己的微信号，郭泽德倍感欣慰。他知道自己当初的预判对了。

行文至此，写作本书的重要目的之一就显现出来了：助推国内青年创业领域朝向哈贝马斯言及的“公共领域”发展，在创富、创新、创培的创业交往实践中参与社会、关怀社会，投身社会经济，文化的建设，促进了从“创业”到“公共性”关怀的转向，促成国内真正公民社会的来临。不难发现，伴随网络的出现，扩大了青年创业群体的言论自由空间，更增加了具有公共关怀意识的那部分青年创业者的用武之地。在网络上，在很多情况下发表创业经历、感言的激励不是稿费，而是让人知道自己的甘苦，使自己的经验得以传播并产生影响。网络的言论限制比纸质印刷品的审查限制小，禁忌少得多，时效高得多，被转载传播的可能性大得多，得到反馈、进行交流讨论也容易得多。而且网络特别有利于对即时性事件做出反应，迅速形成声势。

网络不仅仅是一个媒体平台，更是青年创业者思想和生活的平台，互联网对于青年创业者来说已经成为空气和水一样须臾不离的东西；互联网又是一种独特的群体聚焦方式，通过经营微信、社区网络等聚焦兴趣相投的人，大家思想碰撞，有可能产生伟大的思想，所以网络又是很好的创业创新平台。网络媒体的“公共性”特征，对于青年创业者中启蒙型群体的影响极为重要，他们往往为了实现自己的社会关怀并保持对公共事务的发言资格，在悄然中调适了自身的知识结构和能力，并在一定程度上促进了从“创业”到“公共性”关怀的转向。这部分群体从注重专业科技创新到关注公共问题，还促成了网络“公共思想”的形成，并进而影响社会舆论。

不过，我们肯定网络有可能促进“公共思想”形成的同时，也必须正视，启蒙型科技创业青年因自身的局限而改变“公共空间”的性质，反而变成了鲁迅所谓的“伪自由空间”。正如有学者指出，当代专业化的“学术界”实际上并没有为“思想界”的公共问题讨论提供基本和必要的学理基础和知识准备，这使得公共思想讨论中的许多重要分析与阐释失去了公认的鉴别与评价机制，这势必使得青年创业中的唯创富派、拜金派等又拥有了言说的市场，甚至导致国内刚刚萌芽的带有公共领域特征的创业领域陷入荒漠化、低级致富化泥淖。

总之，国内刚刚建立起来的具有公共领域特征网络自由空间来之不易，如果不加珍惜，必将导致青年创业群体，特别是大学生创业事业的后退和影响力的衰落。

三 青年创业网络空间与价值重建

网络的“自由”有可能“导致青年创业本身和其影响力的衰落”，其实并非空穴来风。网络空间并不是独立自足的场域，更不是与世隔绝的“桃花源”，它不过是外部风云际会在一个特殊空间的映照而已。对于青年创业者而言，网络的“无界”和自由，既可以成全你，也可以毁灭你，尤其是在面临文化传统丧失、物质消费主义日益加剧、价值伦理不断下滑、创业者的人格保全和公共意义都遭到质疑和批评的背景下，从传统体制、高校学术氛围中走出的大学生如何展开自身救赎和价值重构，必然是一个漫长而艰巨的任务。

作为卓越的传播思想者，尼尔·波兹曼曾指出网络新媒介对于“自我”（主体）的深刻影响：“每一种技术都既是包袱，又是恩赐，不是非此即彼的结果，而是利弊同在的产物。”① 换言之，网络对于青年创业者而言，其意义和面向其实是不确定的，甚至是利弊同在的。电子网络时代的“自我”具有“去中心化”、“分散化”和“多元化”等特征，这些论述似乎又指明，网络无论对于青年创业者的主体自我的确证，还是社会身份的建构都有先天的不利性。换一句吊诡的话来讲，网络的亲和力使得几乎所有类型的青年创业者天然化地丧失了精英的光环、严肃的面孔，甚至学理化、规范化的可能性，即便是科技生产力转化型的创业成功者，在网络世界其技术权威性、神圣性也可能瞬间被网民解构，被随意盗用，甚至他们的学理性发言（技术帖），与众多的网民跟帖一起，只是构成了大众文化时代的公共事件或娱乐事件而已。科技创业成功者本身也

---

① ［美］尼尔·波兹曼：《技术垄断：文化向技术投降》，何道宽译，北京大学出版社 2007 年版，第 2 页。

因为网络变成了一个符号存在，他们在诸多大众媒体上表现出来的身份优越感也只不过是一种停留在符号能指游戏中的自我想象。

鉴于最有可能成为推助国内创业领域朝向公共领域转型的青年创业群体的网络生存的尴尬状况，笔者当然不是要陷入某些悲观论调，而是想表明，网络的崛起其实与后现代社会的诸多表征一起，同时也形成了不利于青年创业群体生存的现实环境。事实上，青年技术创业为什么没有得到预想的尊重地位，甚至因为网络而与江湖叫卖无异？那是因为科技、技术和知识缺少了与真理的联系，因而瞬间被网络剥夺了一切内在的价值和意义，或者说被网络像回收其他任何普通商品一样收买和回收利用。因此，青年创业者当下必须在自我救赎和价值重建两个方面重建价值自信。

首先，我们必须重塑青年创业群体的内在价值，并将之推广为“人间情怀”。特别是大学生中的技术创业者，倘要介入网络公共空间，当然有一个心理适应与调适的过程，其中最重要的一点，就是其内在价值必然要转向平民立场、社会关怀、介入当下、同情底层等，同时要在道义上和理论上为自己寻求并建立一种言论合法性的价值地位。换句话说，青年创业者不仅是一种客观名称或概念，更重要的还是一种有关权力所属的文化和价值的理论定位。只要名称及其定位能够获得相当的认可或认同，那么，它所代表的权力地位也就相应地获得了支持，也即获得了合法性的实际证明。

其次，重建青年创业者的现代品格，自觉担当青年网络空间的“意见领袖”。不少青年创业人士，面对创业公共领域的态度是暧昧的，觉得无用，他们虽然了解创业行情，有自己的见地，但宁愿把自己的见识转化为体制内的晋升之阶，而不愿变成公众的共识。另外，不少青年创业者缺乏现实感，理论与现实脱节，与其说他们对于国内的创业现实有真正的研究和切实的体悟，不如说他们善于抓住话题发挥，让公共舞台的灯光聚集到自己身上。不少大学生创业者还有一个突出的毛病，就是常常把个人遭遇、个人心理情结带到对于公共性的创业问题的讨论中，不能把主观意识和客观现实、个人情结和对公共事务的立场区别开来。上述通病，无疑是不利于网络空间的“公共性”建设的。

当下，互联网的发展，为优秀的青年创业者成为“意见领袖”的兴起提供了广阔的空间。他们借助互联网自由、互动、开放的传播特点，将之作为传播观念、表达主张、影响公众的“主阵地”；他们在一些重大的相关创业的公共事务（政府决策讨论）中积极批判现实，发出质疑，与网民、媒体之间形成互动，产生影响。但需注意，作为“意见领袖”的青年创业先锋，并非是要在网络自由空间建立新的“权威”，而只是多了个身份——公共知识分子。因为，“民主”才是“公民社会”的灵魂，“公众知识分子”和“公民社会”是现代民主制度发展的必然产物，二者互为因果……民主是“公众知识分子”和“公民社会”的共同品格，培养“公民社会”需要从“民主人格”的培育做起。己立立人，敬业乐群，公正、虚心听取各方意见，超越自我中心的困境，等等，彻底消除“权威”积习，这应该成为青年创业网络公共空间建设的共识。

再次，重建青年创业群体的“批判性”，并切实转化为建设性的公共舆论，特别是技术专家型和启蒙型青年创业者，他们继承了前传媒时代的启蒙色彩，始终保持一种反思、批判的立场。很显然，批判型青年创业先锋完全符合哈贝马斯所界定的“公共领域”功能主体之一的身份特征。

在目前中国的网络空间，活跃在青年创业公共领域的创业者会被各种媒体邀请做专栏或者访谈，成为吸引网民眼球的一大手段。可以说，这些人构成了创业领域内公共知识分子的大部分，同时这些人往往来自社会的基层，能触及各个社会角落，也有能力和愿望将创业历程以及遭遇的体制性的不公正待遇揭露出来，发挥作为知识分子这一面的“启蒙”和“批判”的双重职责。网络媒体与平面媒体再经过交叉作用，马上会提升出更代表民意的观点与呼声。如此三番，一种被广泛提升出的民意就显现出来。这个过程大致如下：平面媒体的采访与报道—网络媒体转载—网友留言—形成民意体验—网络媒体与平面媒体交叉作用—提升观点化的民意—影响政府决策。应该看到，在大众传媒“批判”和“启蒙”不断弱化乃至“退场”的今天，恰恰是网络媒体抵制了来自权力和市场的各种侵蚀，仍在发出这个时代的“盛世危言”。

第四章

问题化：青年创业者与传媒公共空间

马斯洛在《我实现的人》一书中指出，“自我实现的人就是充分利用和开发天资、能力、潜能等”、“这样的人几乎竭尽所能，使自己完美”、“他们是一些已经走到、或者正在走向自己力所能及高度的人”。这些文字印证了本书的思路和最终的未来指向，希冀青年创业者在大众传媒的推动下，展示充分的人性自由，从创富、创新走向更高的人生境界。这种境界是对目前大多数人，从来不想尝试超越自己可能性的局限的一种社会风气的挑战。确实，现在很多年轻人，包括大学生都以低于自己一倍的效率在生活，因而，从这个意义上讲，本书具有较强的现实意义。

第一节　“公共性”视域中的青年创业群体

公共性在西方国家已经被逐渐指认为包括大学生群体在内的现代知识分子身份合法性的依据之一，在国内还表现得不十分明显。但不可否认，这必将是一个趋势，相信李克强总理提出“大众创业、万众创新”最终的目的，也是借由创富超越、达到建设和谐社会的目的，而和谐社会的基础就是公民社会。公民社会是青年创业者最好的土壤，创业行为更应该成为公民社会组成中最具活力的一个部分，因为一个现代意义上的公民社会，它所秉持的自由、民主、开放、兼容、多元的价值观，在本质上是与青年创业实践领域同质同向的。本书最终的目的，或者说在诸多批判性论述的基础上的建设性提议就是要把青年创业的主客体真正统一起来，从人的全面发展和社会和谐的角度统一起来，而这个统一的共识和基础就是公民社会，公共性是其展现和象征。因此，作为带有公共知识分子色彩的大学生创业实践，其最终目的指向公共利益而非个人财富的积累，大众传媒作为他们寄情的公共空间，既是他们倾力关注的对象，又是其生存意义所寄居的场所。由于后现代文化、商品经济以及现实政治的影响，国内大学生创业者在现实与理想的彷徨交织的进程中，诸种因素所形成的张力影响着其作为公共知识分子一面的觉醒与发展，大学生创业领域的“公共性”并没有得以全面的体现。反思迷恋于琐碎生活和平庸的就业观，以及人文关怀的缺失，是大学生创业者抵达真正的创业公共空间的必经驿站。

一　青年创业公共空间的裂变

伴随中国现代化进程的推进，经济领域的革命反过来推进了大学生创业者思想观念的全面开放，并与世界接轨，开放、兼容、自由、民主、平等，逐步成为整个群体的一种价值共识。国内大学生创业群体的发展及其与大众媒介的有机融合过程，折射出国内大学生创业公共空间的一个从传统的、封闭的领域向现代的、开放的带有公共空间性质的裂变过程和历史足迹，可以说，在很大程度上促进了人们思想文化、经济等观念的改革开放，或者说中国国家现代化进程与包括大学生在内的创业群体之间是一种双向的互动。这也就不奇怪，为什么 2015 年李克强总理提出了“大众创业、万众创新”的口号。

创业是一种实践活动，在实践过程中肯定离不开创业主体与创业客体之间的交流互动。笔者认为，创业主体是创业实践活动的直接启动者、策划者和操作者，在整个实践活动中，无论在哪个环节，创业主体都始终占据着统治地位，发挥着主宰作用，因此，创业主体的修养、能力、学识、思维、情感、经验，甚至审美等各种因素形成的合力的大小，是创业成功的重要保证。可以说，从创业主体而言，本书即在探讨大众传媒时代的“青年创业主体”的基本特征，以及在整个实践的过程中创业主体起着什么作用，并主要研究如何通过有意识、有目标的途径去提升创业主体自身的综合素质，包括知识结构、智能结构、经验积累和认识自我、研究自我、表达自我的能力等。

在实践活动中，创业主体所面对的世界（或对象）可以统称为创业客体。这个理解比较笼统，因为，任何事物要成为“创业客体”，都必须具体或满足一定条件，具有很强的不固定性。如果把这些条件撇在一边，那么创业客体与哲学概念中的“客体”就没有什么区别了。具体而言，创业活动就是先从认识创业客体开始的，为了完整地认识创业活动，笔者把创业过程分为“前创业”、“（显）创业”、“后创业”（第三章有详细阐释）。如果说，“（显）创业”的主要任务侧重实践，“后创业”侧重反思，那么，“前创业”的主要任务就是认识创业对象，这个认识对象就是创业客体。或者说，认识创业客体，是创业活动的开端，也就是我们经常说的考察投资项目、研究新品的方向等。这其中，创业主体要经历一个较长时间的“指向”并改造潜在创业客体的过程，才能最终获取确定的创业客体（投资项目）。在考察创业客体、投资项目的过程中，最忌先有结论，然后找例证，这是很有害的，因为，那样通常会把符合预定思想的线索和材料留下，不符合的抛弃，结论就会片面，最终的投资就可能偏离真理或者脱离实际情况。总之，创业客体的最终确定是整个创业实践活动的基础，创业客体的不同于哲学意义上的认识客体，必须在纳入创业主体的视野之后，还要能满足创业主体创业实践本身的需要。整个取舍创业客体本身的活动具有客观性、对象性、动态性和历史性，这与整个创业实践活动本身是相一致的。

应该说，从公民社会到青年创业，很多东西就逐步清晰了。中国公民社会的发展历程才刚刚开始，而且落实到大学生创业领域。目前创业主体与客体的统一基于的条件还是娱乐化，即借助大众传媒将创业实践行为和创业主体媒介化，再进一步娱乐化以获取消费者（此处或可理解为创业客体）的认同，在肤浅层面上，实现创业主体与客体的统一，而偏重诉诸感官的娱乐性显然是不能担负起滋养、和谐创业主客体关系的重任的。我们相信，一个现代意义上的青年创业空间所秉持的包括自由、民主、开放和兼容等公共性才是创业主体和客体统一的最强有力的基础和契合点。

其实，无论是现今的中国还是西方社会，大学生在全媒体时代背景中的一切实践都成为公共性彰显或者匮乏的体现。虽然传媒的领地和哈贝马斯所言的公共咖啡馆有所区别，但是传媒在现代媒介技术的进化中已经逐渐成为公民社交场合的一部分，政治观点的对碰、经济视角的撞击以及思维方式的交锋都在这方寸之间粉墨登场。时代要求大学生创业者和一手提白鼠一手摇试管的专业学生在身份上相同，关注公共问题，为了公共利益而发声和行动，这是其在传播媒介中所设置的一切议题的根本所在，也是其潜意识力比多和理性思维的交织力量所产生行为的依据，甚至大众、社会对大学生创业者肩负的使命期待值更高。

（一）从宏达理想走向日常生活

随着历史的变迁、社会的进步、经济的发展，经由大众传媒的发酵，大学生的声音也从宏大的理想走向日常生活（一切以能挣到钱为基本价值判断），其知识分子的身份亦仿佛从伟大的建筑师走向手持瓦刀的工匠，从一个国家甚至世界蓝图的设计者变成了一个经济开发区的技术画工。在大学生思想和身份蜕变的过程中，以消费文化、娱乐文化呈现的后现代主义为历史的走向埋下了伏笔。

背离崇高的乌托邦愿景而走向日常生活，究其原因，后现代文化背景和商品文化的滋生是主要的发生语境。传统现代性坚持一种关于世界的客观结构，科学和哲学的目的就在于认识这种结构。后现代性对于这种“中心论”持怀疑态度，认为统一即代表统治，是以普遍性的名义消灭特殊性，是以同一性的名义取消差异性，这违背了世界多元的本质。在后现代主义者看来，当代人实际上生活在一个多元化的文化交叉中。世界已经解构成无数断裂的碎片。我们所面对的世界是无限开放性和无限可能性的巨大系统，是没有最终的本原和可靠的确定性的破碎的世界。德里达开创差异性哲学；利奥塔强调差别性；罗蒂呼吁将文化表达的多样性融入伟大的对话之中；伊尔布·哈桑在《后现代转折》中认为零乱性或片断性是后现代主义的一个重要特征，“后现代主义者只是割断联系，他们自称要保存的全部就是断片”①，这种碎片化倾向的思考在后现代文本中，一是表现为结构上的“零乱性”和“不确定性”；二是表现为精神上的反权威主义。后现代主义既反对思想权力话语，也反对所谓“专家理论”的权威性，提倡开放的民主氛围和文化共享，反对一切形式的专制垄断和霸权。后现代主义的文本以颠覆、消解权威和正统为己任，以形而下的特征来显示出后现代色彩的边缘性、另类性，表现在青年创业场域，就是到处都是如发散状态的创业明星的叙述、拼贴或戏拟的故事，等等。客观上，目前绝大部分的创业叙事已经成为大众文化（也被叫作消费文化、工业文化）。

中国历史的车轮驶入21世纪，与世界文化，尤其是与西方欧美文化前所未有地近距离接触，使得中国文化日益进入消费社会情境下才有的文化工业生产体系。此时中国文化的商品性已被权威语系和大众语系共同接受，中国的大众文化日益脱离政治教化、启蒙主义、批判现实的传统，愈来愈表现出大众化与普及化的特征，渐而转变成一种娱乐大众、游戏大众的消费文化，甚至变成一种赤裸裸的获取商业利益的方式。“人们迅速抛弃了所有的传统，整合社会思想的中心价值观念也不再具有支配性，偶像失去了光环，权威失去了威严，在市场经济解放了的众神迎来了狂欢的时代。”② 青年创业公共空间在后现代文化和商品经济的氛围中遇到公共性沉沦的困境，在此困境中，“媚俗”的危险诱惑显得直接而赤裸。

（二）创业主体的妥协与媚俗

青年创业群体的媚俗行为是放弃自己的独立，以向大众献媚。在后现代文化中，青年创业经历、经验和遭遇等完全以商品的姿态出现。商品拜物教占领了所有领域，包括人们的心智结构、传统道德和情感在迅速瓦解，变得支离破碎。青年创业历程成了消费社会的消费品，失去了往昔神圣的光泽，因而是非精英的、通俗的，乃至流行和媚俗的，原有的高雅文化与通俗文化、艺术与非艺术的界

① ［美］伊尔布·哈桑：《后现代转折》，载王潮选编《后现代主义的突破》，逢真译，敦煌文艺出版社1996年版，第37页。

② ［美］罗伯特·C. 艾伦：《重组话语频道》，牟岭译，中国社会科学出版社2000年版，第335页。

限渐渐抹平，在全球化环境中文化越来越成为一种公众共同享受消费的商品。

比如创业教父潘石屹、王石经常出现在娱乐频道，马云、雷军、周鸿祎等大佬跟风参演影视剧。2015 年 8 月，电商创业轻喜剧《我在梦想大道东》在广东广播电视台举办开机发布会，该片讲述的是普通电商创业者的故事，中国电商教父马云的身影出现在其中。这是马云首次触电，在该剧本色出演企业家，小米董事长雷军也将参演。雷军参演在意料之中，发展四年的小米网已成为中国第三大电商网站，仅次于阿里和京东，2014 年 12 月小米融资 10 亿美元，投资方就包括马云旗下的云锋基金。小米网是电商行业的重要角色，再加上与阿里或竞争或合作的关系，雷军参演也就见怪不怪。如果刘强东参演那就是重磅新闻，绝对是上头条的节奏。但是很多网友分析东哥参演的可能性几乎为零，一方面京东与阿里在 B2C 电商和 O2O 展开正面交锋，明摆着撕破脸；另一方面刘强东有奶茶妹妹这个活招牌，省去一大笔广告费，无须借马云的势来刷脸。事实上，这并非马云首次接触影视角色。1999 年，马云建议张纪中翻拍金庸剧，首部作品确定为《笑傲江湖》，马云一直坚持在《笑傲江湖》中客串他最喜欢的“风清扬”角色，最终由于没有科班表演功底而被迫放弃。据传，彼此神交已久的周星驰曾打算邀请马云来演《大话西游》中的孙悟空，不过事后马云辟谣说这部电影与他关系不大。

除了马云，还有一大批大佬与影视圈有着不解之缘，比如上文提到的雷军，他在 2015 年 4 月首次客串电影《教父》，与黄教主同场飙戏，据说雷军在提升演技的同时不忘向黄教主推销小米产品。2012 年 5 月，雷军也曾出演微电影《我们的 150 克青春》，为小米 1 代青春版卖力宣传。其实与娱乐圈明星、导演勾肩搭背的互联网大佬，非搜狐董事局主席张朝阳莫属，几乎所有一线明星都是他的朋友，比如孙楠、韩红、吴京等。他不仅登陆湖南卫视《天天向上》演唱《亲爱的，那不是爱情》；也曾在《极品女士 3》中短暂亮相，搭档是华谊巨星姚晨；而且他在 2015 年夏最火爆的电影《煎饼侠》中出演霸道总裁，给广大观众留下深刻印象。另外，有互联网的地方自然少不了周教主，身为小说《三体》的忠实粉丝，周鸿祎也在电影版《三体》中客串军方智囊团专家，足足过了一把演员瘾。机智的网友看到剧照后，竟出现神回复：下一步就等马云来客串三体人了。不少网友也强烈呼唤雷军、李彦宏等三体粉丝也来客串，不过事与愿违。更多大佬参与影视剧是个趋势，随着娱乐产业与互联网深度结合，促进了人才的交流，互联网公司掌门人或高管参演影视剧将逐渐常态化，这一趋势势不可当。一方面，体现大佬的开放性和娱乐精神，便于改变大佬在公众心中严肃、不接地气的固有形象；另一方面，也是更为重要的一点，为大佬背后的公司或产品起到免费宣传作用，如果影视剧热播，直接省下一大笔广告费，比如红衣教主在《三体》中植入360小水滴摄像机。既然大佬是以娱乐心态出演影视剧，那我们就做好观众应有的本分，不要吐槽其演技不佳，而是以一种猎奇的心理去看待大佬的表演，或许有意想不到的惊喜。①

以上创业教父们的事业如火如荼，蒸蒸日上，当然，也和其媚俗之嫌疑不可分。到底怎么看这些创业明星媚俗的问题，比如，对于青年科技创新创业成功者，面对大众媒体，是哗众取宠还是为了向公众呈现包括技术精神在内的内涵，这是值得考究的问题。其目的决定了行为的性质，哗众取宠的创业明星与青年知识分子的称谓并不够匹配。对于青年创业者上电视讲坛，尽管电视这一媒介形式助长后现代文化和商品文化的滋生，但是在创业知识、经验意志等的普及方面依然可以适当地使用。因此，电视节目作为一场“真人秀”，追求的并非学术性，但它确实也是一场真实的教育实验，在电视秀场的规定情境中，往往会发生充分的化学反应。在文明社会的进程中，带有知识性、技术性的传播者的又一身份是社会的启蒙者——对权力监督和批判、对公众启迪和动员。变身为媒介知识分子的青年科技型创业者，通过媒介对于知识的传播和言说介入公共领域，形成社会性的文化和思想空间，从而影响社会进程。献媚的

① 龚进辉：《马云、雷军、周鸿祎等大佬跟风参演影视剧》（http：//www. wx135. com/articles/20150831/55e43646-e8a8-4b7c-84a5-75dc02734e20. html）。

举止固然容易在有限的时间和范围内博取民众的好感，但是一旦陷入群氓文化的被动，将会阻碍社会的良性发展。

当创业经历经由大众媒介而带有娱乐性，即变身为大众文化和消费文化，因而难免缺少理性思维的控制，相反还放大了感性的表达和呈现，其对于感官、感觉的关注多于逻辑的、理性的辨析和梳理。向公众献媚是顺应消费文化的表达，在为生存在商品文化和消费主义语境中的公众带来快感的同时，献媚的创业明显也会获得不菲的经济利益。为了公共利益还是献媚大众，对于活跃在电视、互联网中的科技型青年创业者是一个难以回避的问题。随着时代的进步、公民社会的来临，所有类型的青年创业者都将面临这个问题。

从应然的角度而言，大学生创业者作为知识分子，是具有并且应该具有公共性的，而不是能够经由媚俗的媒介制品制作人加工剪裁取悦公众。哈贝马斯解释公共领域——17 世纪末 18 世纪初的欧洲，出现由原初的贵族聚会转化而来的咖啡馆和沙龙，早期在其中得到广泛传播的是文学艺术的知识，后来逐渐涉及政治性论争——在哈氏看来，此即公共领域的雏形。之后，从咖啡馆和沙龙转移到小规模的报刊等出版物，进一步拓展了公共领域的范畴。

据此不难看出，哈氏所言的公共领域强调了以知识、经验、技术等的公共性为基础。显然，公共领域的概念源于西方语境和历史背景，但在中国，自 20 世纪 80 年代以来，在学术、知识、文化的商品化、市场化、体制化的背景中，中国公共文化空间建设需要包括大学生创业群体在内的所有知识分子的公共良知的呵护和悉心建设。这种呵护不仅在于抵制媚俗的文化倾向，同时也在于直面权威的态度。如果说抵制“媚俗”是在潜移默化中考验知识分子的韧性，那么抵抗权威的胁迫则更像在短兵相接中考验知识分子的勇气。

（三）私利主义的公共危害

历史语境中因“沉重的肉身”而难以支撑起精神自由的天空，无法为公众思考而面对政治、经济强权予以妥协，以致粉饰太平、歌功颂德，是现今青年创业明星在公共性层面上的又一问题。比如在电视节目中过分张扬财富的激烈，回避涉及的环境污染问题等。当下媒体时常渲染某些商界“大咖”的耀眼光芒，让大家以为今晚做个梦，明天就能成为“大咖”。事实上，青年大学生不能只把一个光鲜的人物当成学习的榜样，而应该更多地做一个有平常心的人，做一个甘于通过做点点滴滴的小事为中国梦添砖加瓦的人。创业不是一开始就做老板，绝大多数现已成功的企业家都是从基础做起。也不是单打独斗才叫作创业。刚毕业的时候学会当手下、做徒弟，也是创业，是为未来创业做最好的储备和历练。创业需要三点：本事、本钱，再加本分。本事，就是创业所需的知识；本钱，就是创业所需的资金扶持；本分，就是创业所必需的诚信。创业明星在媒体上应该讲讲他们当初的艰难、遇到的曲折，而不能只讲他们的今天如何富有、何等辉煌，更不能忽视国家政策、宏观环境、微观氛围的支持。现今的大众传媒早已进入寻常百姓家，成为公众生活中的一部分。尤其在互联网兴起之后，青年创业者在大众传媒中的发声和现身都成为易事。抵抗经济利益和政治利益的诱惑、私利主义的吸引，让一个本真的健康的灵魂坦然穿过传媒，历经市场经济体制和政治力量的考验，走到公众的面前，这是对所有青年创业者公共性的考验。

“从商业的立场看，顾客总是正确的。对商人来说，质疑或批评潜在顾客的品位和价值不是他的事。相反，教师不断培养其学生的品位，鼓励他们质疑他们的价值。事实上，学术和思想活动的一个最显著和重要的特征，正是不受工具主义风气的支配。”① 风起云涌的创业真人秀活动是诸多传媒创业者的一种扭曲折射。当他们在电视讲坛中将自己的创业经历进行大众化处理，以一种平民的、娱乐的风格有策略地暴露给更多的公众，客观上有助创业积极性的提高。但是知名度的提升伴随而来的是实在的经济利益，演讲、签名售书、出席各种节目的嘉宾，一重身份隐喻的多重角色对于青年创业者而言是一个严肃的考问。如果市场制度的结果被认作是自身的目标，那么其中一些大学生的身份就值得怀疑，即使透过传媒走向公众，如果目的本身不是基于公共利益而是个人知名度的获取，其

① ［英］弗兰克·富里迪：《知识分子都到哪里去了》，戴从容译，江苏人民出版社 2005 年版，第 102 页。

行为的本质即不具备公共性。相当数量的在校大学生创业明星最终就蜕变为了以名望和物质为目标的商人。然而，和谐、文明社会是以公共利益的获取为最终目的的，因此，诸多的带有非常强烈的娱乐性的创业真人秀节目回避了现实创业的诸多矛盾与阴暗面，在为青年创业者提供展示渠道的同时，也借由被弱化了具体的中国背景的创业神话，回避了诸多公共性问题，甚至在很大程度上以娱乐性挤压了公共性孕育的空间，阻碍了青年创业领域公共空间的形成。

公共性的表达并不是泯灭个人的特征，相反一个民主和自由的公共空间能够包容个体合法的个性和权利。个人主义作为一种政治、道德和社会哲学，强调个人合法权利及自由、独立的重要性。从实践而言，个人主义关注维护个人免受政府专制权利的侵犯，主张国家和政府应该保护个人的自由和独立。尊重和信奉个人主义的青年创业者视社会为个人的集合体共同运作，以建构每一个体以及由个体构成的集体的空间架构。每一个体本身是一个独立的系统，社会是所有独立个体的集合。国家作为组织化的社会形式，借由以律法为基础的社会结构维护个人的权利。公共性的彰显并不在于一个国家和政府组织所享受的权利，而是作为诸多个体的公众所享有的权益。

是个人主义还是利己或者私利主义，是青年创业群体需直面的问题。其所宣称的自由和民主是源自对个体权利这一普世价值的尊重、对自身合法权利的捍卫，还是于狭窄并短暂的时空为个人膨胀的名利欲望扮演历史舞台上的跳梁小丑，这是判断具备公共性与否的标杆之一。无论是私利主义，还是媚俗的流行、对于日常生活的迷恋、后现代文化的席卷，都与市场体制的商业文明不可分割。商业和市场成为这一切芸芸众生的生存背景，尽管其催生传播的诸种新生力量，但是对于人文精神的挫伤已经成为青年创业者特别是大学生创业彰显公共性的征途中而需力敌相攻的阻障。

“道”的生存危机不仅在于目的性的定位，除了大学生技术性创业需要为了公共而思考，更需要在践行中体现公共性的使命。当公共利益在时代背景中凸显，其映衬了在选择发言对象和所关注事务中“学院派”创业者和真正公共知识分子之间的距离以及微妙的关系。

二　国内大学生创业者“公共性”意识的觉醒

本书之所以把研究对象定位为青年创业者，而非其他自然年龄阶段的创业群体，最主要的原因是目前国内青年群体中科技专家型知识分子创业群体密集。一方面，科技专家型知识分子需要拉近与公众之间的距离，实现科技转化，实现人生的意义；另一方面，大众也需要青年科技专家型知识分子的知识、技术和技能实现致富。快速发展的大众传媒刚好促成了两相的结合，因而，本书定名为青年创业与大众传媒，并在第四章专章谈及青年科技专家型知识分子创业群与大众传媒的关系问题。

以青年大学生创业为例，他们创业的根本目的不能唯利是图，不仅仅是为了创富。正因为他们是大学生，所以创业的过程中更需要创新和肩负更多的社会责任，甚至可以鼓励他们走公益创业之路，在参与公益创业过程中，能使他们回归知识分子的本真。知识分子应该具备这样一些基本特征：首先他们肯定接受过完整的高等教育，或者实际上已经达到这样的水平。其次，肯定是拥有某一专业或某一方面的理论或比较系统的知识，即成为某一方面的专家或学者。再次，他们没有局限于自己的专业或职位，而关注整个社会，至少应关注本专业以外的领域。最后，他们是具有批评精神的。大学生与其他社会青年相比，具有更高的眼界、更广阔的视野、更精深的专业学识，他们的科技型、知识性创业必定比普通的民众创业更能引领经济的发展和社会的进步。

（一）青年科技创业者启蒙与代理人身份的凸显

现代社会中，“车库创业”的成功案例广为人知，比如比尔·休利特和戴维·帕卡德在加州的一间车库里创立了惠普，乔布斯在车库里创建了苹果，比尔·盖茨在车库里创建了微软，Google 也诞生于一间车库。正是因为美国的车库多且价格低廉，所以让苹果、惠普、Google 等企业能以极低的成本创业。受此现象的启发，苏药于 2011 年 4 月在北京的中关村投资创办“车库咖啡”，这是一家以创业和投资为主题的咖啡厅，创业者只需每人每天点一杯咖啡就可以在这里享用一天的免费开放式办公环境。可以说，车库咖啡不仅是创业者的低成本办公场所，也是投资人的项目库，更是一个青年创业者的公共空间。2015 年 3 月，李克强总理在《政府工作报告》中提及“大众创业、万众创新”的口号之后，青年创业问题就显得尤为重要。本书大胆地预测并建议大力扶持大学生群体中的科技型、知识性创业项目，鼓励有技术、专长的大学生从象牙塔走向社会舞台，作为社会公共生活领域的向导，借由广播、报纸、电视和互联网等大众传媒放大他们相对知识、智慧和独立品格而言的启蒙的身份，给予他们充分言说的空间和渠道，以技术和致富经验的传授为基本路径推动公共性启蒙，开启民智，引导创新，推进整个社会在物质上和精神上的前进，维护公共空间的秩序。

（二）青年创业者面向公众发言的必要性

青年创业者之所以与传媒之间有千丝万缕的联系，是因为传媒作为一种传播沟通的渠道，能够将青年创业者的声音传播到社会的角落，与公众产生共鸣，对公众产生影响，进而对社会文明产生影响。

首先，选择公众为发言对象，能够直接地产生启蒙作用，有助于在和民众的共鸣中开启民智。从传统文人到现今体制背景中的学者，有很多生存方式，诸如著书立说、报章言论、学堂式演讲，甚至夜挑孤灯写日记。但是传媒赋予青年创业者的生存方式更多的公共性，当然，也赋予大众更多被开启公共性的渠道。大众传媒本身是公众获取信息、思想以及交流的渠道，传媒的载体属性对传播的范围、公众接受程度都有一定的影响。

在古希腊的城邦，苏格拉底会站在雅典的广场、庙宇、街头和作坊辩论，可能有聆听的学生会用笔记下老师的言辞，也可能围观的民众会用心记住这位哲人的深刻思想。在希腊没有大众传媒的时代，苏格拉底固然不是传媒知识分子，但是这种在公众生活的社会领地进行思想和智慧的传播，却堪称传媒知识分子的先驱。其对于所坚定的神圣职责怀有高度的自觉，为了履行自己的职责不畏死亡。苏格拉底说：“凡职位所在，无论出于自愿所择，或由于在上者委派，我想都必须坚守岗位，不辞行险，不顾一切，不计性命安危，宁死勿辱。”[①] 在这位哲学家看来，自己的职责既出于自愿选择，但更是神分派的；履行认定的职责，既是对自己负责，也是对神负责。为此，他告诉雅典民众：“我相信，我了解，神派我一个职务，要我一生从事爱智之学，检察自己，检察他人。”[②] 事实上，所谓爱智之学正是寻找启蒙的道路，苏格拉底认为自己即使受到死刑威胁也不能退缩屈服的职责正是启蒙。这位远古时代站在雅典广场上义无反顾的知识分子因为自认为肩负启蒙之责，所以选择饮下毒酒，拒绝缄默和逃亡。

1902 年，梁启超在《敬告我同业诸君》一文中，提出报纸的“两大天职”：“一曰对于政府而为其监督者，二曰对于国民而为其向导者。”所谓向导者，梁启超认为应当发扬“史家之精神，鉴既往，示将来，导国民以进化之途径”，亦要“若孝子之事父母，若良师之诱蒙童”。[③] 梁氏所言阐释了媒介与知识分子结合的启蒙作用。在康梁时代，报纸作为向导的作用即启蒙民众理解并接受当时以戊戌六君子所代表的追求政治改良的愿望，渐而蜕去封建意识，走向更加文明的现代生活。选择以公众为发言对象，向导及启蒙之用即更加明朗。

其次，以公众为对象发言，虽然间接但是能够在更大程度上影响政府的态度和决策。大众传媒时代，技术研发人员所发出的声音和言论的价值并不能仅仅停留在技术分析过程中，即公共性的体现需要具体和现实，纸上谈兵则只能应验“百无一用是书生”。

如果技术创业榜样的声音局限于小规模和小范围的辩论，而不能融入广大范围的民众之中，即使其动机基于公众利益，但其所产生的影响也将微乎其微。青年科技创新创业者作为知识分子的一面，他们的使命感，在笔者看来，应当在于改善社会现实，实现公共利益的达成。一项科学实验可以很快改善人类某一领域的生活便利，一个关于考证的课题可以告诉人类某一段曾经流失的历史，但

① ［古希腊］柏拉图：《游叙弗伦·苏格拉底的申辩》，严群译，商务印书馆 1983 年版，第 65 页。

② 同上。

③ 李华兴、吴嘉勋编：《梁启超选集》，上海人民出版社 1984 年版，第 335 页。

是这些都不是目前大学生的当务之急。反之，如果他们能够把研究成果拎进电视讲坛或者自己的微博、博客，同时这些学术成果能引起公众强烈兴趣而获得认可，那么它所产生的影响就不会按照原本缓慢的波纹扩散，而是可能溅起思想的水花，在一定社会范围内引起波动。

公众作为技术创业者发言的对象，在产生共鸣的过程中，其言论、观点甚至是逻辑和框架，都需要经过公众的检验。公众相对于大众而言，具有更强烈的自主性和能动性，因为与现阶段国内公众致富需求的接近程度决定其在面对社会现象时，更加具有敏锐性和判断能力。一旦经过公众舆论的层层过滤，发言者在媒介中的声音将在无形中增加力度以及理性程度。如果是海市蜃楼般的愿景或者架空的论证，自主的公众将难以接受；相反，经过公众的检验、与其产生强烈共鸣的言说将具有生命力和社会现实基础，引起国家组织和政府的关注亦在情理之中。

再次，当和公众站在一起时，青年技术创业者能够在公共社会的领域获取力量和灵感。事实上，因为社会中的公众是一个不断变动、流动的群体，有思考的能力、需求的压力和表达的动力，所以青年技术创业者有价值和有意义的声音能够得到有效的传播。他们的表达，其公共性之一体现于其陈述的内容和公众相关，而非闭门造车的想象，抑或曲高和寡的阳春白雪之调。当他们站在公众之中，面向公众表达，能够切身体会公众的经验和心情。

事实上，对于今天的青年技术创业者，拉近与“公众”之间的距离已经随着新媒体的发展而变得容易。从旧时代在报纸上无奈地选择“开天窗”方式向公众表达对于权威的愤怒到今天网络上的一呼百应，他们的声音已经能够在更多的时候直接触碰公众的感官，尽管受到大众文化和商品市场的影响，但是新媒体的特质以及技术创业者与新媒体的契合的努力，都缩短了他们与大众的距离。

三　青年创业公共空间与科技研发的普及

介入传媒的青年技术型创业者（为下文论述的方便，笔者称之为传媒青创者），除了关注的目的和所面向的受众，至少在关注的内容方面需要避免偏离公共事务。一般而言，专业的知识普及通常停留在技术的层面，而处于缺少公共性的范畴。传媒青创者往往能够通过媒介渠道，关注人类的终极价值和普世价值，在人类发展的坐标系中寻求价值标准的优化和平衡。

（一）青年创业者对公共事务的关注与融入

笔者认为，李克强总理之所以在当今时代背景下提出“大众创业、万众创新”，应该是基于把创新创业作为公共事务来对待。公共事务是指为了满足社会全体或大多数成员的需要，体现他们的共同利益，让他们共同受益的那类事务。公共事务的意义在于能够体现社会的普适价值，维护适合人类生存和生活的规则。青年创业者对公共事务的关注，其根本价值在于可以从发展的角度体现社会普遍的意义。笔者在前文中就提及，政府和社会各界把城市青年创业当作一项公共事务和民生问题来做的意识很快会复苏，城市青年创业的高专业化和创业事业的公益化也指日可待。

首先，公共事务能够体现最广泛群体的利益。所谓公共事务，是关系民众的民生、社会价值观的维护，以及协调统治阶层的理念和手段。公共事务一般绝不仅仅限于个人的所遇所感，在公共事务的解决和梳理过程中，不可避免从个案分析和阐发，甚至归纳总结普遍的社会意义。研究传媒青创者个案的公共意义在于，典型个案往往是一种社会现象的浮现和征兆，并可能在大众媒体的传播中对即使是身处事外的社会公众产生一定影响，其影响可能是一个时代中对于一个特殊群体的影响，也可能是对于一个社会的社会价值观的影响，甚至可能是对于之后多个时代的历史遗留影响。当涉及一个时代、一个社会的价值取向时，公共事务能够体现出最广泛的群体的利益。

20 世纪的中国，对于国家、民族、社会、自由和民主这些世界观、价值观取向，伴随着救亡图存、抗日战争、政治经济和文化的变革，都一起摆在知识分子的面前。后人对于周氏兄弟的评价取向正是对应了鲁迅（周树人）和周作人面对社会公共事务的态度和行动。当国家处于内忧外患之时，鲁迅在报刊中以杂文、小说等文艺形式、以犀利的笔触抨击社会的黑暗，关注百姓生活的疾苦，对于政府的无为和暴行以及国民的劣根性进行深刻的剖析。弃医从文并孜孜不倦地关注公共事务，奠定了鲁迅在一个时代无可置疑的知识分子形象。从学术视角而言，周作人学贯中西、读书万卷，对于文学、诗学的研究影响深远，但其对于公共事务的态度几近漠然，甚至因“木”和“呆”（鲁迅评价）走入歧途，曾经出任伪满洲国的教育部长。周作人对于公共事务的事不关己和木然之态，难以避免地为后人所责。尽管因文学写作和学术研究使其在文学史中成为无法回避的人物，但从知识分子的公共性以及其公共事务所惠及的人群而言，相对于鲁迅，周作人虽然在五四时期曾引领时代先锋，但其一生和公共事务联系的紧密程度决定其作家、学者身份多于公共知识分子。

公共事务往往直接关涉广泛的民众利益，其范围可能涉及经济、政治、文化诸多方面。经济一般直接关乎公众的民生；政治事务可能影响社会改革并关乎公众的日常生活；文化则涉及社会公众的价值衡量标准，是公众精神生活的映照。公共事务的触角探及社会生活的诸多角落，所以周围的民众都不可避免地受其影响。当公共事务置于公共空间时，里里外外都将无法回避。

其次，公共事务能够最大限度体现公共利益。因为公共事务的特殊性在于并非局限在一个人或一个小范围集体，而是可能波及社会和时代的变迁。传媒青创者通过媒介对于公共事务的关注或促进其解决，能够最大限度和公共利益保持一致。

公共事务的波及影响难以预估，后续的影响可能是直观的多米诺骨牌，也可能是隐晦的蝴蝶效应。对于 20 世纪的中国而言，辛亥革命翻开新纪元的一页，而作为马前卒的武昌起义，这种政治公共性事件的最大意义并不在于辛亥年在武昌的城区发生了什么事情，有多少士兵参加了武装革命。当拥护革命的知识分子通过报章言论支持响应这一划时代的历史事件时，是因为这场运动的影响在中国各地蔓延，关内十八省中的十四省相继爆发武装起义，统治中国 200 多年的清朝政府最终落幕。因为政治公共性事件影响的广泛波及，其不仅易于恩泽广泛的人群，而且更易于体现民众利益。当辛亥革命的枪声响彻中国的土地，其结束的已不仅仅是一个没落的王朝，更结束了中国2000多年“率土之滨，莫非王臣”的家天下对于中国民众的专制统治，这种终结使中国的农民获得土地有了可能，使中国的知识分子不会因言获罪有了可能，使像苏报案中章太炎和邹容那样在媒介中发声的知识分子不会有被控诉处以极刑的可能。从这些方面来看，公共事件不仅在横向共时的层面体现公共利益，更在纵向历时的层面恩泽后人。

再次，对于公共事务的关注能够使青年创业者和公众紧密地联系在一起，避免渐行渐远。公共性事件发生时，立场、视角和态度往往能够成为决定身份的因素。青年创业者对于公共性事件的关注，能够使其参与其中，聆听众言，揣测众心，为公众的利益而尽力。如此，青年创业明星能够置身于公众之中，而非做阳春白雪的隐士。

对公共性问题的思考，媒介青创者易于摆脱隔靴搔痒的表演者姿态，和公众紧密联系，进而保持对关系公众利益的社会现象和事件的敏锐感知。对公共性事件和现象的迟钝反应以及漠然应对，将让青年创业公共空间出现日渐萎缩的危机。对于公共事件的关注和参与，首先能够更加易于获得公众的信任，这种信任将影响媒介青创者和作为受众的公众之间的亲密程度。那么青年创业者，特别是非人文学科的科技研发型创业群体，如何借由大众媒介实现公共性启蒙呢？又要注意避免些什么呢？笔者认为，青年创业者可以通过参与公益创业来实现其对公共事务的关心。

比如，中国大妈跳广场舞这一社会现象普受争议，而西南民族大学学生杨震带着他的队员们却做起了“当广场舞遇上民族舞”公益创业项目。他们通过重新编排民族风广场舞，既传承了民族文化，也让大妈们的舞姿更优美。他们还通过计算一定面积摆放特定数量的蓝牙小音箱，有效降低噪声，让广场舞不再成为“扰民舞”，受到了公众的关注和欢迎。还有云南农业大学“冷库到底”团队的公益项目，主要通过“菌种处理废弃菜叶技术”，将蔬菜批发基地冷库中的废弃蔬菜发酵成有机肥料，可再用于蔬菜种植等。可见，公益创业实际上是一种更注重社会责任感和使命感的创业形式，在国外已流行了二三十年，特别是自2006年孟加拉国乡村银行创始人尤努斯获得诺贝尔奖，更是掀起一场全球范围的公益创业的热潮。中国公益创业整体起步较晚，2009 年前后，伴随着团中央“青年恒好”公益创业行动、“英国大使馆文化教育处社会企业家技能项目”、“清华大学公益创业实践赛”等一系列活动在国内的开展，公益创业在中国开始萌芽。如今在公益圈、创业圈，人们逐渐意识到公益创业对于社会和谐发展与推进社会治理能力提升的重要性，与之相关的“社会创新”、“影响力投资”、“公益创投”等领域的理论研究与实践也得到了快速的发展。一个以“公益创业”为核心，为实践孵化、教育培训、传播推广、投资交流为配套的生态系统初步形成。

与传统创业往往通过赢利和投资回报率来衡量成果不同，公益创业的成就主要来自项目对社会的影响。公益创业又不等于慈善，因为公益创业也需要回报，这样才能让项目生存下去，只不过更注重社会利益。为了培养大学生社会良知、责任感、商业职场能力，以及沟通合作能力，公益创业既需要创业者有创新挑战精神，也需要创业者有主动承担社会责任和传播主流价值观的精神。

大学生公益创业看似“高大上”，在实践中却面临着许多难题，比如眼高手低缺乏可操作性、社会认同度低、缺乏成熟的项目管理执行模式、缺乏宽松有力的社会扶持体系等，甚至更考验大学生的创业智慧。对此，北京大学汇丰商学院领导力研究中心执行主任杨思卓建议，大学生参与公益创业，除了培养自己的社会责任感，还要注重发现、挖掘、提升自己的领导力，学会如何保持良好的团队协作关系，学会如何用商业模式让公益项目更加持久地运转，这样才能在创业过程中快速成长起来，成为具备能力、懂得承担、愿意负责任、敢于决策、主动表达观点、关注社会和环境、懂得沟通的“青年创业领袖”。同时，高校应该重视对学生的公益创业教育，因为在这个过程中可以与思想政治教育、专业教育相结合，促进大学生社会责任感和实践能力的双重提高，更加有利于推动公民社会的建立。现在从大众媒介的宣传报道中可以看到青创人员成功后，以明星形象出现，开始实施公益，以娱乐圈通行的偶像运作方式实施公共性情怀的公众性输送。

（二）“公共性”视域中的青年创业群体

首先，是流于关注琐碎的日常生活。在今天的时代，公众难以对置身事外的群体产生信任和认同。而传媒青创者作为知识分子的公共性体现之一，是其与公众能否站在同一立场思考社会问题。现阶段在国内，最重要的创富问题。从传媒青创者所关注的事务这一维度考察，过度关注日常生活表面、对于平庸文化（诸多心灵鸡汤）的推崇以及人文关怀的缺失，这些现实中凸显的问题无不考验传媒青创者公共品格的完整。

事实是，媒介中活跃的传媒青创者（起初可能是应节目制作方的要求，后来就慢慢成了习惯）越来越多地关注日常生活表面，虽然日常生活是公众生活必需的组成部分，而且当代社会中的民众也着迷于斑斓多彩的日常生活。但日常生活的问题，通常其影响局限于小范围或者不具有代表性，以奇闻逸事的形态显现，或者纠结于个人的感性欲望、私利以及有悖于社会进化的社会现象，导致越来越多的创业真人秀节目越来越关注挖掘或者自爆创业明星的情感隐私。

现今媒介中对于琐碎的日常生活表象探讨的热衷，从道德和舆论的双重视角而言对于媒介知识分子是一个考验。从知识分子的良知和道德感而言，知识分子应该尊重和维护公众的利益，但是其有别于盲从大众和被大众文化收编。媒介知识分子不仅需要避免依附威权，也需要避免盲从大众流行文化和受制于大众舆论的压力。在商品化的背景和后现代文化的影响中，从审美到审丑都成为大众文化中顺理成章的事实，在满足感官欲望的同时，大众可能在真实的生活和想象的世界之间迷茫，在主流意识形态和亚文化生活状态之间徘徊，在追求幸福和感受生存压力之间挣扎——这些是大众难以彻底摆脱的命运。向大众献媚，将视线停驻在日常生活，难以承载传媒青创者的道义和使命。

总之，与日常生活紧密相连的是平庸文化的流行，当人们的目光过度流连于平面的生活，当知识、技术和文化失去内蕴的意义，相关创业的一切都被媒介娱乐化，那么这种传播即近于对平庸的推波助澜。

其次，是对大众娱乐文化的推崇。当创业经历的生产和传播完全嵌入大众媒介，就已在一定程度上剥离了它原本的意义，这种叙事无须对其景仰和精神层面的体味。当创业叙事完全嵌入大众媒介的传播流程，沦为大众娱乐文化，原来的智慧、灵韵和崇高即消失殆尽。

从19世纪尼采的“上帝死了”到20世纪利奥塔喊出“知识分子死了”，知识分子曾经的权威光辉被抹去。究其原因，一则是大众文化对于平庸文化的放纵和推崇，二则也是曾经身为权威的群体自身日趋无力并没落于世。社会中的大众文化和市场经济的放纵使创业叙事迅速商品化，变成工厂流水线上被加工的一个塑料瓶，先是瓶身，再加工瓶盖，最后二者合一。原本的神韵在加工的流水线中消失了。比如，有部分人文科学专业的大学毕业生创业就是恢复了社会中一度出现的一种现象，一些地区或者村落的一些失传的文化习俗，但是当地人或者村民却根本不懂或者无法理解这种文化习俗，原本失传的文化经过这些研究者的打磨，而后又教给当地人，雇用当地人用以表演赚钱。直到现在，这种非正常的复古行为此起彼伏。之前，围绕失传的纳西古乐曾辩争不已，甚至当地人为了“失而复得”的古乐的合法性想要诉诸法律制度。其实，今天到很多中国乡村旅游，商业打磨的文化之于观者已是习以为常。在这些作为文化创意创业的运作中，图腾的神秘、原生态的纯粹都不复存在，却浮现于、体现为各种表演。在这些现象中，媒介和学者、研究者的身份往往是幕后推手，直接参加文化生产的流程操作。其本质说好听些是创业，说难听些就是牟利。

第二节　大学生创业者与大众传媒

围绕大学生创业的专业性和公共性，见仁见智，而这种思辨能够追溯至古老的器用之争，自由主义的历史运命与发展历程同部分大学生创业者具有知识分子品格的历练与酝酿交织盘错。在此，再次重申，本书关于知识分子的定义很复杂，现在中国普遍认为的有学历有专业就是知识分子，其实不是，那顶多叫专家，或者王朔所言的知道分子。知识分子是要在社会形而上层面，在谋取社会公共利益方面做出贡献或者有这方面的努力。意即同样是一位大学生，在不同事情中，作为主体，身份不一样，在推广技术的普及知识的时候他是专家身份，在号召节约型生产、环保型创新的时候他就是知识分子身份。大众传媒的特性对于带有知识分子性质的那部分大学生创业者而言存在挑战，但是在硬币的另一面同样存在机遇，适可的相融对于他们的专业发展和出路而言提供了新生的力量和再辟蹊径的指南针。他们作为专业知识分子介入传媒公共空间的方式和途径随着媒介科技的进化亦在不断演绎和勾勒出新的历史图景。

一　关于大学生创业者的几个特殊命题

福柯关于"普遍知识分子"和"特殊知识分子"的两种知识分子角色论，对本书研究颇有启发。在知识分子的进化历程中，自由主义的思想几乎融入了每一历史时期知识分子奋争的战场。知识分子的普遍专业性和特殊公共性为其身份的定位共同参与构画一个完美的圆。

（一）理论依据：两种知识分子之辨

萨特说："一位原子能科学家在研究原子物理时不是个知识分子，但是，当他在反对核武器的抗议信上签名时就是个知识分子。他说出了我们不甚了解的事情，即如果要成为一位知识分子，那就是要成为除了技术人员、专家，甚至科学家、学者或者艺术家以外的别的什么人。知识分子就是那些运用专业知识，运用接触专门知识的优势以及使用符号的能力来为更为广泛的公众谋利益的人。"① 研究原子物理时体现的正是知识分子的专业性，在反对核武器的抗议信上签名则是体现了知识分子的公共性和自主性。不可忽视的事实是，一个研究原子能的科学家的抗议所产生的影响及力度远远超过其他人。所谓"没有调查就没有发言权"，作为专业学者的知识分子在传媒中的言论更容易被受众接受，其能够成为某一相关具体事件的意见领袖。

关于知识分子的专业性和自主性，福柯提出著名的两种知识分子角色理论：从普遍的知识分子到特殊的知识分子。所谓普遍知识分子

① 徐贲：《知识分子：我的思想和我们的行动》，华东师范大学出版社 2005 年版，第 4—5 页。

自认为是真理、正义等普遍价值的代言人、携带者，是全人类的意识与良心，即代表所有人在说话。“知识分子不再以‘普遍性代表’、‘榜样’、‘为天下大众求正义与真理’的方式出现，而是习惯于在具体部门——就在他们自己的生活和工作条件把他们置于其中的那些地方（寓所、医院、精神病院、实验室、大学、家庭和性关系）进行工作。……这就是我所称的‘专家性’知识分子，他相对于‘普遍性’知识分子。”① 福柯坚信社会的变化导致了“独立自主、无处不在的普遍形式上的主体”消失。人们已经不再要求知识分子充当代他人发言的角色，知识分子并不通过普遍的、范例性的形式发挥作用，而是在特定的领域（如医院、实验室、大学、家庭）发挥作用。福柯所纠结的问题是知识分子的专业性被无限放大，遮掩了知识分子自主性的一面。

利奥塔所宣称的“知识分子之死”与福柯不谋而合，甚至更加激进。在他看来，“知识分子之死”是同对知识合法性的解释取向相一致的，以往对知识合法性的解释已遭到后现代知识状态的舍弃。“知识”充满着异质性，语言只是“句子的一个片断，信息的一个碎片，一个字出现了，它们马上和另一个‘单位’联系了起来。没有推理，没有论点，没有中介”②。在后现代的知识背景下，“知识分子”身上的神圣光环已经褪去，留下的只是平常的、专门性的技术工人的命运。利奥塔和福柯一样对于知识分子自主性的丧失感到悲哀。无论是福柯，还是利奥塔，专业性的内涵指向特定领域的技术，而自主性则和普遍的价值、意义相关联。

（二）大学生创业者的“特殊专业性”与“普遍公共性”

因为大众传媒的发展，大学生创业者的存在通常会指向特殊专业性与普遍公共性两种品格。1968 年“五月风暴”后，福柯曾悲哀地说，普遍的知识分子从此销声匿迹，只剩下在各专业领域里忙碌的“专门家”。换言之，如果饱读诗书的大学生仅仅关心实验室

① 《福柯专访录》，载《东西方文化评论》第三辑，北京大学出版社 1991 年版，第 262 页。

② 包亚明：《后现代性与公正游戏——利奥塔访谈、书信录》，上海人民出版社 1997 年版，第 161 页。

里的小白鼠和试管，在大众传媒中告诉公众小白鼠的基因构成，那么他并不是我们未来发展需要的真正的带有知识分子性质的创业者。因为即使高超的工匠之技也无法使顾自忙碌的“专门家”，在不具有普遍公共性之时将不被认为承担公共知识分子的职责。但是这并不是对特殊专业性的贬低。

我们期盼的理想的状态是，大众传媒中慷慨陈词的大学生创业典范，对于其“公共性”的强调和瞩目与对于其“知识性”的强调并重。可惜事实上，目前，且不论公共性，对于大学生创业明星的娱乐性要求倒成了第一位的，这是令人遗憾的。从理论上讲，特殊专业性的内涵关涉专业知识的能力，这是大学创业者之公共知识分子确立合法性地位、以“知识分子”身份生存的基础。公共性更多地指向他们的良知、道德和伦理，而每一个人都无法站在道德高地上指点江山，因为道德无法成为一种权威话语，只是履行“行动”和“实践”的角色指南。索尔仁尼琴被称为“俄罗斯的良心”，其一生中的大部分时间是在监狱与放逐中度过的，他包括《癌病楼》、《第一圈》、《古拉格群岛》在内的所有作品都透出一个坚强信念，反抗强权对心灵的控制。索尔仁尼琴坚称：“我绝不相信这个时代没有放之四海而皆准的正义和良善的价值观，它们不仅有，而且不是朝令夕改、流动无常的，它们是稳定而永恒的。”八年劳改、流放哈萨克斯坦、被开除出苏联作协、被驱逐出境、流亡欧洲和美国，这个炮兵上尉、劳改犯、中学教师和流亡者一生的良知和道德践行饱经磨难，却能够永远烛照未来。关于道德和济世的公共性品格的力量是在现实的践行中凝聚的，不是一个抽象的理想国。这种需要在具体的行为中被检验的公共性是公共知识分子必需的品格，但是这种道德的力量不能赋予其之所以成为公共知识分子足够的合法性。

大学创业者中希冀成为公共知识分子的那部分群体，需要能够确证自身合法性的特质。如果说公共性在这部分大学生创业主体性的建构中是画龙点睛之笔，那么专业性则是主体合法性建构蓝图中的厚重的基石，经积累的求知过程积淀而成。这种积淀是鲁班之斧、关羽之刀，是传媒中慷慨陈词的他们的言语的理性之所在。许小年在博客中讨论经济形势、金融危机，首先是因为作为经济学和金融学教授的许小年博士在经济学领域具有一定的知识权威性，有胜任世界银行顾问的能力。经济是每一个现代人社会生活中的问题，这一领域并非只有许小年、樊纲和吴敬琏有发言的权利，但作为大众传媒中的知识分子，公开讨论和发表意见的前提是具备经济领域的专业性知识，才能够具备对经济言说的资格。因为，在网络论坛、博客甚至是报刊、电视节目中，对经济指点江山的人可能来自社会的任何阶层，但是大学生创业者中的带有知识分子特质的那些人的特别之处在于其必须对公共负责，公共性在这里提出要求——以公共生活为基点，以公共利益为目标，而不是根据自身所处个人领域中的感性而表达。作为传媒中大学生创业主体的公共性需要他们根据自己的专业知识和理性的思考而发言，剖析现象、阐释过程、客观地价值判断、理性地前景预测。

二　大学生创业者“公共性”的展示

尽管大众传媒的世界风起云涌，甚至灯红酒绿，但其本质依然是一个客观存在的平台和载体，至于在传媒世界发生了什么事情，更多的影响因素来自于驰骋于其间的人。大学生创业者和大众传媒的共生与相融存在希望和机遇，而支撑起平衡的阿基米得支点将需要他们孜孜不倦地不懈探索。

（一）原本是一个平台

大众传播媒介本身是客观存在的一般载体，现代社会的意识形态游走其间。现今学界多从社会学、文化研究、传播学、政治经济学等视野，从批判的维度，阐释大众传媒这一背景语境以及其中的芸芸众生，以保持与一般大众社会意识形态之间的距离。然而作为平台的大众传媒本身，并不是具有意识形态的主体，一部分大学生创业者通过与大众传媒适度相融的方式，佐证他们的专业性未必一定将在作为客体大众传媒平台中消解。这些践行与传媒适度相融的大学生创业者，不仅能够在一定程度上行使一般社会意识形态代言人的角色，而且将自身的独立专业性向公众普及，使其原本阳春白雪的专业知识不再驻足于小众领域。主动寻求专业性与大众传媒的相融，是出世的知识分子的积极生存方式和价值观趋向，是一种敢于担当的责任意识的现实践行。这种践行能够为市场导向的传媒商业注入深沉的内涵和拒绝轻浮的生机。无论在转型期还是成长期的社会，传媒能够赋予表达者无以比拟的话语权利，为其宣扬自己的理念，甚至这一工具最终蜕变为颠覆现实社会的强大武器。同时，传媒也能够成为大学生创业者专业性渗入民间的渠道。布尔迪厄指出："从左拉到萨特，新闻界一直就是知识分子思想表达的通道，是知识分子革命战争的前沿，如果在任何一次知识分子的讨论中，新闻界起不到扩音器和讲坛的作用，那么事情就不会顺利。"①

1905 年，科举制度废除，众多士大夫阶层的读书人摆脱传统经典的束缚。彼时，报纸杂志成为知识分子环绕的核心，他们的知识生产借助上述印刷传媒实现民族国家的主题。这群中国 20 世纪初期的知识分子竭力寻求与大众传播媒介的适度相融，使得晚清社会的报业出现了根本的转折。据李欧梵先生的考察："它不再是朝廷法令或官场消息的传达工具，而逐渐演变成一种官司场以外的社会的声音，报纸对于现代民族国家的建构与民主制度产生起了巨大的作用。"②

梁启超是近代中国早期传媒思想的集大成者，作为中国近代传播史上承前启后的知识分子，曾在《时务报》发表其第一篇表达新闻思想的文章《论报馆有益于国是》。"无耳目、无喉舌，是曰废疾。今夫万国并立，犹比砍也。齐州以内，犹同室也。比邻之事而吾不知，甚乃同室所为不相闻问，则有耳目而无耳目；上有所措置之不能喻之民，下有所苦患不能告君，则有喉舌而无喉舌：其有助耳目喉舌之用而起天下之废疾则报馆之谓也。"③ 这一著名的"耳目喉舌论"提出传媒所要担负的具体任务，进而阐明如何利用近代传

① 《新周刊》：《像布尔迪厄一样透视传媒》（http：//www. ilong. cn/index. php？m = content&c = index&a = show&catid = 215&id = 12900）。

② 李欧梵：《"批评空间"的开放》，参见《现代性的追求》，生活·读书·新知三联书店 2000 年版，第 4 页。

③ 梁启超：《论报馆有益于国是》，《时务报》第 1 册，光绪二十二年七月初一（1896 年 8 月 9 日）。

媒的话语权力来推动近代中国社会的变革。同样，借助了19世纪末最著名的知识分子的力量，中国报纸的影响力才开始抵达一个新的高度。

在当代经济学领域，一些经济学公共知识分子努力以传媒知识分子的角色演绎自己的身份。著名的中国经济50人论坛成立于1998年6月，由一些经济学界人士在北京联合发起。作为独立学术群体，其以公益性、纯学术性为原则，但并不仅仅致力于单纯的学术交流，而是定位于集合各个领域有着深入理论研究的专家对中国经济发展中的问题及政策建议的研究成果，希望用他们研究的思想精华对中国经济改革及各行业的发展起到推动作用。因此，这一论坛的公共性非常明显，实际上，论坛几乎囊括了当下国内所有知名经济学公共知识分子，包括樊纲、林毅夫、龙永图、茅于轼、盛洪、吴敬琏、张维迎、周其仁等人。

2003年8月，论坛成立记者俱乐部，实行开放式入会制，从其2010年7月已公布的会员名单来看，有69家媒体加入，大多为主流财经媒体，分别来自中国内地、中国香港、新加坡、美国、英国等地区。对于经济学公共知识分子而言，使用大众传媒表达自己的专业理念，传播能够得到公众积极的反馈，这是将其专业性与公共性融合的有效路径。2006年12月22日，50人论坛与新浪财经频道签订合作协议，决定双方共同在新浪财经频道开辟中国经济50人论坛学者专区，合作开办新浪财经年度宏观经济形势专家分析与展望系列访谈节目，新浪财经频道还将对论坛的各项重大活动给予全面深入的报道支持。2007年1月11日，论坛与《21世纪经济报道》达成合作，在《21世纪经济报道》开辟论坛专家专栏，支持论坛年会及相关研究活动。2008年3月，“长安讲坛”与新浪网合作，以“中国经济50人论坛——新浪长安讲坛”的新面貌出现，成为新浪财经频道定期视频节目，受众可以直接点击观看演讲实况，覆盖面和影响力更加扩大。

1991年11月，布尔迪厄与美国前卫艺术家哈克曾在巴黎进行了一次关于“自由交流”的著名谈话。谈话以当代自由知识分子在坚持人性、真实、平等的基础上，如何在精神领域和物质世界建立价值批判的自主性和独立性为主题。他们在分析了政治与经济的合谋后，对知识分子在当代的处境深深地忧虑："政客和商人很难成为知识分子的同路人，与他们的合作必然导致分歧，于是布尔迪厄提出一条新思路，即与传统盟军——新闻界携起手来。"① 西方众多知识分子曾将媒体视为表达的一个话语系统加以利用。著名的英国广播公司曾推出瑞思系列演讲，汤因比、萨义德等人就曾在这个平台上作过著名的演讲。特别是萨义德的《知识分子》一书，就是其在 1993 年的瑞思系列演讲中结集而成的。

大众传媒作为一种传播工具的优越性确实很难让知识分子等闲视之，"媒体正在固定地生产和传递大量的知识，今天的知识分子如果想要获得公众的认知，就必须参与媒体"②。对于批判性的知识分子来说，在媒体霸权时代新的挑战是："在一种强调表面现象和经常使用公共话语非政治化的社会秩序里，激进反叛被迫不仅去明确有力地表达反霸权主题和可能性，而且还得打入媒体控制的密致世界里。"③

"抱存偏见，断然拒绝在电视上讲话在我看来是经不起推敲的，我甚至认为在条件合理的情况下有上电视讲话的'责任'。"④ 我们甚至需要引导大学生创业成功者建立与媒体相融的责任意识。不过，布尔迪厄也曾说："上电视的代价，就是要经受一种绝妙的审查，一种自主权的丧失。"大众传媒作为载体的特殊方式和技巧，往往会损害大学生创业成功者的表达，可能使受众对大学生创业成功者本身产生不信任。因为，大学生创业成功者须在完整的时间内表达一整套他们的创业技术和思想，被肢解和分割的思想与观点将显得浅薄而怪异，常常遭受嘲讽和戏谑。而大众传媒的本性决定其对大学生创业成功者的表述通常难以避免断章取义，这对于深刻的

---

① 李青果：《交流何以不能自由》，《读书》1997 年第 9 期。

② 许知远：《安东尼·吉登斯：失控世界的知识领袖》，《经济观察报》2003 年 4 月 21 日（http：//media. news. sohu. com/78/34/news212833478. shtml）。

③ ［美］卡尔·博格斯：《知识分子与现代性危机》，蔡海熔、李俊译，江苏人民出版社 2002 年版，第 226 页。

④ ［法］皮埃尔·布尔迪厄、［美］汉斯·哈克：《自由交流》，桂裕芳译，生活·读书·新知三联书店 1996 年版，第 10 页。

语言能否被受众接受无异于雪上加霜。

（二）相融却不合谋

我们知道，公共性本身是从公共利益出发。被我们寄予厚望的带有公共知识分子身份特征的那些青年创业者，他们的合法性的建立也需要其专业性的沉淀。在现实社会中，对于专业性形成干扰的是传媒的操作形式以及传媒参与其中的商业文化背景。不过，他们现在纷纷投奔大众传媒的原因之一，在其所处专业性领域的同行评价已不再像传统评价体系中那样极为重要，而其在传媒平台上所获得的知名度，即他们所获得的在电视或者网络视频节目中亮相、杂志上的热评、铺天盖地的人物专访等，逐渐成为其成功的显著象征。布尔迪厄指出："传媒的评判越来越重要，因为一个人能否得到承认，有可能取决于他的知名度，然而，现在人们已经弄不太清楚一个人的名气到底应归功于传媒的好评还是同行间的声誉。"①

前文提到的网上吵得沸沸扬扬的"南京某大学教授校门口开卤菜店一个月挣20多万"，即是一个典型的知识分子型创业者与大众传媒相融却不合谋的案例。该报道中的主人公南京农业大学的黄明教授，受市场需要安全食品的启发，研制了"南农大·黄教授"卤菜。现在，黄明既是团队研发指导老师，也是卤菜店老板。他认为："两个角色并不冲突，我们有了新的研发成果，可以及时推向市场。"当了"老板"的黄明并未放弃教学工作，每周他为本科生上一次课。有17位本科生和研究生在他的团队中工作，边实践边研究，大部分人在研发团队，有几个在门店社会实践。学生们在整个过程中对市场有调研，对产品可以进行加工改进，比坐在家里写论文要踏实。因此他的创业得到了学校的大力扶持。卤菜店品牌名称中既有学校的名字，也有他本人的教授头衔，其实他们是在"把南农大的百年招牌，和黄教授个人声誉全压上，保证肉品的安全和质量"，从而实现对市民的承诺。

社会学家、南师大教授朱强对黄明亮招牌秀品牌的意识很赞

① ［法］皮埃尔·布尔迪厄：《关于电视》，许钧译，辽宁教育出版社2000年版，第70页。

赏。朱强认为，大学教授走出书斋，这本身就是一个创举。“知道通过品牌意识来提升食物、食材的安全，这本身就具有一种创造性。把知识转化为有效的品牌输出，这对大家的餐桌、每个人的生活，都是一种积极的贡献。并且，大学教授创造品牌，这和做科研并不矛盾。把理论研究回归于现实本身，这既是对理论的验证，也是更好地把握研究的前沿。这是理论与实践的完美结合，我为他点赞。”对比过去不能光明正大，来看黄教授现在的“公开”、“高调”，朱强指出：“这体现着社会进步，公众对知识分子的宽容。知识分子对自己学养、对社会贡献的自信。在鼓励全民创业的今天，教授不应该畏畏缩缩躲躲藏藏，创业就应该鼓励，就应该高调，就应该得到社会的认可。”① 可见，黄明教授的创业事迹验证了前文中提到的知识分子型创业者的公共性和专业性。

在大众文化中，现代性思想的深度价值被消解，平面化、复制化的文化碎片占据当代人的思维空间。人们的生活趋向热衷消费，由大众传媒和时尚所引导。具有深度价值的思想文化无法缓解当下大众的紧张感和焦虑感，人们追求的是一种快速消费的娱乐性文化产品，满足感官的需要，获得心理的满足。传统传媒知识分子所承载的启蒙和救赎思想呈现出浮躁和无力，传统知识分子完成了由传统立法者滑向现今新媒体形式缤纷非凡的后现代阐释者的转变。

在与大众传媒的合谋中，带有公共知识分子身份特征的那些青年创业者表达的挫败和自主权的丧失使其自我身份的确立，往往趋向饮鸩止渴的选择。高度发达的消费社会在反智的走势中产生商业化的流行文化的“学匠”和“快餐文化”，既不利于他们创业理念进一步的发展，也不利于其话语权的表达。“大众文化产业中的知识分子所遭受的主要挫折，根源于他对自己的工作缺乏控制以及他被一个作者不明的生产过程所同化，在这个过程中他也丧失了他的

① 蔡蕴琦、丁欢：《南京某大学教授校门口开卤菜店一个月挣 20 多万》（http://news.ifeng.com/a/20150916/44663803_0.shtml?_share=qqZone&tp=1442332800000&from=singlemessage&isappinstalled=0）。

自主权。"[①] 无论势利的献媚者，还是自恃甚高的精英族群，都难以在传媒的平台上找到舒适的立足之处。尊重大众和对自我职业的敬畏感是知识分子的专业性存于传媒图景中的支点。安·兰德对"新知识分子"的定义为："就是那些乐于思考的任何男人女人。所有那些明白个人的生活必须仰赖理性指导的人，那些珍视自己的人生，因而如同不愿将这个世界交付给黑暗时代和暴徒的统治一样，不甘屈从于在这个现代的玩世不恭的虚无的丛林中对绝望崇拜的人。"[②]

当带有公共知识分子身份特征的那些青年创业者的专业性在合理的制度中和大众传媒适度融合时，并不会因为其专业性和学院化而被"去势"。但是，如果身处的制度是工具主义和实用主义的产物或附庸，尊重公众和知识的程度将在工具和实用的维度中被降低，甚至技术、知识和思想等将失去应有的价值和意义。价值的直接指向是公共性，而价值被消解的专业知识，却不具备这种本质特征。实用和工具主义诱使他们摒弃文化，离开公众，返回书斋和实验室，在专业技术中寻求自我身份的确立。这种背离社会和公众的专业性，因为缺失在公众生活中发挥影响的力量，被实用主义蛊惑的持有专业知识的一部分创业者，在其知识的公共性被剥离的过程中，"去势"成为不可避免的命运，知识持有者的身份随着越来越接近技术性学者，将更加远离公共知识分子。阿基米得撑起地球的支点是需要一个平衡的交融，对于传媒创业者而言，专业性撑起青年技术创业者的学术视野，使之能够具备深刻分析某一领域问题的能力；独立的理性思考则有助于使专业知识应用于公共性事务并指引其避免狭隘的批判视野。

三　青年创业者如何介入传媒"公共空间"

时下，不容否认的是，创业与大众媒介相融，至少在表面上呈现出娱乐化特征，成为学理意义上的大众文化。众所周知，大众文

---

① ［美］刘易斯·科塞：《理念人：一项社会学的考察》，郭方等译，中央编译出版社 2001 年版，第 363、364 页。

② 徐贲：《知识分子：我的思想和我们的行动》，华东师范大学出版社 2005 年版，第 7 页。

化无所不包，且矛盾无所不在，即大众文化融颠覆与认同、痛感与快感、单纯与混杂、透明与暧昧等对立因素于一体；大众文化是消泯现实沟壑的一道洪流，它取消差异，填平一切，无第二现实，它以柔曼的轻纱、缥缈的晨雾、莫须有的浪漫包裹事物本身，从而得以遮蔽住真的存在；大众文化是现在进行时的，以便能够让人像狗一样莫名其妙地撒欢和撒野；它无视过去和未来，只求愉快地度过眼前的每一分钟，它令思想的神经永远松弛。大众文化的基本形式是视听文化，它的生产流程是由文化工业所主宰的，它是对于印刷文化的轻慢、反叛和出走。大众文化的核心是意象形态，而非意识形态。意象形态的第一功能是传播而非生产，是消费和享乐而非意义的追寻；意象形态正在为严肃文化的生产者们所取用，因为一旦意识到传播即效益，它就不顾一切了。大众文化在当下的中国，不是知识群体的抵抗对象，而是争相挤占的地盘，同时它被为主流意识形态若有所悟地引为一种新的有效的资源和手段。总之，大众文化的本质是媚俗，而媚俗并不只具有我们通常理解的取悦于大众这么一个意思，这个词的含义重要的不是俗，而是蛊惑性的虚假。西方的一位评论家把它定义为“故作多情的群体性谎言”似较准确。

（一）一种反思的视角：大学生创业已成为大众文化的一种

也许很多人看到这个小标题，会心存疑惑，甚至断然反对，但本书的观点认为，在很大程度上，创业因为大众传媒的蛊惑，事实上在高校校园里已经演化为一种小资情调，正在或已经成为青春的普遍困惑，成为青春此在的一个时髦的证明，也并不是毫无根据的。因此，笔者认为它也是一种大众文化。

在这儿，我们的话题又要绕到关于知识分子上面来，这样的绕法看起来离主旨远了些，其实一点也不远，因为越是要拨开具有迷惑性的表象探究到本质，迂回的路径会越长越繁复。大学生创业中的非专业性典型在网上被关注的也很多，比如大二女生晚上在学校门口卖铁板鱿鱼、大学生卖烧烤、大学生校园内摆摊设点卖小商品等。但凡对高校熟悉的人都知道刚过去的2014年，伴随微信疯狂地普及，似乎所有高校的美女大学生都在做微商卖面膜，满课堂的面膜姐，卖给谁？又是谁在买？无论上课还是下课时间段，笔者的微信都有面膜姐们的刷屏，各种搔首弄姿，反复咏唱，作为高校教师，笔者无法从这些学生的微信和其他网络交往平台上感受到她们的学生身份，如果有，那只给人一个错觉，这些学生大学四年都统一念一个专业，那就是营销学，而且只学一门课程“如何诱导消费者完成消费”。

联系上文，笔者把以上这些在利用专业创新、创业之外的领域的大学生，列为淘宝叫卖型创业，他们与大众传媒的关系，非适度相融，就叫合谋——通过直接变身大众文化主体参与利益分配。大众文化早已成为我们社会生活的表皮，而我们当前社会除表皮之外似乎并无其他，所谓的社会责任、担当等都被大众文化、娱乐暂时搁置——至少大众文化是这样来规划和想象这个社会的，而知识分子、大学生群体作为中国社会唯一可能的批判群体，连在某种原因下久已形成的犬儒主义的最后一张虚假盾牌也光荣地放弃了，这一辉煌的归顺无疑极大地推进着大众文化这一规划的早日实现，这一切都是在大众文化的遮羞布下进行和正在完成的。

于是，我们的时代出现了以前任何一个时代都未曾出现过的全民共谋的崭新格局，高尚与卑下，道德与羞耻，罪恶与欢乐，反抗与投降，以及更多的文化甚至政治的沟壑，都被一一填平，或者至少是可以视它为无有。知识分子的内心安宁也提早实现了，因为他终于卸下了民族和时代良心的重担，而所谓灵魂工程师的角色也因为灵魂的缺席而理所当然地无须扮演了。几年前我们曾将此称为世纪末现象，这一称谓在中国式语境中隐含着这是一场可以度过的危机的意思。然而，现在已经是新世纪了，我们只好将它称为全球化，意思是如此处境不独中国才有，所以更加可以心安理得。中国制度下的中国社会和文化却也同样不可予以深究，因为社会和文化都只是一张大饼，大家分而食之即可，何况还有大众文化的轻歌曼舞从旁伴奏，消泯着可能的道德感和羞耻心。

大学生创业目前在高校校园已经沦为一种大众文化，这个事实众所周知，但对笔者来说，意识到这一刻的时候，依然非常震惊。相信，今天把这个结论单独以一个小结写出来或者说揭露出来，也显示了本书批判的勇气和精神，并再次重申本书的基本论述路径、重要观点和建议：本书大胆地预测并建议大力扶持大学生群体中的科技型、知识性创业项目，鼓励有技术、专长的大学生从象牙塔走向社会舞台，作为社会公共生活领域的向导，借由广播、电视和互联网等大众传媒放大他们知识、智慧和独立品格启蒙的身份，给予他们充分言说的空间和渠道，以技术和致富经验的传授路径推动公共性启蒙，开启民智，引导创新，推进整个社会在物质和精神上的前进，维护公共空间的秩序。进一步而言，我们主张青年创业者，特别在现阶段鼓励大学生群体成为李克强总理提出的"大众创业、万众创新"口号的积极响应者，并相信，目前只有且唯有激活这类群体，才能在国内最大化、社会化、普及化李克强总理的口号，在经济层面上根本性解决国内就业难题，释放就业压力。从形而上层面解释这个提议的合理性就是，这个群体的特征以及从"五四"开始的中国青年群体的公共性传统，决定了本书的这个路径是合理的；同时，这种路径的选择类似龙应台选择的改良渐进："表面上的文化问题、环境问题，真正挖掘下去，背后都是政治问题。但政治氛围又不允许一个作者碰，那你怎么办？你只好从表面的经济问题、环境问题、社会问题、教育问题着手。"①

（二）借人文、科技创业中遭遇到的发展矛盾，组织公共讨论

以上把创业变身为大众文化介入媒体公共空间的方式，并非本书所竭力推崇的一种方式。在本书快要结束的时候，呼吁青年创业者中的大学生创业群体能不抛弃其知识分子身份，与大众传媒相融但不合谋。

首先，对于在媒体中出现的新闻事件和文化事件的分析和辩论是介入公共空间的重要手段，也是一种非常直接的介入传媒公共空间的方式。

新闻事件本身反映了公众生活的一部分，尽管引起社会关注的新闻事件发生具有直接诱因，但其背后的故事和深层次的社会原因更加值得关注，隐伏的因素可能关联更广和更深的社会关系。对于新闻事件的关注，不仅是对于单一事件的解决需求，同时能够为公

① 龙应台：《我的不安》，南海出版公司2001年版，第226页。

众引以为鉴。在普通公众的视野中，往往会关注事件本身，而忽视对于社会原因的探析，那么对于新闻事件的社会原因、历史原因，将其置于横向的社会环境抑或纵向的历史环境中避免狭隘的视野，这些是具有公共性的大学生创业者所不可拒绝关注的焦点，不仅仅是与自己创业项目有关。总之，参与并不单单是解决一件事情本身而参与其中，更重要的是产生波纹的影响。

其次，可以借人文、科技创业中遭遇到的发展矛盾，组织公共讨论和社会运动。组织公共讨论通常是将自己的学术观点置于公众的视野，在多数公众关注的情况下，引起社会范围的讨论并达成共识，以影响公众的价值观、世界观或者对于具体事件和社会现象的认识，产生能够维护公众利益的社会行为。

最后，自然科学领域，还可以借助分析技术路径介入公共领域。自然科学领域有别于人文科学。自然科学通常是可以证伪的，通过实验能够验明结果，正确的学术结论能够历经反复的推敲和试验，而错误的结论往往在事实面前无法立足。一项知名的医学成果，如果患者屡屡不仅无法康复，甚至带来致残，那么这种所谓的医学成果将不仅在客观上危及公众健康，并且会造成学术标准的失衡。对于这种事件的挑战，是一个需要勇气和良知的知识分子所要做的事情。

（三）大学生创业理念来源是公众

即使是媒介中活跃的大学生创业者本身，其思想的来源依然是公众，是从社会到报纸，而非从书斋到报纸。公众的社会生活构成他们不断在媒介上讲述的人生思想、创业理念的源泉、作品的素材和文字的动力，所以时代契机对于作为传播者的大学生创业者和作为受众的社会公众都是不可或缺的舞台背景。另外，大学生创业者一旦进入媒介发声，对于自身的“把关”同样重要，因为他们呈现在媒介之上的文字和声音仅仅是一种表象，而他们的言论所代表的阶层利益才是根本。这恰恰提醒着他们，必须认清自己肩负的责任，而不是沦为特殊利益集团的代言人。

相信，这又再一次证明了本书论题对时代发展的重要存在价值。

第三节　作为“创业监护人”的高校管理者

面对大众传媒，高校管理者的批判性是其作为大学生创业监护人所必需的品格，但是这种品格并非天赋，其所承受的危机不仅来自客观的制度环境和文化环境，也来自主观维度的内心世界的压力。对于现实中的高校管理者而言，在其批判性遭遇尴尬时，上帝关了一扇门，却打开了更多的窗，批判性的孕育仍存在多维度的契机。对于他们而言，从技术性、道德性到整体性的思考和批判的品格是一种需要在历练中打磨而成的升华。现实中“批判性”边缘化的际遇值得更多的思考，因为批判性已经成为高校管理者无法回避且必须具备的品格。

一　传媒制度与高校管理者的“批判性”危机

随着商业文化的兴起，大众和作为启蒙者的高校教师、管理人员在社会中的地位与传统已无法同日而语。高校教师、管理人员作为普遍意义上的知识分子话语权的消隐和大众文化的野蛮生长齐头并进。借势于大众传媒，传统社会思想和价值观逐渐在文化转型中渐行渐远，以消费主义及复制化、碎片化和通俗化为旨趣的大众文化成为当代社会的主要文化形态。当下，那些传媒知识分子（显然，不可能全部的与大学生创业者相关的高校教师或者管理人员都有机会上电视或者在非常主流的媒体出现）对社会的影响一般会在对社会的价值观和思维潮流倾向的引导中发挥作用，往往能够在大学生以及诸多民众的潜意识中通过传媒表达一种标准的暗示，并在潜移默化中将这种标准合法化。大众文化依附商品和市场而存在，和利润最大化的追求交织而生，呈现出消费主义的万千玲珑。

大众文化背景中的社会思想深度在消解中走向平面，复制的碎片弥漫于社会空气。透过传媒的过滤和洗礼，高校知识分子的沉重走到大众面前更多呈现的是消费的文化产品。后现代的紧张和焦虑在穿梭的大众中挥之不去，深度的思考和哲学的阐释如雪落于地，悄无声息而化于泥土，彼时大众更加愿意享受的是娱乐至死或者将死的快感。从大众传媒走向大众的高校知识分子，在无法适度融合的境况中，本身存在严肃和娱乐的悖论。

在消费主义的语境中，不仅是面对传媒的大众和透过传媒流出的大众文化，象牙塔里的知识分子本身也在受到经济利益力量的驱使和诱惑，其通过传媒生产信息和思想，也通过传媒汲取信息和思想，有言传身教，也有耳濡目染。在高校里，并非所有的学者、管理者都是知识分子。知识分子和学者的区别在于，知识分子不仅有专业性，而且具有公共性，而公共性最光辉的体现是批判的光芒。知识分子好比大海航船上手持望远镜的水手，望见冰山水手缄默不言，最后一定是泰坦尼克的命运。

因此，本书基本设想的完成还有赖于引导学生实践创业的高校教师、管理者本身就具有批判的情怀，既能在专业上指导大学生创业，又能具有公共性。显然，这种公共性的表达在与传媒融合的过程中，必然会受到牵制。大众传媒的天然品质束缚知识分子在表达上的自由。布尔迪厄在《关于电视》中说："新闻界是一个场，但却是一个被经济场通过收视率加以控制的场。这一自身难以自主的、牢牢受制于商业化的场，同时又以其结构，对所有其他场施加控制力。"[①] 在传媒的评价体系中，象征经济收益的数据气势恢宏，纸媒的发行量、广播和电视的收视（听）率、互联网的点击量，这些数据的本质是商品和市场挥舞的这只手，这只手希望握住受众的注意力，以至于能够在媒介市场的第二次售卖和第三次售卖中满载而归。[②] 同时，"通过收视率这一压力，经济在向电视施加影响，而通过电视对新闻场的影响，经济又向其他报纸包括最'纯粹的'报纸，向渐渐地被电视问题所控制的记者施加影响。同样，借助整个

① ［法］皮埃尔·布尔迪厄：《关于电视》，许钧译，辽宁教育出版社2000年版，第62页。

② 媒介市场的第二次售卖指将受众出售给广告主；第三次售卖指出售媒介品牌的无形影响力，是商品市场中的品牌效应。

新闻场的作用，经济又以自己的影响控制着所有的文化生产场”[①]。如此，高校知识分子在与媒体接触时就遭遇到了批判性的危机，除了社会文化和政治威权的影响，经济逻辑也以自己的方式和工具来影响穿梭于大众传媒的芸芸众生。

二　高校创业管理“批判性”的实现途径

相对于高校大学生创业的引导者——教师和管理者而言，他们的批判性实现途径或许可以尝试雷蒙·阿隆的三种提议[②]。

一种是技术化的批判（Technical Criticism），就是类似英国知识分子，承认既有体制，然后在体制内进行一种理性的、试错式的改良。首先，如果教师或者管理者自己或者引导学生过分配合媒体，则有可能为大众表演而失去独立的人格。因而，批判的前提是教师、学生主体性的建构，没有独立人格谈不上有批判的权利。就传媒本身来说，对于高校知识分子身份的合法性而言即存在危机。“大众媒体借着扩大接受的领域，降低了知识分子合法性的来源，以更宽广的同心圆——那些要求较不严苛因而更容易获取的同心圆——包围了职业的知识分子，而以往职业的知识分子是正统的合法性的来源。”[③] 技术化批判所伴随的理性和改良，可以让这些教师和学生边走边思考，而不是未经顿悟地热情拥抱。

另一种是道德的批判（Moral Criticism），从应然的角度批判实然，用应该是怎么样的来批判实际的、不合理的东西，但常常忽视如何使批判转变成可操作的具体方案。道德批判是媒介知识分子通常会使用的批判模式，如雷蒙·阿隆所言，这种批判通常从应然的角度批判实然。这似乎是一种容易的操作模式，也是中国教育特别流行的一种模式。因为每一个知识分子乃至普通人都有自己的理想甚至是梦想。如果用一个不可企及的梦想来批判现实，对于社会而

① ［法］皮埃尔·布尔迪厄：《关于电视》，许钧译，辽宁教育出版社 2000 年版，第 65、66 页。

② 许纪霖：《中国知识分子十论》，复旦大学出版社 2004 年版，第 27—28 页。

③ ［美］萨义德：《知识分子论》，单德兴译，生活·读书·新知三联书店 2002 年版，第 60 页。

言却未必有多少裨益。因此，结合目前中国整体的、平均的国民素养水平，就创业问题，我们的高校教师、管理者当就其说的“应然”是否具有兑现的潜质做认真的思考，切忌缺少对现实问题的深入调查和研究的口若悬河，如果那样只不过是在观众面前秀了一把花拳绣腿而已。

最后一种是意识形态和历史的批判（Ideological or Historical Criticism）。这是一种整体主义的批判，用一种所谓未来社会的模式，以及历史发展的某种决定性的东西来批判现有社会的不合理，而且把所有的问题都归结为前社会制度的缺陷，并推导出一个整体性的革命模式。事实上，技术性批判和道德批判常常出现，而文化整体主义批判却处于缺失的状态。其中原因，首先是因为当今专业性的知识分子已缺少一种宏观视野，难以在整体上形成“通识”，而且作为“批判者”，他还须超越所处时代甚至是文化背景的局限，而将眼睛置于历史的天空俯身而望；其次是关于建构的能力，这种建构有别于道德批判中的应然，而是一种整体性的思维，其不仅应弥补当下的缺陷，而且应避免结构之间的矛盾。整体主义的批判不仅需要一般批判的勇气，更需要能够建构一套完整的思想体系。这也是知识分子在思想传承的过程中，足以维持独立意识和自主精神的基石。这种批判也许不可能在一代知识分子中完成，需要数代人智慧的锤炼、品格的锻造和持续的完善。但是，在此，笔者依旧提出来，作为本书对未来的国内青年创业创新公共空间建构的一种重要的建设性提议。

三 高校创业引导“批判性”弱化的反思

目前大学生创业明星越来越会讲故事的事实，也至少从一个侧面证明了相关的教师或者管理者“批判性”品格在社会现实中逐渐被边缘化。内省和反思是一种态度，也是一种途径和方式。

首先，高校对大学生创业项目与传媒合作，在很大程度上承担了对社会文化的批判以及牵引，通常是以一种新的创业观、财富观和世界观来取代或修补传统的观念。传统价值取向对于社会的影响往往根深蒂固，即便无力匹配新的社会现实，但末世强弩的惯性犹在，在相当长的历史时间内影响依然存在，难以超越历史。而且，从思维模式和规律而言，从一个文化中熏染而生的人，通常无力超越自身所处的时代历史和社会文化而进行批判性的思考。深刻的批判性和创造性，需要具有独立精神的知识分子，而独立的批判者往往在传统中心模式之外的边缘地带。这也就难怪，大众传媒时代的大学生创业，包括对其的引导，以及变革的思维和价值、批判精神的孕育过程是一个以身处边缘、放弃现时的世俗利益为代价的过程。

其次，“批判是一种异向思维，对所设定的不言自明的所谓真理提出疑问，动摇人们的心理习惯行为方式和思维形态，消解熟悉和被认可的事物秩序——就是一个声称掌握了绝对真理的权力系统”①。批判不只以他者为对象，自我反思也是批判精神中不可或缺的部分，这种自我批判易于彻底地背弃陈旧而获取新生力量。法国社会学家布尔迪厄认为：知识分子如果在批判社会的同时不把自己作为反思和批判的对象，就不会获得对社会和世界的真理性的认识，也就不会对社会有什么作用。笔者认为，作为理想的对大学生创业公共空间的建立具有推动力的创业实践是以专业知识和一般知识共同作为基础的，是“更自由和更高层次精神内核和知识价值的体现，在超越凡庸琐屑，蕴涵了对现实反省批判的态度和未来反观当下的乌托邦理想”②。

从批判性知识分子的实际影响和作用而言，这一群体的最显著的特征是关怀社会和国家甚至是人类的生活和命运，关注具有公共利益和普世价值、以个体为基点而体察无限范围的社会，摒弃无法经历时间检验的价值评判模式，将深刻的批判建立在为公共生活建立秩序的基础之上。这种批判有助于公众守护精神家园，避免无度追求感官的享受却迷失自我。在现实的社会生活中，对精神追求的漠视和对普世价值的背弃，都可能使民众没落为技术性的动物，面临精神和价值追求的荒芜。知识分子的批判不仅是一种剖析性的控

① 王岳川：《中国镜像——90年代文化哲学研究》，中央编译出版社2001年版，第70页。

② 同上。

诉，更是一种建设，蕴含对人类理想蓝图的构建和对精神的终极关怀。批判最终有助于启示民众走向民主和文明。这种独立不倚的批判，在一定情况下可能产生曲高和寡或者“水至清则无鱼”的状况，其影响未必体现于暂时的当下，可能是未来，所以这些往往更加巩固知识分子原本的边缘地位。批判的知识分子边缘化的处境，虽然存在客观原因，却也是其自主选择。“选择边缘立场不是一种价值空位，而是对中心话语霸权的疏离，是自我的精神存在状态的根本调整。”① 可是，一旦这部分人在传媒时代介入了创业项目，其边缘化立场显然是首当其冲要改变的。

现代媒介环境中生存的高校知识分子面对诸多的社会话语和多重他者的境况，已无法将自我生存状态置于原生态的自我，而必将经历多重价值观熏陶和多元文化的洗礼，以及多重身份和位置的影响，既需要持有特立独行的勇气，坚持“道之所在，虽千万人吾往矣”的精神，以支撑不屈不挠而坚决批判和关注公众的灵魂；同时，又要融入社会，亲近民生。如此，批判的知识分子是冷静和独立思考的边缘者，也是社会的制衡者。“如果知识分子弱化和虚脱化，必将造成大规模的社会心理失衡，以及整个民族性格和规范定位，真正彻底迷失自己的个性要求，并且生命观念产生某种变形，从而出现意义世界与现实世界的裂缝。”②

所以，在传媒时代，具有公共性的那部分高校创业管理者和引导者，作为特殊的社会群体，将不可回避扮演同时具有批判性的角色。从现代意义而言，他们的合法性必然依赖其“批判”的精神。当他们驰骋于大众传媒时，福柯的话意味深长：“知识分子的角色并不是要告诉别人他们应该做什么。他有什么权利这样做？想想两个世纪以来知识分子竭力表述的那些预言、承诺、指示和蓝图吧，那产生了怎样的后果，我们现在可以看得很清楚了。知识分子的工作不是要改变他人的政治意愿，而是要通过自己专业领域的分析，一直不停地对设定为不言自明的公理提出疑问，动摇人们的心理习

① 王岳川：《中国镜像——90年代文化哲学研究》，中央编译出版社2001年版，第103页。

② 许纪霖：《智者的尊严》，工人出版社2001年版，第69页。

惯、他们的行为方式和思维方式，拆解熟悉的和被认可的事物，重新审查规则和制度，在此基础上重新问题化（以此来实现他的知识分子使命），并参与政治意愿的形成（完成他作为一个公民的角色）。”①

① ［法］福柯：《对真理的关怀》，载《权力的眼睛》，上海人民出版社 1997 年版，第 147 页。

附录一

国务院关于大力推进大众创业万众创新若干政策措施的意见

国发〔2015〕32号

各省、自治区、直辖市人民政府，国务院各部委、各直属机构：

推进大众创业、万众创新，是发展的动力之源，也是富民之道、公平之计、强国之策，对于推动经济结构调整、打造发展新引擎、增强发展新动力、走创新驱动发展道路具有重要意义，是稳增长、扩就业、激发亿万群众智慧和创造力，促进社会纵向流动、公平正义的重大举措。根据2015年《政府工作报告》部署，为改革完善相关体制机制，构建普惠性政策扶持体系，推动资金链引导创业创新链、创业创新链支持产业链、产业链带动就业链，现提出以下意见。

一　充分认识推进大众创业、万众创新的重要意义

——推进大众创业、万众创新，是培育和催生经济社会发展新动力的必然选择。随着我国资源环境约束日益强化，要素的规模驱动力逐步减弱，传统的高投入、高消耗、粗放式发展方式难以为继，经济发展进入新常态，需要从要素驱动、投资驱动转向创新驱动。推进大众创业、万众创新，就是要通过结构性改革、体制机制创新，消除不利于创业创新发展的各种制度束缚和桎梏，支持各类市场主体不断开办新企业、开发新产品、开拓新市场，培育新兴产业，形成小企业"铺天盖地"、大企业"顶天立地"的发展格局，实现创新驱动发展，打造新引擎、形成新动力。

——推进大众创业、万众创新，是扩大就业、实现富民之道的根本举措。我国有13亿多人口、9亿多劳动力，每年高校毕业生、

农村转移劳动力、城镇困难人员、退役军人数量较大，人力资源转化为人力资本的潜力巨大，但就业总量压力较大，结构性矛盾凸显。推进大众创业、万众创新，就是要通过转变政府职能、建设服务型政府，营造公平竞争的创业环境，使有梦想、有意愿、有能力的科技人员、高校毕业生、农民工、退役军人、失业人员等各类市场创业主体“如鱼得水”，通过创业增加收入，让更多的人富起来，促进收入分配结构调整，实现创新支持创业、创业带动就业的良性互动发展。

——推进大众创业、万众创新，是激发全社会创新潜能和创业活力的有效途径。目前，我国创业创新理念还没有深入人心，创业教育培训体系还不健全，善于创造、勇于创业的能力不足，鼓励创新、宽容失败的良好环境尚未形成。推进大众创业、万众创新，就是要通过加强全社会以创新为核心的创业教育，弘扬“敢为人先、追求创新、百折不挠”的创业精神，厚植创新文化，不断增强创业创新意识，使创业创新成为全社会共同的价值追求和行为习惯。

二 总体思路

按照“四个全面”战略布局，坚持改革推动，加快实施创新驱动发展战略，充分发挥市场在资源配置中的决定性作用和更好发挥政府作用，加大简政放权力度，放宽政策、放开市场、放活主体，形成有利于创业创新的良好氛围，让千千万万创业者活跃起来，汇聚成经济社会发展的巨大动能。不断完善体制机制、健全普惠性政策措施，加强统筹协调，构建有利于大众创业、万众创新蓬勃发展的政策环境、制度环境和公共服务体系，以创业带动就业、创新促进发展。

——坚持深化改革，营造创业环境。通过结构性改革和创新，进一步简政放权、放管结合、优化服务，增强创业创新制度供给，完善相关法律法规、扶持政策和激励措施，营造均等普惠环境，推动社会纵向流动。

——坚持需求导向，释放创业活力。尊重创业创新规律，坚持以人为本，切实解决创业者面临的资金需求、市场信息、政策扶持、技术支撑、公共服务等瓶颈问题，最大限度释放各类市场主体创业创新活力，开辟就业新空间，拓展发展新天地，解放和发展生产力。

——坚持政策协同，实现落地生根。加强创业、创新、就业等各类政策统筹，部门与地方政策联动，确保创业扶持政策可操作、能落地。鼓励有条件的地区先行先试，探索形成可复制、可推广的创业创新经验。

——坚持开放共享，推动模式创新。加强创业创新公共服务资源开放共享，整合利用全球创业创新资源，实现人才等创业创新要素跨地区、跨行业自由流动。依托“互联网+”、大数据等，推动各行业创新商业模式，建立和完善线上与线下、境内与境外、政府与市场开放合作等创业创新机制。

三 创新体制机制，实现创业便利化

（一）完善公平竞争市场环境。进一步转变政府职能，增加公共产品和服务供给，为创业者提供更多机会。逐步清理并废除妨碍创业发展的制度和规定，打破地方保护主义。加快出台公平竞争审查制度，建立统一透明、有序规范的市场环境。依法反垄断和反不正当竞争，消除不利于创业创新发展的垄断协议和滥用市场支配地位以及其他不正当竞争行为。清理规范涉企收费项目，完善收费目录管理制度，制定事中事后监管办法。建立和规范企业信用信息发布制度，制定严重违法企业名单管理办法，把创业主体信用与市场准入、享受优惠政策挂钩，完善以信用管理为基础的创业创新监管模式。

（二）深化商事制度改革。加快实施工商营业执照、组织机构代码证、税务登记证“三证合一”、“一照一码”，落实“先照后证”改革，推进全程电子化登记和电子营业执照应用。支持各地结合实际放宽新注册企业场所登记条件限制，推动“一址多照”、集群注册等住所登记改革，为创业创新提供便利的工商登记服务。建立市场准入等负面清单，破除不合理的行业准入限制。开展企业简易注销试点，建立便捷的市场退出机制。依托企业信用信息公示系统建立小微企业名录，增强创业企业信息透明度。

（三）加强创业知识产权保护。研究商业模式等新形态创新成果的知识产权保护办法。积极推进知识产权交易，加快建立全国知识产权运营公共服务平台。完善知识产权快速维权与维权援助机制，缩短确权审查、侵权处理周期。集中查处一批侵犯知识产权的大案要案，加大对反复侵权、恶意侵权等行为的处罚力度，探索实施惩罚性赔偿制度。完善权利人维权机制，合理划分权利人举证责任，完善行政调解等非诉讼纠纷解决途径。

（四）健全创业人才培养与流动机制。把创业精神培育和创业素质教育纳入国民教育体系，实现全社会创业教育和培训制度化、体系化。加快完善创业课程设置，加强创业实训体系建设。加强创业创新知识普及教育，使大众创业、万众创新深入人心。加强创业导师队伍建设，提高创业服务水平。加快推进社会保障制度改革，破除人才自由流动制度障碍，实现党政机关、企事业单位、社会各方面人才顺畅流动。加快建立创业创新绩效评价机制，让一批富有创业精神、勇于承担风险的人才脱颖而出。

四 优化财税政策，强化创业扶持

（五）加大财政资金支持和统筹力度。各级财政要根据创业创新需要，统筹安排各类支持小微企业和创业创新的资金，加大对创业创新支持力度，强化资金预算执行和监管，加强资金使用绩效评价。支持有条件的地方政府设立创业基金，扶持创业创新发展。在确保公平竞争前提下，鼓励对众创空间等孵化机构的办公用房、用水、用能、网络等软硬件设施给予适当优惠，减轻创业者负担。

（六）完善普惠性税收措施。落实扶持小微企业发展的各项税收优惠政策。落实科技企业孵化器、大学科技园、研发费用加计扣除、固定资产加速折旧等税收优惠政策。对符合条件的众创空间等新型孵化机构适用科技企业孵化器税收优惠政策。按照税制改革方向和要求，对包括天使投资在内的投向种子期、初创期等创新活动的投资，统筹研究相关税收支持政策。修订完善高新技术企业认定办法，完善创业投资企业享受70%应纳税所得额税收抵免政策。抓紧推广中关村国家自主创新示范区税收试点政策，将企业转增股本分期缴纳个人所得税试点政策、股权奖励分期缴纳个人所得税试点政策推广至全国范围。落实促进高校毕业生、残疾人、退役军人、登记失业人员等创业就业税收政策。

（七）发挥政府采购支持作用。完善促进中小企业发展的政府采购政策，加强对采购单位的政策指导和监督检查，督促采购单位改进采购计划编制和项目预留管理，增强政策对小微企业发展的支持效果。加大创新产品和服务的采购力度，把政府采购与支持创业发展紧密结合起来。

五　搞活金融市场，实现便捷融资

（八）优化资本市场。支持符合条件的创业企业上市或发行票据融资，并鼓励创业企业通过债券市场筹集资金。积极研究尚未盈利的互联网和高新技术企业到创业板发行上市制度，推动在上海证券交易所建立战略新兴产业板。加快推进全国中小企业股份转让系统向创业板转板试点。研究解决特殊股权结构类创业企业在境内上市的制度性障碍，完善资本市场规则。规范发展服务于中小微企业的区域性股权市场，推动建立工商登记部门与区域性股权市场的股权登记对接机制，支持股权质押融资。支持符合条件的发行主体发行小微企业增信集合债等企业债券创新品种。

（九）创新银行支持方式。鼓励银行提高针对创业创新企业的金融服务专业化水平，不断创新组织架构、管理方式和金融产品。推动银行与其他金融机构加强合作，对创业创新活动给予有针对性的股权和债权融资支持。鼓励银行业金融机构向创业企业提供结算、融资、理财、咨询等一站式系统化的金融服务。

（十）丰富创业融资新模式。支持互联网金融发展，引导和鼓励众筹融资平台规范发展，开展公开、小额股权众筹融资试点，加强风险控制和规范管理。丰富完善创业担保贷款政策。支持保险资金参与创业创新，发展相互保险等新业务。完善知识产权估值、质押和流转体系，依法合规推动知识产权质押融资、专利许可费收益权证券化、专利保险等服务常态化、规模化发展，支持知识产权金融发展。

六　扩大创业投资，支持创业起步成长

（十一）建立和完善创业投资引导机制。不断扩大社会资本参与新兴产业创投计划参股基金规模，做大直接融资平台，引导创业投资更多向创业企业起步成长的前端延伸。不断完善新兴产业创业投资政策体系、制度体系、融资体系、监管和预警体系，加快建立考核评价体系。加快设立国家新兴产业创业投资引导基金和国家中小企业发展基金，逐步建立支持创业创新和新兴产业发展的市场化长效运行机制。发展联合投资等新模式，探索建立风险补偿机制。鼓励各地方政府建立和完善创业投资引导基金。加强创业投资立法，完善促进天使投资的政策法规。促进国家新兴产业创业投资引导基金、科技型中小企业创业投资引导基金、国家科技成果转化引导基金、国家中小企业发展基金等协同联动。推进创业投资行业协会建设，加强行业自律。

（十二）拓宽创业投资资金供给渠道。加快实施新兴产业“双创”三年行动计划，建立一批新兴产业“双创”示范基地，引导社会资金支持大众创业。推动商业银行在依法合规、风险隔离的前提下，与创业投资机构建立市场化长期性合作。进一步降低商业保险资金进入创业投资的门槛。推动发展投贷联动、投保联动、投债联动等新模式，不断加大对创业创新企业的融资支持。

（十三）发展国有资本创业投资。研究制定鼓励国有资本参与创业投资的系统性政策措施，完善国有创业投资机构激励约束机制、监督管理机制。引导和鼓励中央企业和其他国有企业参与新兴产业创业投资基金、设立国有资本创业投资基金等，充分发挥国有资本在创业创新中的作用。研究完善国有创业投资机构国有股转持豁免政策。

（十四）推动创业投资“引进来”与“走出去”。抓紧修订外商投资创业投资企业相关管理规定，按照内外资一致的管理原则，放宽外商投资准入，完善外资创业投资机构管理制度，简化管理流程，鼓励外资开展创业投资业务。放宽对外资创业投资基金投资限

制，鼓励中外合资创业投资机构发展。引导和鼓励创业投资机构加大对境外高端研发项目的投资，积极分享境外高端技术成果。按投资领域、用途、募集资金规模，完善创业投资境外投资管理。

七　发展创业服务，构建创业生态

（十五）加快发展创业孵化服务。大力发展创新工场、车库咖啡等新型孵化器，做大做强众创空间，完善创业孵化服务。引导和鼓励各类创业孵化器与天使投资、创业投资相结合，完善投融资模式。引导和推动创业孵化与高校、科研院所等技术成果转移相结合，完善技术支撑服务。引导和鼓励国内资本与境外合作设立新型创业孵化平台，引进境外先进创业孵化模式，提升孵化能力。

（十六）大力发展第三方专业服务。加快发展企业管理、财务咨询、市场营销、人力资源、法律顾问、知识产权、检验检测、现代物流等第三方专业化服务，不断丰富和完善创业服务。

（十七）发展“互联网+”创业服务。加快发展“互联网+”创业网络体系，建设一批小微企业创业创新基地，促进创业与创新、创业与就业、线上与线下相结合，降低全社会创业门槛和成本。加强政府数据开放共享，推动大型互联网企业和基础电信企业向创业者开放计算、存储和数据资源。积极推广众包、用户参与设计、云设计等新型研发组织模式和创业创新模式。

（十八）研究探索创业券、创新券等公共服务新模式。有条件的地方继续探索通过创业券、创新券等方式对创业者和创新企业提供社会培训、管理咨询、检验检测、软件开发、研发设计等服务，建立和规范相关管理制度和运行机制，逐步形成可复制、可推广的经验。

八　建设创业创新平台，增强支撑作用

（十九）打造创业创新公共平台。加强创业创新信息资源整合，建立创业政策集中发布平台，完善专业化、网络化服务体系，增强创业创新信息透明度。鼓励开展各类公益讲坛、创业论坛、创业培训等活动，丰富创业平台形式和内容。支持各类创业创新大赛，定

期办好中国创新创业大赛、中国农业科技创新创业大赛和创新挑战大赛等赛事。加强和完善中小企业公共服务平台网络建设。充分发挥企业的创新主体作用，鼓励和支持有条件的大型企业发展创业平台、投资并购小微企业等，支持企业内外部创业者创业，增强企业创业创新活力。为创业失败者再创业建立必要的指导和援助机制，不断增强创业信心和创业能力。加快建立创业企业、天使投资、创业投资统计指标体系，规范统计口径和调查方法，加强监测和分析。

（二十）用好创业创新技术平台。建立科技基础设施、大型科研仪器和专利信息资源向全社会开放的长效机制。完善国家重点实验室等国家级科研平台（基地）向社会开放机制，为大众创业、万众创新提供有力支撑。鼓励企业建立一批专业化、市场化的技术转移平台。鼓励依托三维（3D）打印、网络制造等先进技术和发展模式，开展面向创业者的社会化服务。引导和支持有条件的领军企业创建特色服务平台，面向企业内部和外部创业者提供资金、技术和服务支撑。加快建立军民两用技术项目实施、信息交互和标准化协调机制，促进军民创新资源融合。

（二十一）发展创业创新区域平台。支持开展全面创新改革试验的省（区、市）、国家综合配套改革试验区等，依托改革试验平台在创业创新体制机制改革方面积极探索，发挥示范和带动作用，为创业创新制度体系建设提供可复制、可推广的经验。依托自由贸易试验区、国家自主创新示范区、战略性新兴产业集聚区等创业创新资源密集区域，打造若干具有全球影响力的创业创新中心。引导和鼓励创业创新型城市完善环境，推动区域集聚发展。推动实施小微企业创业基地城市示范。鼓励有条件的地方出台各具特色的支持政策，积极盘活闲置的商业用房、工业厂房、企业库房、物流设施和家庭住所、租赁房等资源，为创业者提供低成本办公场所和居住条件。

九 激发创造活力，发展创新型创业

（二十二）支持科研人员创业。加快落实高校、科研院所等专业技术人员离岗创业政策，对经同意离岗的可在 3 年内保留人事关系，建立健全科研人员双向流动机制。进一步完善创新型中小企业上市股权激励和员工持股计划制度规则。鼓励符合条件的企业按照有关规定，通过股权、期权、分红等激励方式，调动科研人员创业积极性。支持鼓励学会、协会、研究会等科技社团为科技人员和创业企业提供咨询服务。

（二十三）支持大学生创业。深入实施大学生创业引领计划，整合发展高校毕业生就业创业基金。引导和鼓励高校统筹资源，抓紧落实大学生创业指导服务机构、人员、场地、经费等。引导和鼓励成功创业者、知名企业家、天使和创业投资人、专家学者等担任兼职创业导师，提供包括创业方案、创业渠道等创业辅导。建立健全弹性学制管理办法，支持大学生保留学籍休学创业。

（二十四）支持境外人才来华创业。发挥留学回国人才特别是领军人才、高端人才的创业引领带动作用。继续推进人力资源市场对外开放，建立和完善境外高端创业创新人才引进机制。进一步放宽外籍高端人才来华创业办理签证、永久居留证等条件，简化开办企业审批流程，探索由事前审批调整为事后备案。引导和鼓励地方对回国创业高端人才和境外高端人才来华创办高科技企业给予一次性创业启动资金，在配偶就业、子女入学、医疗、住房、社会保障等方面完善相关措施。加强海外科技人才离岸创业基地建设，把更多的国外创业创新资源引入国内。

十　拓展城乡创业渠道，实现创业带动就业

（二十五）支持电子商务向基层延伸。引导和鼓励集办公服务、投融资支持、创业辅导、渠道开拓于一体的市场化网商创业平台发展。鼓励龙头企业结合乡村特点建立电子商务交易服务平台、商品集散平台和物流中心，推动农村依托互联网创业。鼓励电子商务第三方交易平台渠道下沉，带动城乡基层创业人员依托其平台和经营网络开展创业。完善有利于中小网商发展的相关措施，在风险可控、商业可持续的前提下支持发展面向中小网商的融资贷款业务。

（二十六）支持返乡创业集聚发展。结合城乡区域特点，建立有市场竞争力的协作创业模式，形成各具特色的返乡人员创业联

盟。引导返乡创业人员融入特色专业市场，打造具有区域特点的创业集群和优势产业集群。深入实施农村青年创业富民行动，支持返乡创业人员因地制宜围绕休闲农业、农产品深加工、乡村旅游、农村服务业等开展创业，完善家庭农场等新型农业经营主体发展环境。

（二十七）完善基层创业支撑服务。加强城乡基层创业人员社保、住房、教育、医疗等公共服务体系建设，完善跨区域创业转移接续制度。健全职业技能培训体系，加强远程公益创业培训，提升基层创业人员创业能力。引导和鼓励中小金融机构开展面向基层创业创新的金融产品创新，发挥社区地理和软环境优势，支持社区创业者创业。引导和鼓励行业龙头企业、大型物流企业发挥优势，拓展乡村信息资源、物流仓储等技术和服务网络，为基层创业提供支撑。

十一　加强统筹协调，完善协同机制

（二十八）加强组织领导。建立由发展改革委牵头的推进大众创业万众创新部际联席会议制度，加强顶层设计和统筹协调。各地区、各部门要立足改革创新，坚持需求导向，从根本上解决创业创新中面临的各种体制机制问题，共同推进大众创业、万众创新蓬勃发展。重大事项要及时向国务院报告。

（二十九）加强政策协调联动。建立部门之间、部门与地方之间政策协调联动机制，形成强大合力。各地区、各部门要系统梳理已发布的有关支持创业创新发展的各项政策措施，抓紧推进“立、改、废”工作，将对初创企业的扶持方式从选拔式、分配式向普惠式、引领式转变。建立健全创业创新政策协调审查制度，增强政策普惠性、连贯性和协同性。

（三十）加强政策落实情况督察。加快建立推进大众创业、万众创新有关普惠性政策措施落实情况督察督导机制，建立和完善政策执行评估体系和通报制度，全力打通决策部署的“最先一公里”和政策落实的“最后一公里”，确保各项政策措施落地生根。

各地区、各部门要进一步统一思想认识，高度重视、认真落实本意见的各项要求，结合本地区、本部门实际明确任务分工、落实工作责任，主动作为、敢于担当，积极研究解决新问题，及时总结推广经验做法，加大宣传力度，加强舆论引导，推动本意见确定的各项政策措施落实到位，不断拓展大众创业、万众创新的空间，汇聚经济社会发展新动能，促进我国经济保持中高速增长、迈向中高端水平。

国务院

2015 年 6 月 11 日

附录二

青年创业与
大众传媒“相融而不合谋”实证
——以盐城工学院为例

从“技术宅”到“小李董”

3月初，盐城工学院电气工程学院2010级学生李昕一多了个身份：盐游网络科技有限公司董事长、总经理。校园里，熟悉他的老师、同学都管他叫“小李董”。

这位B自动化专业的大四学生、今年22岁的大男孩研究开发出国内唯一客户端返利的软件——“返利精灵”软件，并用之前创业所赚的10万元，注册了自己的公司，在大学创业一条街拥有了经营场所。

李昕一对计算机编程很感兴趣，是同学眼中的编程高手，是个名副其实的“技术宅”。他利用课余时间学习了VB、C++、ASP、PHP编程以及Access和MySQL数据库，通过查阅大量的视频资料学会了基本的网站搭建。

李昕一引起了电气学院教师张春富的关注，在张老师的指导下，李昕一设计了“创业之星”软件系统、“创业模拟实训室”、“企业沙盘对抗模拟中心”、“网络创业实验室”，并且尝试开发设计游戏辅助程序、办公Excel辅助程序、生活管家之类的小软件。渐渐地，李昕一在学校已经小有名气，经常帮助学校一些部门或者学院做网站修改和搭建。在校外，他还帮助运营了几个网站，有本地的门户资讯类网站，也有金融类的资讯网、小游戏网站、电影网等，并且通过广告渠道获得了一些报酬。通过两年多的运营网站经历，李昕一积累了一些营销和管理的经验。

网购的兴起，让李昕一萌生一个想法，如果设计一款电子购物返利软件，找寻商家与用户的桥梁，必定很有市场。经过市场调研，他发现国内返利网站很多，但诚信度都不佳，网络体验感觉也很不好。他想，何不通过“阿里妈妈”网站的API接口，把返利搬到桌面上，这样对用户的黏合度非常高，且用户体验会更好。另外，通过与淘宝官方以及网上各大知名商城合作，使用户在购物时，既能买到最实惠的产品，又能得到额外的现金返利，必定会受到用户欢迎。从大三开始，李昕一决定开发“返利精灵”，他每天伏在电脑前写代码，寻找突破口。

经过三个月的研究，系统基本成型了。如何寻找系统的发布渠道？如何解决内测遇到的难题，如服务器、独立IP地址、杀毒软件安全认证等？他找到了好朋友——机械学院2008级毕业生祁风龙一起开发。从大三下学期，通过淘宝的分销合作平台，他们独立开发了包含服务器程序、数据库、数据管理软件、客户端、在线API接口、官方网站等整个系统。国内唯一客户端返利软件——“返利精灵”软件终于成功面市。

有了好的项目，还要有创业的平台。学院领导帮助他在学校大学科技园落户，在这里可以享受到一年免房租及物业的优惠、专业技术平台服务和办公设备的“零起点”和“一站式”服务。

2014年1月初，“返利精灵”正式发布，引起了不少商家的注意。“返利精灵”发布第一个月不到100人注册，第二个月注册的人数就达1000多人，现在注册会员已经有4000人，每月的广告费也在成倍地增长，虽然基数小，但是倍数大，用户活跃度也在提高。

为便于日后的发展，李昕一用之前创业所赚的10万元，注册了自己的公司——盐游网络科技有限公司，如今，熟悉他的老师、同学都亲切地叫他“小李董”。

公司成立了，问题接踵而至，运营费用都要自己承担，获得资金支持成了最大的问题。而要在激烈的市场竞争中生存，还必须将“返利精灵”做成品牌软件，赢得电子商家和顾客的信任……这一系列的问题都要靠自己去解决。

（王丽坤、李润文，《中国青年报》2014年5月19日第09版）

未出校门就当老板，一个校园拥有两条创业街
——校园创客，梦想在春风里起航

一年创下3000万元营业额，诞生在“大学生宿舍里的千万富翁”陈浩、在校研发出国内唯一客户端返利软件——“返利精灵”的李昕一、用20多万元校园创业所得送给父亲一辆“智跑”SUV的“智跑哥”蒋坤……4月7日，记者走进盐城工学院，亲密接触了这群“校园创客”后发现，只要有好风，任何梦想都能起航。

一　有了创业基因，职业生涯将终身受益

在校园大学生创业一条街转一圈，记者手里多了十几张名片：与非门电子科技、苏宁易购服务站、校园淘客……“校园老板们”很低调，都没在名字后面缀“总”。

“周总，生意怎样?”该校招生与就业创业指导处副处长杨汉华走进“与非门”，问大三学生周立超。被老师这么一喊，小周脸红。

“很‘牛’的！年利润近30万!”杨汉华转身告诉记者。

“与非门”做电脑生意，今年线上平台开始运营。由于价格比校外便宜，技术过硬，服务也好，“通吃”了校园。这还不够，小周看好附近亭湖区政府的电脑维修业务。上门多次，对方看是学生，不乐意洽谈。小周说，不过那边电脑老坏，他们几次主动上门服务，终于“拿下”。

在小周隔壁的“苹果体验中心”，头脑灵活的石奇鑫是一个“新奇”人物：2011年，高中毕业的他边复读，边创业，在南京销售电子产品，掘得第一桶金。2012年考入工学院不久，他注册了“奇鑫电子科技公司”。不仅在工学院，在盐城师范学院他也开店，但“胃口”还是填不满，今年又注册了奇鑫汽车公司。

“我与许多4S店、金融单位都有合作。现在不指望同学买车，只做宣传。但同学毕业后一定会买车，只要想起我，生意就成了一半。”小石说，去年他卖了奔驰、奥迪、保时捷各一辆，销售收入200万元。

面对卓有成效的校园创业，盐城工学院党委书记姚冠新说，大学生创业教育的根本目标不是“企业家速成教育”，而是将创业意识、创业能力和创业心理品质内化为受教育者的内在基因，有了这些基因，未来职业生涯将终身受益。

二 创新能力，从注重动手能力开始

一堆大大小小、可拆装的主体结构，只十分钟，一间可移动的小型办公室就轻松搞定。这款名为“理想屋”的多功能组合移动空间家具，捧得中国创新设计红星奖，是该校首次获得国内工业设计最高级别奖项。“理想屋”领衔设计者王瑾说，创新能力，首先得益于学校对动手实验的重视。

这一点在课程设计中体现鲜明，学校要求实验不能低于课程总量的35%，任何一门课，如果实验通不过，就得“鸭蛋”。每个学院都设有学生创新制作实验室，24 小时开放。学校每年还支持 300 多个校级创新项目，学生必须参加，否则无法毕业。学生作品如验收通过，不但可获得几千元甚至上万元的资助，还可计 2 个学分。

“动手实验，让我们由此迈出创新的第一步。”去年刚从盐工毕业，正在浙江理工大学读研的陈彩红说。2011 年，陈彩红和同学到大丰港码头参观，发现船舶离开时，码头工人要不断重复把缆绳取下的动作，劳动强度大、耗时长。

能不能把这个动作变成自动化模式？8 名大学生组成创新小组，反复实验，6 次赴码头实地操作，两年努力，终于让所有缆绳在3—5 秒内同时脱钩，而对于一艘 60 吨级的普通船只来说，人工解开缆绳至少需 5 分钟。2013 年 10 月，第十三届“挑战杯”全国大学生课外学术科技作品竞赛总决赛开锣，盐工与清华等名校同台竞技，陈彩红小组的作品获一等奖，盐工成为省内二本院校中唯一获得该奖次的学校，同一作品还获“交叉创新一等奖”。“大家都是多面手，甚至是全能型的。切割、焊接、打孔、做陶土、喷漆，样样都自己来。”陈彩红很自豪。

“一些普通本科院校往往只以考研率为教学目标，忽视了学生实验。其实，实验能力恰恰是学生基本功里的重要部分，实验都不会，怎么创新?”机械工程学院教授周海说。

三 创新创业，既要给舞台也要给压力

“有了肥沃的土壤，大学生创业的种子就会萌芽，能体验到成功的快乐，就能唤起创业的自觉。但是，光给舞台不给压力，创新创业就会流于一场秀。”分管学生工作的副校长薛浩说。

创业一条街有 16 位“学生商”，主抓大学生创业工作的学生处处长张兵说：“2013 年，我们收到入驻申请的创业项目 55 项，评审通过 16 项。入驻后学校就提供办公条件，还有 3000 元左右的启动扶持资金。”2014 年，“第二条创业街”开街，入驻要求更高：所有项目参加学校组织的创业大赛，25 个团队初赛入围，最终只遴选 13 个项目，主要为技术开发的项目。

大学科技园是学校设立的创业孵化基地，也是盐城市委、市政府开展的政校扶持大学生创业的“实事工程”。园区为学生提供“项目管理监督、公司注册、导师配备、融资、专利代理”等全方位服务。“含金量高，一般项目进不了，园区注重把所学专业用起来的项目，这是导向。”张兵说。科技园入驻企业共 62 家，其中大学生创办 10 家，100 多名学生在这里进行创业实践。目前，园区师生已孵化高新技术项目 87 项。2014 年，学校建成华东地区首屈一指的江苏省模具智能制造工程中心，旨在用工业 4.0 的先进理念拓展大学生的创业教育。驻街入园，虽然学校不收费，但创业者仍然有压力。“学校对我们每年评审一次，经营不善就把门面腾给别人。”周立超坦言。

（作者：卞小燕，通讯员：韩雅丽，《新华日报》2015 年 4 月 11 日第 02 版）

高校共青团组织服务在校大学生创业实证研究——以盐城工学院为例

［摘要］服务学生成长成才是高校团组织工作重点，提升大学生创业能力是服务学生成长成才的主要内容。文章

通过结合盐城工学院在校大学生创业的实证研究，指出高校团组织要充分依靠其组织、活动、格局及载体等优势，通过培育创业意识，激扬在校大学生成长成才的精神力量；开展创业实践，提升在校大学生融入发展的能力素养；整合创业资源，做优在校大学生实现梦想的平台支撑，从而不断提升在校大学生的创业能力。

[关键词] 高校共青团组织；在校大学生创业；实证研究

2014年全国普通高校毕业生已经超过700万人，这么庞大的就业群体给社会带来的压力很大，教育部也提出要对高校进行重新分类改革，目的就是为了进一步分清不同学生群体的就业面向。但是，在目前这样一种高等教育办学情况下，除了不断开辟新的就业渠道外，唯有鼓励大学生特别是在校大学生，充分利用自己所学自主创业才是缓解就业压力的关键之道。"大学生创业"虽然不是新鲜词，但是真正能够实现在校大学生创业还是有许多困难的，而在高校中与大学生联系最紧密的就是共青团组织，因此，本文将从高校共青团组织服务学生成才这一根本职能入手，结合盐城工学院实际情况，分析高校共青团组织服务在校大学生创业的具体措施。

一 在校大学生创业现状分析

（一）在校大学生创业特点分析

在校大学生创业者瞄准的目标客户群以大学生为主，业务贴近校园生活，为校园学习、生活提供便利。受到资金、场地的影响，在校大学生创业者往往没有固定的经营场所，同时又由于课业时间的原因，他们只能利用周末拓展业务，这在很大程度上阻碍了创业的进程。所以在创业方式上，他们更多地借助网络平台。加之身处校园，缺少足够的社会阅历，大学生只能从事简单加工及零售业务，导致大学生创业领域具有狭隘性。经过调研，盐城工学院在校大学生自主创业主要有以下几种类型。

1. 以电子商务网站为平台开办网店。早在2008年，该校纺服学院大三的成晓晶同学就自主开发创建个人网站，获得了阿里巴巴“全国中小站长十大网商”称号，并且得到了雅虎的高额奖学金。她的事迹被网络及媒体广为宣传报道，成为大学生电子商务的典型。2010年该校经管学院学生陈浩作为一名在校大学生，开启了他的电子商务创业之旅。目前，他的团队达30多人，自创品牌马奇菲尔男装，在天猫商城、京东商城开设了品牌旗舰店，办公写字楼面积300平方米，配套仓库面积2000多平方米，已实现日发货订单量5000单，经营业绩连续四年实现保持50%以上的高增长率，在江苏省男装电子商务行业排在前5名。在2013年的天猫“双11”活动中，马奇菲尔天猫旗舰店当天营业额突破700万元，订单达到2万余笔，获得全网男装第81名的好成绩。陈浩凭着敏锐的市场洞察力和吃苦耐劳的精神，从最初孤身一人的淘宝小卖家，经过4年的努力成为年营业收入3000多万元的电子商务大卖家。另一创业典型“智跑哥”蒋坤[1]的创业也是源于淘宝网。还有一些同学在淘宝网开店，销售服装、化妆品、运动装备、百货等，也能获得一些利润，可以解决在校期间的日常开支。

2. 以自身专业为基础开发产品创业。电气学院大三的李昕一同学，热爱计算机技术，他的创业就是基于所学的电气专业，自己开发淘宝返利软件、给大型网站开发电脑程序等，2013年获评中国大学生“自强之星”提名奖，2014年《中国青年报》以《从“技术宅”到“小李董”》为题、《新华日报》以《有一种青春叫自强》为题专门报道他的创业事迹。机械学院大三和大一的两位同学2013年在该校大学科技园自主创业，分别成立“盐城市奇鑫电子科技有限公司”和“盐城飞美电瓶车维修服务有限公司”，这两个公司都是由学生直接出资注册，年利润均可达到10万元，坚持把专业素养与创业实践融为一体，创业前景较好。

3. 以提供服务为主的创业活动。目前在校内还有一些创业的同学，没有专门的实体店铺，以宿舍、“格子铺”等为平台，从事Tegether图印、名贵茶叶零售、美即面膜批发、手机贴膜保养、家教公司等多项创业活动，也取得了不错的收益。还有一些同学选择“销售服务”来创业，比如有同学专门做送快递进宿舍，有同学做送水、送外卖等，在获得收益的同时，也为广大在校大学生的生活提供了方便。

（二）在校大学生创业的意愿分析

扩招而导致的大学生就业压力的加大、大学创业教育的不断开展，以及新型高学历企业家不断出现，对当代大学生产生了一定的示范效应，激发了在校大学生的创业热情，不少大学生创业意愿强烈，在校或即将毕业时试图开始自己的创业生涯。在校大学生创业的动能取决于成本和收益的比较。创业的成本主要包括创业所需要的资金成本、所需付出的额外努力以及必须放弃可获取一定经济收入的工作岗位的机会成本等。创业的预期收益包括获得高收入、取得较高社会地位，甚至是实现自我价值等[2]。通过对盐城工学院在校大学生的调查表明，有近70%的学生表示“渴望在校期间能自主创业并拥有自己的业务，一方面减轻父母的经济压力，另一方面实现价值并为自己走上社会积累经验和资源”。

（三）在校大学生创业瓶颈分析

在经济转型的背景下，在校大学生创业意愿虽然强烈，但近年来的实践显示，大学生的创业水平并不尽如人意，创业的成功率也相对较低。究其原因，主要是受到“融资难、经验浅、风险高”这三大瓶颈的制约。“大学生要成功创业，好的点子、充足的资金、创业团队、社会人脉关系一个都不能少，而对于在校的大学生，尤其是本科生而言，同时具备这几条的并不多。”[3]大学生创业资金短缺，会导致创业必要的设备难以购置，相应的业务无法正常开展。大学生创业者缺少固定的创业场所，亟须固定的创业基地。学生大多无社会经验，也不了解市场形势，所以，配备具有社会工作经验的营销人员，大力推广业务，这对大学生创业者来说非常有必要。

二　高校共青团组织服务在校大学生创业的优势分析

目前大学生就业形势严峻，事实表明，没有创业，难有就业。培养大学生的创业精神、创业能力，鼓励在校大学生积极创业，无疑是解决大学生就业的一种行之有效的途径。否则，受上述因素制约，大学生即便选择创业，能成功创业的也不多。高校共青团组织工作重点是在学校的育人工作中为大学生做好思想引领和成长服务工作。其中，成长服务就是帮助和指导学生解决成长发展中遇到的突出困难和问题，促进他们健康成长和全面发展，这既体现了团组织的关心，也是共青团育人工作的重要前提[4]。现在国家、社会、大学生们都非常关注创业问题，高校共青团组织承担起服务在校大学生创业这一责任是义不容辞的。况且，在服务在校大学生创业过程中高校共青团组织本身也确实具备其他组织不可替代的优势。

（一）健全的组织体系

中国共产主义青年团是中国共产党的助手和后备军，是一个拥有300多万个基层组织、7000多万名团员的先进青年的群众性组织。它是根据民主集中制的组织原则，建立起的从中央到地方直至基层的组织系统。高等学校设立校团委，各二级学院设立分团委或团总支，在校团委的指导下开展工作，形成了一个完备的组织体系，各项工作可以有计划有步骤地开展。另外，高校团组织的工作格局是“一心两圆”，即以共青团组织为中心，以学生会、学生社团联合会为内外圆。盐城工学院团委下设13个二级学院分团委600多个团支部，校学生会和学生社团联合会等学生组织代表学生、引领学生、服务学生，形成很好的工作网络。同时，为了进一步做好在校大学生的创业教育工作，盐城工学院团委联合盐城团市委在校内成立“盐城青年创业学院”，邀请专家专门对有创业意向的在校大学生进行培训。可见，高校共青团组织在日常的工作中负有直接指导学生组织的职责和义务，与学生接触的机会多，为实施在校大学生创业教育等工作的开展提供了组织保证。

（二）积极的校园文化建设者

校园文化可以潜移默化、润物无声地引导大学生思想观念，高校共青团组织是校园文化建设的倡导者、组织者、管理者和实施者，坚持校园文化的导向性，帮助大学生树立正确的创业观，加大对就业政策和创业典型的宣传力度，传播校内外就业创业动态，使每个学生都获得相应的创业信息，使创业教育理念深入人心。在校园文化中唱响“面向基层，到祖国和人民最需要的地方去，到真正有利于大学生自身成长的地方去”的主旋律[5]，引导大学生树立正确的创业观，明确创业的真正内涵。将“坚持用创新的精神、创业的态度对待工作，踏踏实实干出成绩即是创业”的观念，通过校园文化活动的广泛开展植根于学生心中。

（三）丰富的活动载体

高校共青团组织拥有丰富的工作载体，特别是随着以互联网技术和移动通信技术为核心的新媒体技术的快速发展，网络、QQ 群、微博、微信等已成为青年学生交流信息、参与舆论的重要平台。团组织可以通过各级各类科技文化艺术节、“创青春”创业大赛、“挑战杯”学术科技作品竞赛、文化讲坛等形式多样的活动的开展，利用新媒体来活跃青年思想、引领青年学习、汇聚青年群体，为创业教育开展提供平台，从而实现引领青年学生理性思维、健康成长，引导学生成人成才的目的。

三 高校共青团组织服务在校大学生创业的实证分析

高校共青团组织虽然没有出台政策的权利，也没有充足的资金来支持在校大学生自主创业，但是它有组织优势、活动优势、格局优势、载体优势，可以找准服务大学生创业的着力点，从而不断提升大学生的创业能力。盐城工学院团委高度重视大学生的创业能力的培养，整合各类资源、多措并举地服务在校大学生创业。

（一）培育创业意识，激扬在校大学生成长成才的精神力量

通过开展创业教育，在校园内营造浓厚的文化氛围，不断培育大学生的创业意识，点燃在校大学生的创业激情。一是用学科魅力感染学生。学校团委联合教务处等部门，结合专业特点和学生需求，拓展学科知识的内涵，唱响文化育人的理念，连续六年开展机械、汽车等专业文化节活动，促进学生培养专业兴趣、树立专业理想、强化专业素养。活动累计吸引在校学生 23500 人次参与，其中 5700 多人投身相关创新创业实践。二是用科学理念引领学生。积极倡导“创新促创业、创业带就业”的理念，争取支持，将创新创业教育融入到大学生涯规划之中，邀请创业典型、企业 CEO、地方党政领导、职能部门专家等各界人士 30 人，组成专兼职相结合的导师队伍，将《大学生创业实践》、《创新管理》等六门创新创业指

导课程纳入公共必修课范围。加强与盐城市青年职业生涯规划中心的联络，先后选送 178 名优秀大学生接受创新创业专题辅导，36 人参加全市青年创业大赛、大中专生职业生涯规划大赛。三是用身边榜样激励学生。在年度“十佳共青团员标兵”评选中专设“创业就业标兵”，结合“我的青春故事报告会”等共青团的传统活动，加大典型事迹的宣传力度，激发在校大学生创业的热情。借助完善的校友联系网络，与创业成功校友建立常态化交流机制，定期举办“五四访谈会”，促成杰出校友与在校大学生面对面交流感悟、分享经验，进一步发挥榜样的示范作用。近年来，校团委累计邀约 46 位知名校友，举办“创业精英校园行”校友访谈会、报告会近 60 场，超过 15000 人次大学生参与活动。

（二）开展创业实践，提升在校大学生融入发展的能力素养

充分发挥团组织的活动优势和引导作用，将大学生推向创业的最前沿、实践锻造的第一线，不断提升学生服务经济社会发展的能力。一是组织学生在竞赛舞台上磨砺。“创青春”、“挑战杯”系列竞赛是共青团组织推进素质教育的重要举措，着眼于培养当代大学生的创新能力和实践能力，在促进青年创新创业人才成长方面发挥了引领作用。[6] 盐城工学院积极引导在校大学生参加全国、全省“创青春”、“挑战杯”创新创业计划竞赛，增强科技创新和动手实践能力，将创新创业的美好设想转变为实际行动，如以“挑战杯”全国一等奖的作品作为核心产品模拟成立公司，继续参加“创青春”创业大赛，真正实现利用自己在所学专业创业的目的，让学生在参赛实践中得以磨砺。近年来，全校累计选派 142 名学生参加各级“挑战杯”竞赛，获得国家级奖项 2 项，省级奖项百余项，2 个竞赛项目成果直接运用于生产技术革新。二是帮助学生在团队活动中提高。积极扶持创新创业类社团的建设和发展，在社团经费、指导老师、活动开展等方面给予大力支持。以大学生科协为依托，开展科技创新活动，学术讲座、科技展览、科技论文评比等活动 125 场次，引导学生开展小发明、小创造。成立“扬帆创业社”等大学生创业社团，鼓励学生社团模拟公司运作经营，注重团队意识培育，实施目标绩效管理，不断提高学生适应社会的能力，先后有 16

名社员经过模拟锻炼后，成功走上创业的道路。三是促动学生在社会实践中奉献。加强与地方政府机关、企业单位的交流合作，鼓励学生深入企业、科研院所开展社会实践活动，突出体验式教育。针对沿海开发、科技创新等热点领域，采用校地联合、项目运作的方式，开展暑期社会实践活动，为有志创业的在校大学生参与实践提供机会，在服务地方发展中积累经验、提高能力。

（三）整合创业资源，做优在校大学生实现梦想的平台支撑

在狠抓文化氛围、能力培养等软环境建设的同时，高度重视大学生创业实体化平台等硬环境的营造，将共青团擅长的活动体验与学校内外的课堂实践教学有机结合，形成完善的体系。一是加强载体建设。建立 32 个“共青团青年就业创业见习基地”，每年为在校生提供近 1000 个见习岗位。依托大学科技创业园，打造学生创新创业的实训基地，累计接收 614 名大学生进园实习，招录 12 名优秀毕业生加入创业团队，吸纳 100 多名大学生实现就业。二是加大项目扶持。通过社会筹措和学校扶助，设立“创业专项基金”，为大学生创业项目融通资金。整合大学科技园的资源，团组织介入成立服务青年创新创业工作站，设立专门窗口，汇集项目遴选、项目入驻、项目管理监督、公司注册、导师配备、法律咨询、融资接洽、校外孵化推介、专利代理等全方位服务，促进创业扶持政策的无缝对接，确保项目科学运营。三是加速产学对接。利用工商联、高层次青年人才联谊会、青商会等社会组织的有利资源，一方面为在校学生提供创业信息共享、岗位发布等便捷服务；另一方面为学生转化创新创业成果牵线搭桥，加快实现梦想的步伐。近年来，在校大学生参与创业实践达 1600 人以上，大学生创业团队年吸纳社会就业人员 70 余人，涌现出李昕一等在校创业典型，更培养了刘怀平、梁泽泉等一批推动地方转型升级的创新创业人才。

四　结束语

总之，大学生创业工作是一项系统工程，做好这项工作，需要全社会通力协作、团结奋斗、攻坚克难，鼓励并服务在校大学生进行自主创业是新时期高校共青团组织的重要使命。诚如盐城市校园

创业先锋、盐城工学院十佳共青团员标兵蒋坤所说：“选择创业不是源于生活压力，也不是为了脱贫致富，而是让我提前体验社会，这种经历才是我做生意真正有意义的财富。创业给我的最大启发就是要不断学习。”这也是高校共青团组织服务学生成长成才的目标所在。

（作者：韩雅丽：《中国集体经济》2015 年第 1 期）

[参考文献]

[1] 李润文、李芸：《吉他迷卖吉他，有钱大家赚》，《中国青年报》2012 年 9 月 24 日第 9 版。

[2] 广东青年干部学院大学生创业研究课题组：《大学生创业能力研究报告》（http：//www. docin. com/p-19832516. html）。

[3] 雷雨等：《广东大学生创业率只有 1%》，《南方日报》2011 年 11 月 8 日第 4 版。

[4]《卢雍政同志在共青团促进大学生就业创业工作电视电话会议上的讲话》（http：//www. ccyl. org. cn/documents/ccylspeech/200909/t20090927_ 297347. htm-2009-09-27）。

[5] 谢启文、王君健：《试论团组织在青年创业中的角色与作用》，《青年探索》2007 年第 3 期。

[6] 柏林：《共青团在大学生就业创业教育中的作为》，《黑龙江高教研究》2005 年第 12 期。

主要参考文献*

一　中文著作

1. 胡继华：《后现代语境中伦理文化转向》，京华出版社 2005 年版。

2. 姜华：《大众文化理论的后现代转向》，人民出版社 2006 年版。

3. 蒋原伦：《媒体文化与消费时代》，中央编译出版社 2004 年版。

4. 蒋原伦、张柠主编：《媒介批评》第一辑，广西师范大学出版社 2005 年版。

5. 蓝棣之：《正统的与异端的》，浙江文艺出版社 1988 年版。

6. 蓝狮子企业研究院：《创业方法论》，杭州蓝狮子文化创业有限公司 2005 年版。

7. 李欧梵：《徘徊在现代和后现代之间》，上海三联书店 2000 年版。

8. 李岩：《媒介批评：立场、范畴、命题、方式》，浙江大学出版社 2005 年版。

9. 刘汉俊：《塑造形象：人物报道研究》，新华出版社 2011 年版。

10. 邵培仁、杨丽萍：《媒介地理学——媒介作为文化图景的研究》，中国传媒大学出版社 2010 年版。

---

* 以下所列均为著作类参考文献，单篇论文类参考文献见本文导论及各章正文所引注。

11. 汪晖、陈燕谷：《文化与公共性》，生活·读书·新知三联书店2005年版。

12. 王冀宁、陈红喜：《大学生创业创新的模式选择与牵引机制——基于200个大学生创业项目的典型案例研究》，经济管理出版社2014年版。

13. 王宁：《消费社会学》，社会科学文献出版社2011年版。

14. 徐国源：《传播的文化修辞》，文史哲出版社2008年版。

15. 许纪霖等：《近代中国知识分子的公共交往：1895—1949》，上海人民出版社2008年版。

16. 杨东华：《中国青年创业案例精选》，清华大学出版社2012年版。

17. 张固清：《中心与边缘》，中国社会科学出版社1998年版。

18. 张国良：《新闻媒介与社会》，上海人民出版社2001年版。

19. 周旺东、李树生：《大学生创业问题研究》，北京理工大学出版社2014年版。

二 外文译著

1. ［德］阿诺德·盖伦：《技术时代的人类心灵——工业社会的社会心理问题》，何兆武等译，上海译文出版社2008年版。

2. ［德］哈贝马斯：《公共领域的结构转型》，曹卫东等译，学林出版社1999年版。

3. ［德］康德：《判断力批判》，邓晓芒译，人民出版社2002年版。

4. ［德］哈贝马斯：《现代性的哲学话语》，曹卫东等译，译林出版社2008年版。

5. ［法］古斯塔夫·勒庞：《乌合之众：大众心理研究》，冯克利译，广西师范大学出版社2007年版。

6. ［法］居伊·德波：《景观社会》，王昭凤译，南京大学出版社2006年版。

7. ［法］雷米·里埃菲尔：《传媒是什么：新实践·新特质·新影响》，刘昶译，中国传媒大学出版社2009年版。

8. ［法］罗兰·巴特：《符号学原理》，李幼蒸译，生活·读书·新知三联书店 1988 年版。

9. ［法］罗兰·巴特：《神话修辞术/批评与真实》，屠友祥、温晋仪译，上海人民出版社 2009 年版。

10. ［法］米歇尔·福柯：《福柯读本》，北京大学出版社 2010 年版。

11. ［法］皮埃尔·布尔迪厄：《关于电视》，许钧译，辽宁教育出版社 2000 年版。

12. ［法］皮埃尔·代克斯：《超现实主义者的生活（1917—1932）》，王莹译，山东画报出版社 2005 年版。

13. ［法］乔治·塞巴格：《超现实主义》，杨玉平译，天津人民出版社 2008 年版。

14. ［法］让·波德里亚：《消费社会》，刘成富、全志钢译，南京大学出版社 2000 年版。

15. ［法］雅克·德里达：《声音与现象》，杜小真译，商务印书馆 1999 年版。

16. ［法］朱利安·班达：《知识分子的背叛》，孙传钊译，吉林人民出版社 2004 年版。

17. ［荷］约翰·赫伊津哈：《游戏的人：文化中游戏成分的研究》，何道宽译，花城出版社 2007 年版。

18. ［加］马歇尔·麦克卢汉：《机器新娘——工业人的民俗》，何道宽译，中国人民大学出版社 2004 年版。

19. ［加］马歇尔·麦克卢汉：《理解媒介——论人的延伸》，何道宽译，商务印书馆 2000 年版。

20. ［美］Edward W. Soja：《第三空间——去往洛杉矶和其他真实和想象地方的旅程》，陆扬等译，上海教育出版社 2005 年版。

21. ［美］E. M. 罗杰斯：《传播学史：一种传记式的方法》，殷晓蓉译，上海译文出版社 2005 版。

22. ［美］理查德·杰克逊·哈里斯：《媒介心理学》，相德宝译，中国轻工业出版社 2007 年版。

23. ［美］阿瑟·阿萨伯杰：《媒介分析技巧》，李德刚、何玉译，中国人民大学出版社 2005 年版。

24. ［美］本尼迪克特·安德森：《想象的共同体：民族主义的起源与散布》，吴叡人译，上海人民出版社 2005 年版。

25. ［美］戴安娜·克兰：《文化生产：媒体与都市艺术》，赵国新译，译林出版社 2001 年版。

26. ［美］丹尼尔·贝尔：《资本主义文化矛盾》，严蓓雯译，人民出版社 2010 年版。

27. ［美］道格拉斯·凯尔纳：《媒体文化——介于现代与后现代之间的文化研究、认同性与政治》，丁宁译，商务印书馆 2004 年版。

28. ［美］迪克·赫伯迪格：《亚文化：风格的意义》，陆道夫、胡疆锋译，北京大学出版社 2009 年版。

29. ［美］弗雷德里克·詹姆逊：《快感：文化与政治》，王逢振等译，中国社会科学出版社 1998 年版。

30. ［美］弗雷德里克·詹姆逊：《单一的现代性》，王逢振等译，中国人民大学出版社 2009 年版。

31. ［美］凯文·林奇：《城市意象》，方益萍、何晓军译，华夏出版社 2001 年版。

32. ［美］李普曼：《舆论学》，林珊译，华夏出版社 1989 年版。

33. ［美］马尔库塞：《爱欲与文明：对弗洛伊德思想的哲学思考》，黄勇等译，上海译文出版社 2008 年版。

34. ［美］马克·波斯特：《第二媒介时代》，范静哗译，南京大学出版社 2001 年版。

35. ［美］马克·波斯特：《信息方式：后结构主义与社会语境》，范静哗译，商务印书馆 2000 年版。

36. ［美］马泰·卡林内斯库：《现代性的五副面孔》，顾爱彬、李瑞华译，商务印书馆 2002 年版。

37. ［美］迈克尔·海姆：《从界面到网络空间——虚拟实在的形而上学》，金吾伦、刘钢译，上海科技教育出版社 2000 年版。

38. ［美］尼尔·波兹曼：《娱乐至死》，章艳译，广西师范大学出版社 2004 年版。

39. ［美］尼古拉·尼葛洛庞帝：《数字化生存》，胡泳、范海燕译，海南出版社 1997 年版。

40. ［美］斯蒂文·贝斯特、［美］道格拉斯·凯尔纳：《后现代理论：批判性的质疑》，张志斌译，中央编译出版社 1999 年版。

41. ［美］托德·吉特林：《新左派运动的媒介镜像》，张锐译，华夏出版社 2007 年版。

42. ［美］约书亚·梅罗维茨：《消失的地域：电子媒介对社会行为的影响》，肖志军译，清华大学出版社 2002 年版。

43. ［美］詹明信：《晚期资本主义的文化逻辑》，陈清侨等译，生活·读书·新知三联书店 1997 年版。

44. ［墨西哥］奥克塔维奥·帕斯：《批评的激情》，赵振江译，云南人民出版社 1995 年版。

45. ［意］维柯：《新科学》，朱光潜译，人民文学出版社 1986 年版。

46. ［英］特里·伊格尔顿：《后现代主义的幻象》，华明译，商务印书馆 2002 年版。

47. ［英］安东尼·吉登斯：《现代性的后果》，田禾译，译林出版社 2000 年版。

48. ［英］安吉拉·默克罗比：《后现代主义与大众文化》，田晓菲译，中央编译出版社 2001 年版。

49. ［英］波林·罗斯诺：《后现代主义与社会科学》，张国清译，上海译文出版社 1998 年版。

50. ［英］戴维·莫利、凯文·罗宾斯：《认同的空间：全球媒介、电子世界景观与文化边界》，司艳译，南京大学出版社 2001 年版。

51. ［英］丹尼斯·麦奎尔、［瑞典］斯文·温德尔：《大众传播模式论》，祝建华译，上海译文出版社 2008 年版。

52. ［英］吉姆·麦克盖根：《文化民粹主义》，桂万先译，南京大学出版社 2001 年版。

53. ［英］雷蒙德·威廉斯：《文化与社会》，张文定译，北京大学出版社 1991 年版。

54. ［英］利萨·泰勒、［英］安德鲁·威利斯：《媒介研究：文本、机构与受众》，吴靖、黄佩译，北京大学出版社 2005 年版。

55. ［英］马修·阿诺德：《文化与无政府状态》，韩敏中译，生活·读书·新知三联书店 2008 年版。

56. ［英］迈克·费瑟斯通：《消费文化与后现代主义》，刘精明译，译林出版社 2000 年版。

57. ［英］尼克·史蒂文森：《认识媒介文化》，王文斌译，商务印书馆 2001 年版。

58. ［英］史蒂义·康纳：《后现代主义文化》，严忠志译，商务印书馆 2002 年版。

59. ［英］斯图亚特·霍尔、［英］保罗·杜盖伊：《文化身份问题研究》，庞璃译，河南大学出版社 2010 年版。

60. ［英］特里·伊格尔顿：《甜蜜的暴力：悲剧的观念》，方杰、方宸译，南京大学出版社 2007 年版。

61. ［英］约翰·斯道雷：《记忆与欲望的耦合：英国文化研究中的变化与权力》，徐德林译，广西师范大学出版社 2007 年版。

后　记

近年来，有关“大学生创业”的著述委实不少，本来不想另作新论，以避“赶时髦”之嫌。但学术问题的冒出，往往出人意料——就在我撰写《本质主义与建构主义：大学生创业问题研究范式比较》、《媒介幻象与社会意识：当代城市青年创业研究的理论视野》的同时，一种情感纠结始终缭绕笔端，即后现代的“大众”既在今天的文化舞台上炫目登场，包括大学生在内的国内青年也是其中的活跃分子，那么，他们是如何借由大众传媒在“现代”以至今天留下身影的？留下的又是怎样的身影？

无疑，自改革开放至今，青年与大众传媒的关系最为密切，于是我渐渐把“问题”聚焦在青年创业者与传媒制度关系的考察上。因为我觉得，透过青年创业者的传媒图像，其实足以观照传媒制度对它的建构与塑造。同时，借助对“创业传媒化”问题的考察，也足以对 2015 年 3 月李克强总理提出的“大众创业、万众创新”这个命题和青年创业所置身的文化公共空间形成全新的认识。基于这个视角，我觉得“青年创业”问题的考察，仍有探讨的必要。

2008 年开始，在我担任盐城工学院团委副书记、书记期间，主要从大学生创业管理者、引导者和创新创业比赛指导教师这三个角度较为深入地参与了大学生创新创业项目，其间就陆续接触到创业问题，比如积极营造氛围鼓励大学生创新创业，在学校评比“十佳共青团员标兵”中专门设置就业创业标兵，培育、引导、挖掘创新创业典型。2012 年 5 月《中国青年报》记者专程来我校采访了当年我们评选出来创业标兵蒋坤。鼓励学生参加各类创新创业比赛，因为我大学所学专业是企业管理，所以 2008 年我带头指导学生参加“挑战杯”第五届江苏省大学生创业计划竞赛获一等奖并被江苏团省委、教育厅表彰为优秀指导教师；2013 年指导学生参加“挑战杯”第十三届全国大学生课外学术科技作品竞赛获一等奖和交叉创新一等奖，我被表彰为优秀指导教师；2014 年挖掘、组织创业实践项目参与“创青春”全国大学生创业大赛获金奖，我被表彰为组织工作先进个人。另外，我还注重整合资源为学生提供学习提升的平台。2013 年，联合盐城市人社局、团市委共同创办盐城青年创业学院，邀请校内外的创业导师、企业家、成功创业的校友来为学生传经送宝。2014 年，我因为岗位的调整来到宣传部，通过与《中国青年报》、《新华日报》、《科技日报》等媒体合作，主要从传媒角度参与、宣传、报道了全国大学生创业大赛金奖得主陈浩同学、摩度空间创始人王瑾老师等我校的创新创业工作和优秀个体。长期的工作实践，让我掌握了大学生创业与大众传媒的第一手资料，而且在不断的学习训练中我分析问题的理论水平也逐步提高，于是便萌生了写这本书的想法。

在广泛收集材料、拟定基本原则和框架后，碰巧，也许是命中注定，在一个值得纪念的日子，2013 年 5 月 4 日上午，盐城市召开纪念“五四”运动 94 周年暨第二届盐城青年创新创业节启动仪式，我作为唯一的高校代表做《助力创新创业梦想，彰显人才红利效应》的大会发言。为了“应对”这次发言，我系统回顾、认真总结了学校的创新创业工作，而正是这份发言稿让我正式启动了本书的撰写。接下来的两年多时间里，我陆续开始初稿的写作和修改，多少个日日夜夜，废寝忘食、挑灯夜战，伴随着艰辛、酸楚、紧张和充实，特别是刚过去的暑假，连续酷暑高温，负重前行，一言难表。但庆幸的是，书稿的修改过程还算顺利，临近开学的时候，这本书稿终于暂时可以画上句号——20 万字的成果，陪伴我送走了难挨的苦夏。

面对即将付印的书稿，内心既诚惶诚恐，又充满感慨。衷心感谢盐城工学院的薛浩教授、韩同友教授、李洪波教授、洪林教授、周晓燕教授、陈海军教授、于建业副教授、包雅玮副教授、吴刚副研究员、陆勇博士、陈桂香博士，他们在学术上毫无保留地给予了我无私的帮助和热情指导，使我的研究思路得到了拓展。还要感谢父母公婆对我的支持和理解，特别感谢相濡以沫的丈夫周伟先生和乖巧聪明的女儿对我的助推以及给我提供的强大精神支持。

十分感谢中国社会科学出版社的杨晓芳编审的帮助和指导。本书的出版还得到了盐城工学院学术著作基金和盐城市创业研究院的重点资助。本书还参考了许多学者已有的研究成果，除了在参考文献中列出之外，还有一些疏漏，在此对这些研究成果的作者表示深深的谢意。

感谢所有关心、支持我的人！

从媒介文化的宏观角度专门讨论青年创业的专著，在国内还是比较少见，但我并没有沾沾自喜，至多只能宽慰自己说，这本书稿起了一点学术上的抛砖引玉的作用，期待后来者居上。总之，本书的出版，是我多年来辛勤耕耘在共青团和宣传部岗位上工作成绩的见证，也恳切希望得到各位方家的指正，以便将来有机会修订，以使成果臻于完善！

韩雅丽

2015 年 9 月 16 日

于盐城工学院希望大道校区